岩波文庫

34-210-1

支配について

I

官僚制・家産制・封建制

マックス・ウェーバー著
野口雅弘訳

岩波書店

HERRSCHAFT

by Max Weber

based on the main body of the text by Max Weber as set out in

Max Weber-Studienausgabe, Band I/22-4:
Wirtschaft und Gessellschaft
Hrsg. v. Edith Hanke, in Zusammenarbeit mit Thomas Kroll
(Mohr Siebeck, Tübingen).

This Japanese edition published 2023
by Iwanami Shoten, Publishers, Tokyo
with the courtesy of Mohr Siebeck GmbH & Co. KG, Tübingen

凡例

一、本書は、マックス・ウェーバー(Max Weber, 1864-1920)が第一次世界大戦前、一九一〇年から一九一四年頃に執筆し、彼の没後に刊行された『経済と社会』(*Wirtschaft und Gesellschaft*)初版の第三部(第四版・第五版の第二部)に収録されている、支配についてのテクスト群の翻訳である。

一、底本は、マックス・ウェーバー全集(Max Weber-Gesamtausgabe (MWG))の学習版を用いた(Max Weber, *Max Weber-Studienausgabe, Band I/22-4: Wirtschaft und Gesellschaft. Herrschaft*, hrsg. von Edith Hanke, in Zusammenarbeit mit Thomas Kroll, Tübingen: J. C. B. Mohr (Paul Siebeck), 2009)。この学習版では、ウェーバー全集に付けられている編者註などの情報が省かれている。

一、ウェーバーの支配についてのテクストは、『支配の社会学』(Soziologie der Herrschaft; Herrschaftssoziologie)という名称で親しまれてきた。しかし、この名称は『経済と社会』の第四版の改訂の際に、編者ヨハネス・ヴィンケルマン(Johannes Winckelmann, 1900-

1985) によって付けられたものであり、ウェーバー自身は本書の全体を通じて一度もこの表現を用いていない。このため全集版のタイトルも『支配の社会学』ではなく『経済と社会――支配』(Wirtschaft und Gesellschaft. Herrschaft) である。邦訳タイトルは日本語の書名として不自然にならないように『支配について』とした。

一、全集版・学習版ともに、旧「支配の社会学」のテクストと併せて、論文「レジティメイトな支配の三つの純粋類型」と新聞記事「国家社会学の諸問題」(ウェーバーの講演についての記事) が収録されている。本書でも、この二点を付録として翻訳した。

一、ウェーバー自身の手書きのオリジナル原稿はほんの一部を除いて遺されていない。ウェーバー全集 MWG I/22-4 は、彼の死後、妻のマリアンネ・ウェーバー (Marianne Weber, 1870-1954) によって刊行された Max Weber, *Wirtschaft und Gesellschaft* (Grundriß der Sozialökonomik, Abt. III), Aufl. 1, Tübingen: J. C. B. Mohr (Paul Siebeck), 1922 に準拠し、ヴィンケルマンがあとから手を加えた部分を取り除き、文章の順番を基本的に元に戻している。

一、旧版の『経済と社会』には、編者のマリアンネ、および編集を引き継いだヴィンケルマンによって節の区切り、そして小見出しが付けられている。ウェーバー全集では、ウェーバー自身が付けたと思われる、冒頭の「支配」の章にある節のタイトルを除いて、これらすべての節とその小見出しが削除された。こうしてウェーバー自身のテクストだけを読むことができるようになった。しかし区切りも見出しもないため、一般の読者には読むのがとても難しくなっている。本書では、オリジナルのテクストを尊重しつつも、一定の読みやすさを確保するために、それぞれの段落に番号を付け、その段落のキーワードを入れた。これらはウェーバー自身によるものでもなければ、ウェーバー全集の編者によるものでもない。あくまで訳者の翻訳メモであることをご理解いただきたい。

一、各章ごとに段落番号を【　】に入れた(【付録2】の新聞記事「国家社会学の諸問題」は、ウェーバー自身が書いたものではなく、段落のユニットの意味もほとんどないが、本書の全体として形式を統一するために、ここでもこのルールに従っている)。

一、ウェーバーの一文は場合によってはかなり長い。読みやすくするために、この翻訳ではかなり意識的に一文をいくつかに分けて訳している。ただ、もともとの一文のユニットがわかるように、一文ごとに改行している。番号が振ってあるオリジナルの段落内の改行はウェーバー自身の一文に対応する。なお、コロン(:)やセミコロン(;)で繋がれているものは、一文として扱っている。また、**1 2 3**などの数字や、**a b c**などの記号によって列挙されている箇所については、見やすさを優先して、一続きの一文としては扱わず、独立した一文として処理している。その際は各段落の註で明記する。

一、ウェーバー自身は一章、二章という章の番号を付けていない。内容的に考えて、各ブロック(章)の並べ方には十分な根拠がある。ただ、著者本人が脱稿していない未完のテクストなので、各章の順番や相互の関係については最終的には確定できない。このため、全集でも章の番号は付けられていないし、訳者の側でもそれをしなかった。ただ、訳註などで別の箇所を参照する際にあまりに不便なので、以下の略号を用いる。

『支配について』Ⅰ　支配→**支**、官僚制→**官**、家産制→**家**。

『支配について』Ⅱ　封建制→**封**、カリスマ→**力**、カリスマの組み替え→**組**、カリスマの維持〔および規律〕→**維**、国家と教権制→**教**、レジティメイトな支配の三つの純粋類型→**純**。

例えば**支【6】**というのは、冒頭の支配の章の第六段落という意味である。

一、先行の翻訳としては、『経済と社会』第四版を底本とした世良晃志郎訳『支配の社会学』Ⅰ・Ⅱ（創文社、一九六〇／六二年）がある。世良訳は、ルビや原語の挿入を多用した、誠実で良質な翻訳であり、本書でも適宜、参照させていただいた。

一、原書のイタリックによる強調部分には傍点を付した。

一、〔　〕は訳者による補足である。人名、地名などについての簡単な説明も〔　〕に入れた。ただし、ドイツ語（場合によっては英語）の原語を入れる場合には〔　〕は使わず、該当する訳語の直後に（　）を付して挿入した。

一、くり返し出てくる重要な用語や比較的長い説明が必要な用語については、巻末の【用語】に説明を入れた。

一、ウェーバー自身はこのテクストに註を付けていない。本書の註はすべて訳者による訳註である。註の作成にあたっては、ウェーバー全集の編者註も適宜、参考にした。

一、マックス・ウェーバー全集(Max Weber-Gesamtausgabe)の略号としてMWGを用い、MWG I/17のように巻のナンバーを付けて表記する。S.のあとの数字はページ数である。

一、本書には「すでに述べたように」「あとで論じるように」のような参照指示がくり返し出てくる。ただし、本書のテクストが未完のテクスト群であることから、参照先が存在しない可能性もある。また、たまたま該当する内容と思われる箇所があったとしても、原著者であるウェーバーがその箇所の参照を求めていたのかどうかは、最終的にはわからない。私が把握できている範囲で、参照先と思われる箇所を訳註に入れているが、あくまで参考程度にとらえていただきたい。

一、本書の訳註で複数回にわたって言及する、ウェーバーの著作の翻訳は以下を用いた(一箇所でのみ言及する著作については、それぞれの訳註に書誌情報を記載する)。

『古代社会経済史――古代農業事情』渡辺金一・弓削達訳、上原専禄・増田四郎監修、東洋経済新報社、一九五九年。

『古代ユダヤ教』上・中・下、内田芳明訳、岩波文庫、一九九六年。

「経済と社会集団」厚東洋輔訳、『世界の名著50　ウェーバー』尾高邦雄編、中央公論社、一九七五年。

『仕事としての学問　仕事としての政治』野口雅弘訳、講談社学術文庫、二〇一八年。

『支配の諸類型』世良晃志郎訳、創文社、一九七〇年。

『社会学の根本概念』清水幾太郎訳、岩波文庫、一九七二年。

『宗教社会学』武藤一雄・薗田宗人・薗田坦訳、創文社、一九七六年。

『宗教社会学論選』大塚久雄・生松敬三訳、みすず書房、一九七二年。

『儒教と道教』木全徳雄訳、創文社、一九七一年。

『職業としての学問』改訳版、尾高邦雄訳、岩波文庫、一九八〇年。

『職業としての政治』改版、脇圭平訳、岩波文庫、二〇二〇年。

『政治論集』2、中村貞二・山田高生・脇圭平・嘉目克彦訳、みすず書房、一九八二年。

『都市の類型学』世良晃志郎訳、創文社、一九六四年。

『プロテスタンティズムの倫理と資本主義の精神』大塚久雄訳、岩波文庫、一九八九年。

『理解社会学のカテゴリー』海老原明夫・中野敏男訳、未来社、一九九〇年。

Economy and Society. An Outline of Interpretive Sociology, ed. by Guenther Roth and Claus Wittich, Berkeley, CA: University of California Press.（訳注でこの訳書に言及するときには、「ギュンター・ロースの英訳」と表記する。）

目　次

封建制

支配について　II　カリスマ・教権制

支配について　I

官僚制・家産制・封建制

支配①

(1) 章のタイトル「支配」は『経済と社会』初版のタイトルである。ヨハネス・ヴィンケルマン編の第四版・第五版では「支配の構造形式と機能様式」となっている。以降の章とは異なり、この章にだけ、ウェーバー自身によると考えられる節の見出しが付けられている(「一　権力と支配。過渡的形式」「二　支配と行政――民主的行政の本質と限界」「三　「組織」による支配、妥当根拠」)。この章のテクストが最初に置かれているが、本書全体のイントロダクションになっているのかどうかについては議論の余地がある。例えば、この章でキーワードとして用いられている「命令権力」は、この後の章ではほとんど使われていない。基本的に他の章も同じであるが、ウェーバー自身による手書きのオリジナル原稿は遺されておらず、正確な執筆時期も確定できていない。

一　権力と支配。過渡的形式

[1] ゲマインシャフト行為、権力の特殊ケースとしての支配、経済的手段

「支配」〔という言葉〕を、具体的な内容といっさい関係のない、最も一般的な概念として使うことにする。こうした意味での「支配」はゲマインシャフト行為[1]〔社会的行為〕の最も重要な要素の一つである。

たしかに、すべてのゲマインシャフト行為に、支配の構造が現れるわけではない。しかしそれでも、ほとんどのゲマインシャフト行為において支配は、非常に重要な役割を果たしている。すぐにはそれと気づかないような場合ですらそうである。

例えば、言語のゲマインシャフトの場合である。

支配の命令によってある地方の方言が支配の経営体の官庁用語(Kanzleisprache)に引き立てられることがある。大きな統一的言語のゲマインシャフトの発展では、官庁用語化〔公用語化〕がしばしば決定的な影響を及ぼした(ドイツではそうであった)[2]。逆に、政治

的分離の場合も、官庁用語化がこれに対応した言語の分化を最終的に確定することがしばしばであった〔ドイツに対するオランダがこれに該当する〕。それだけではない。「学校」の支配は、公式に学校で用いられる言葉の種類と重要さを、最も持続的かつ最終的に型に嵌めて固定化する。

ゲマインシャフト行為の全領域は例外なく、支配の構成体[3]によって最も深いところまで影響を受ける。

無定形なゲマインシャフト行為からともかくも合理的なゲゼルシャフト化〔目的合理的な秩序に準拠した関係〕を生み出すのは、支配とそうした支配の行使の仕方であることが圧倒的に多い。そうでない〔ゲゼルシャフト化しない〕場合もあるが、その場合でも、ゲマインシャフト行為を形づくり、とりわけある「目標」へのゲマインシャフト行為の方向づけを最初に一義的に規定するのは、やはり支配の構造と支配の発展である。

「支配」の存続がとくに決定的な意味を持つのは、経済と最も関連が深い、過去と現在の〔二つの〕社会的構成体においてである。一つは荘園制であり、もう一つは大規模な資本主義的経営〔企業〕である。

このすぐあとに論じるように[4]、支配とは権力(Macht)の特殊ケースである。権力のその他の形式でもそうであるように、支配の場合にも、支配によって純粋に経済的な利益を追求すること、とくに自分のために経済的な財を十分に調達するなどということだけが、支配を手にしている者の唯一の目標ではないし、通常の目標ということでもない。

しかしそれでも、経済的な財の処分権、つまり経済的な権力は、支配の結果であることが非常に多く、きわめてしばしば計画的に手に入れようとされる。そして経済的な権力はそれと同じようにしばしば、最も重要な支配の手段の一つでもある。

しかし、経済的な権力ポジションであるからといってすべてが、このすぐあとに確認するように⑤、かならずしもいつも言葉の慣用的な意味での「支配」として現れるわけではない。

またかならずしもすべての「支配」が、支配の創設と維持のために、経済的な手段を用いるわけでもない。

それでも、経済的な手段の利用は、まさに最重要の支配形式を含む、ほとんどの支配形式で、なんらかの仕方で行われている。そしてしばしば、権力を維持するという目的のために経済的な手段が使われるはずが、経済的な手段の使用の仕方のほうが、逆に支配構造のあり方に対して決定的な影響を及ぼすほどである。

さらに、そもそも経済ゲマインシャフトの大多数は、支配の構造である。最も重要で、最も近代的な経済ゲマインシャフトもこれに含まれる。

最後に、支配の固有の特性が経済形式と一義的に結びつくということはあまりないとしても、支配の構造は高いレベルで経済に関連する要因であることがほとんどであり、同様になんらかの仕方で経済によって制約されていることがほとんどである。

（1）ゲマインシャフト行為とは、他者の行動に関係づけられた行為のことである。ゲマインシャフトは「共同体」と訳されることが多いが、ウェーバーはゲマインシャフトという言葉を日本語の「共同体」よりもかなり広い意味で用いている。このため、共同体行為とは訳さず、ゲマインシャフト行為と訳す。なお、ギュンター・ロースの英訳 *Economy and Society* では social action と訳されている。【用語】「ゲマインシャフト行為／ゲゼルシャフト行為」も参照。

（2）ゲルマニストのコンラート・ブルダハ(Konrad Burdach, 1859–1936)によると、神聖ローマ皇帝になったカール四世(Karl IV, 1316–1378)がプラハの宮殿で整備した官庁用語が、「新高地ドイツ語」の成立に決定的な意味を持った。Cf. Burdach, *Die Einigung der neuhochdeutschen Schriftsprache: Einleitung. Das 16. Jahrhundert*, Halle a. S.: J. B. Hirschfeld, 1884, S. 31.

（3）構成体は Gebilde の訳語で、諸部分から構成(bilden)されたものという意味である。組織や構造と訳しても意味は通るが、Organisation や Struktur と訳語がかぶるので、いくぶんぎこちない日本語ではあるが、構成体とする。

（4）**支［2］**を参照。

（5）**支［2］**を参照。

［2］権力と支配、利害関心のコンステレーション（布置連関）と権威

私たちがここで探求するのは、まずは経済の形式と支配の形式の関係についての命題である。この命題は、可能なかぎり一般的で、したがって不可避的に具体性がなく、ときには必然的にやや不明確にしか定式化できないようなものである。

このためにはさしあたり、「支配」とは私たちにとってなにを意味するのか、そして「支配」は一般的な概念である「権力」とどのような関係にあるのかについての、いっそう詳しい規定が必要である。

権力とは、自分の意志を他者の行動に押し付ける可能性のことである。このような権力のまったく一般的なものとして支配を理解すると、この意味での支配はありとあらゆる形式で登場してくる。

例えば、ときどき次のようなことが主張されることがある。法がある人に割り当てた他者に対する請求権は、債務者ないし無権利者に命令する権力であると理解でき、した

がって近代私法の全体は、法律によって「権利者」とされる者の手に支配を脱中心化するものとして把握できる、というのがその主張である。

もしそうであるとすると、労働者は賃金請求権のレベルでは、経営者に対する命令権力[1](Befehlsgewalt)、つまりは「支配」(権)を持つことになる。官僚は俸給請求権のレベルで国王に対して「支配」(権)を持つ、などということにもなる。これでは、用語法的にいくぶん無理があり、いずれにしてもたんなる試論的な概念にしかならないであろう。なぜなら、例えば敗訴した人に対する司法権力の命令は、まだ敗訴判決を受けていない債務者に対する権利者自身の「命令」という先程のものとは、やはり質的に区別されなければならないからである。

これに対して、通常の用法で「支配的」と呼ばれる地位は、サロンの社会関係でも同じように出てくることがある。サロンだけではなく、市場でも、教室の教壇から下(にいる学生)に向けてでも、軍隊のトップの地位でも、性愛的ないし慈善的な関係でも、学問的な議論、あるいはスポーツでも同じである。

しかしこのように広域に概念を広げてしまうと、「支配」は学問的に使えるカテゴリーではなくなってしまうだろう。

このような広い意味での「支配」のすべての形式、条件、そして内容についての包括的な決疑論[2]〔カズイスティーク〕を行うことは、ここではできない。

したがって私たちは次のことを思い描くだけにする。他の数多くの類型も可能であるが、それと並んで、二つの相互に対立する対極的な支配の類型がある、というのがそれである。

一方にあるのは、利害関心のコンステレーション〔布置連関〕による（とくに独占的な状況による）支配であり、他方にあるのは、権威〔命令権力と服従義務〕による支配である。前者の最も純粋な類型は市場の独占的な支配であり、後者は家父長、官職、君主の権力である。

純粋類型にあって前者が基礎とするのは、なんらかの仕方で確保された所有（あるいはまた市場でニーズのある技能）によって行使される影響力である。この影響力を受けるのは、自己利益のみを追求する形式的に「自由」な、支配される側の人たち[3]（Beherrschte）の行為である。これに対して後者の基礎は、いかなる動機や利害関心とも無関係に要求される絶対的な服従義務である。

両類型は相互にフレキシブルに越境する。

例えば、規模の大きな中央銀行であればどこでも、そして信用銀行（Kreditbank）でも大きなところは、資本市場の独占的な地位によって、しばしば「支配的」な影響力を行使する。

銀行は信用貸し〔ローン〕を必要とする人に対して、それを供与する条件を押し付けることができる。したがって銀行は、自らの経営手段を回収するという利益のために、ローンを必要とする側の業務遂行に広範な影響力を行使することができる。ローンを必要とする側は自分の利益のために、彼らにとってどうしても必要なローンを認めてもらうために、この条件に従わなければならず、場合によっては担保によって、条件に従うことを保証しなければならないからである。

しかしこうすることで信用銀行は「権威」(Autorität)を要求しているわけではない。「権威」というのは、事実として支配される側の人たちに対して、あらゆる利益とは独立して存在する「服従」を求める権利のことである。信用銀行は自分たちの利益を追求する。〔ただ〕これが達成されるのは、支配される側の人たちが形式的には「自由」に行為して、彼ら自身の、つまり状況によって強制的に指示された合理的な利益に従う、まさにそうした場合である。

不完全な独占状態を保持しているだけの人であっても、状況は同じである。競争が存在するにもかかわらず、この人は広い範囲で、取引の相手や取引の競争者に価格を「指示」できる。つまりこの支配を受け入れる「義務」を彼らに要求することはいささかもないが、自らの行動を通じて自分に都合がいい態度を彼らに強いることができる。しかし、利害関心のコンステレーション、とくに独占的な状況による支配という典型的な様態はどれも、しだいに権威主義的な支配へと移行する可能性がある。

例えば、資金提供者である銀行が、よりよく〔取引先を〕統制するために、ローンを必要としている株式会社の取締役会に銀行の役員の受け入れを要求することがある。この取締役会はもちろん、服従義務によって幹部に拘束力を持つ命令を与える。

あるいは、銀行券発行銀行は、大銀行が条件カルテルを結ぶように誘導し、自らの権力ポジションによって、顧客に対する大銀行の行状をめぐる、決定的で継続的な統制的監督権を我がものにしようとする。このとき、通貨政策が目的のこともあれば、景気政策が目的のこともある。あるいは銀行券発行銀行自身がまた政治権力からの影響にさらされているかぎりでは、純粋に政治的な目的のこともある。例えば財政面で戦争準備を支えるなどである。

このように統制を行うことに成功し、さらにはその種類や方向が規定などで明文化されると、ましてや〔なんらかの問題が生じたときにその〕疑義について決断する特別な審級機関や審級の手順が創設され、それらが実際にますます厳格に形づくられると（これらはすべて理論的に想定可能である）、このような支配は実際には、国家の官僚制的機関がそれに従属している部下に対して有している権威主義的支配に相当に似てくるし、このような従属は権威主義的な服従関係の特徴を帯びることになる。

経営手段を装備したビール醸造所に依存するビールの小売業者、今後、ドイツ出版社カルテルのようなものによって認可を受けなければならなくなるかもしれない書籍の小売販売者、スタンダード・オイル〔アメリカの石油市場を支配していたトラストの中核企業〕に対する石油業者、石炭シンジケートのセンターから補給を受ける石炭業者、これらは同様に支配を受ける。

この発展が一貫して進むと、彼らはみな一歩ずつ、委託業者に雇われて、利益配当を目当てにする販売のエージェント〔代理人〕に変貌してしまいかねない。依存の仕方という点で、このようなエージェントは、経営トップの権威に服して、外で働く普通の職人や他の民間企業の社員などと、ついにはほとんど区別がつかなくなるだろう。

古代には、事実として債務に依存している状態から正式な債務奴隷への移行が生じた。また同じように中世と近代では、厳格さの形式はさまざまではあるが、輸出産業の職人が市場のプロである商人に依存する状態から、家内制工業的な依存への移行が生じ、ついには権威主義的な労働規則を備えた家内労働への移行が生じた。こうした移行は段差なくスムーズに進んでいく。

ここからさらに、労働マーケットの形式的には「対等」な取引契約によって「提示」された条件を、形式的には「自発的」に受け入れて雇用される職場の事務員、技術者、労働者への移行もスムーズに進む。彼らの規律は、国家の役所の規律、ついには軍事司令部の規律と、もはや本質的に区別できない。

とはいえ少なくとも、最後の二つのケースについては違いがある。仕事や官職に就いたり離職したりするのは自発的であるが、(ドイツではかつてのように傭兵契約ではないので)兵役義務はまったく自発的ではない。この違いは、勤め口が国家なのか民間企業なのかよりも重要である。

ところがまた、政治的臣民[4]になることすらも自発的になされるし、ある程度は自発的に解消されうる。過去の封建制的な従属関係や、事情によっては家産制的な従属関係ですらも同様である。このため、まったく非自発的な、服従させられている人にとっては普通は解消できないような純粋に権威主義的な関係(例えば奴隷)への移行も、同じようにスムーズに進む。

当然のことながら、いかなる権威主義的な義務関係であっても、実際のところ、その人が従うのには、服従する側の人が持っている一定限ミニマム(最小限)な自己利益が存在する。普通はこの自己利益が服従に不可欠の原動力である。

ここでもまた、あらゆることが段差なくスムーズに進んでいき、そして流動的である。現実の現象は、そもそも過渡的な段階を経由せずに移行するわけではない。それでも、こうした現実の現象の不断の流動性にあって、実り豊かな区別に到達するためには、明確に分極的な対立性に固執する必要があるだろう。その対立性というのは、例えば、〔一方における〕利益の妥協によってのみ規定された市場交換、したがって所有そのものからのみ生まれた事実的な権力と、〔他方における〕服従の絶対的な義務に訴える家長や君主の権威主義的権力のそれである。

というのは、権力形式の多様性は言及した事例だけではないからである。すでに所有それ自体が、市場権力という形式でのみ、権力を基礎づけるように作用するわけでは決してない。すでに論じたように[5]、所有は、社会的に未分化な関係でも、対応する生き方[6]（Lebensführung）と結びつくならば、純粋に所有それ自体として、広範な社会的権力を与える。その権力は、今日の「一家を養う」人や「サロンを営む」女性が有する社会的地位にほぼ対応する。

こうした関係はすべて、状況しだいで、直接的に権威主義的な特徴を帯びる。市場での交換だけでなく、社交という慣例的な交換関係も「支配」を生み出す。このときの「支配」というのは「サロンのライオン」〔社交界の人気者〕から、ローマ帝国のお墨付きを受けた「優雅の審判官」[7]、そして〔中世に活躍した南フランスの吟遊詩人トルバドゥールの詩で歌われた〕プロヴァンスの女性たちによる恋愛〔の作法を裁く〕法廷までを含む、比較的広い意味である。

この種の支配の状況が直接的に存在するのは、私的な市場や私的な関係の領域だけではない。

「エンパイア・ステート」というのは、具体的には、そこでの権威の点で、そして市場関係にあって、決定的な力を持っている人たちのことで、典型的には、関税同盟やドイツ帝国のプロイセン、はるかにレベルは下がるが、アメリカのニューヨークを指す[8]。こうした「エンパイア・ステート」は、なんら公式の命令権力を持ってはいないが、広範な、場合によっては専制的なヘゲモニーを行使できる。プロイセン官僚が関税同盟のヘゲモニーを握っているのは、彼らの国土が影響力のある市場で最大の売り上げを誇る地域だからである。そしてプロイセン官僚がドイツ連邦でヘゲモニーを握っているのは、彼らが最大の鉄道網や、最多の大学の講座などを支配し、公式には対等な地位にある諸邦の当該行政を麻痺させることができるからであり、また他の似たような理由からである。これに対してニューヨークがヘゲモニーを握っているのは、大規模な金融権力の所在地である、比較的狭い政治領域だけである。

これらはすべて、利害関心のコンステレーションからくる権力形式であり、市場の力関係と同じ、ないし似たようなものである。この権力形式は、発展の経過で容易に、公式に定められた権威的関係に転化する可能性がある。正確に定式化するならば、命令権力と強制装置による他首制[9]へとゲゼルシャフト化されることがありうる。

さらに、市場的な支配、ないし利害関心のコンステレーションによって定められただけの支配は、それが非規定的であるというまさにそれゆえに、明示的に特定の服従義務によって規制された権威よりもはるかに圧が強いように感じられる。

しかしこの点は、社会学的概念構成にとっては問題とはなりえない。

私たちは以下で、支配の概念を比較的狭い意味で用いることにしたい。利害関心のコンステレーションによって、とくに市場によって規定された権力は、つねに公式的には、利害の自由な戯れを基礎にしている。私たちが使う支配の概念は、こうした市場的な権力とはまさに正反対であり、したがって権威的な命令権力と同じである。

(1) 命令権力(Befehlsgewalt)は英語では command と訳されることが多く、軍隊の最高指揮権という意味でも用いられる。ドイツ連邦共和国基本法でも「命令・指揮権」(Befehls- und Kommandogewalt)という表現が用いられているのは、軍隊についての条文(一一五b条)である。

（2）決疑論(Kasuistik)とは、一般的な原則を個々の事例に適用して分析し、判断する方法のこと。【用語】「決疑論」も参照。

（3）Beherrschte は学術的な文章では「被治者」と訳されることが多い。本書では基本的に「支配される側の人たち」とする。

（4）【用語】「臣民」を参照。

（5）Cf. MWG I/22-1, „Klassen“, „Stände“ und „Parteien“, S. 259–260.

（6）【用語】「生き方」を参照。

（7）ローマの政治家で、文筆家のペトロニウス(Gaius Petronius, ?–66)のこと。皇帝ネロ(Nero Claudius Caesar, 37–68)から「優雅の審判官」(arbiter elegantiae)と呼ばれた。

（8）今日では、エンパイア・ステートといえばもちろんニューヨーク州を指すが、このテクストは第一次世界大戦前に書かれている。マンハッタン地区のエンパイア・ステート・ビルディングの建設は世界恐慌の期間である。

（9）他首制は Heterokephalie の訳。kephalie は「首」を意味するギリシア語の kephalē (κεφαλή)に由来する。直訳すれば、「首」(意思決定のトップ)が「ヘテロ」、つまりその団体とは異質であるということ。反対語は「自首」(Auto-kephalie)であり、この言葉は東方教会の「自治独立教会」を指して使われることもある。

【3】支配の定義

一人ないし複数の「支配する人」によって表明された意志(「命令」)が他者(一人ないしは複数の「支配される側の人たち」)の行為に影響を及ぼそうとする。そして実際に「命令」が行為に影響を及ぼす。このとき、社会的に意味がある程度で、あたかも支配される側の人たちが命令の内容を、命令が命令であるがゆえに自らの行為の基準にしたかのように(als ob)[1]行為がなされる(「服従」)。本書で「支配」として理解されるのは、以上のような事態[2]である。

(1) **支【4】**を参照。

(2) ここで事態と訳したのはTatbestandである。この語は、法律用語としては、一定の法律的な効果を生ぜしめる要件を意味し、「構成要件」と訳される。ウェーバーは彼の社会学的な概念を発展させる際に、法学的な概念を基礎にしている(cf. Werner Gephart, *Gesellschaftstheorie und Recht. Das Recht im soziologischen Diskurs der Moderne*, Frankfurt a. m.: Suhrkamp, 1993, S. 419 ff.)。なお、第一次世界大戦後に執筆されたと推測される、本書の【付録1】「レジティメイトな支配の三つの純粋類型」(**純【1】**)では、Tatbestandが使われなくなり、その代わりにチャンス(Chance)が用いられている。

【4】かのように

〔支配の定義に対する注釈〕**1** ここで設定された支配の概念を基礎にするならば、「かのように」(als ob)を用いたぎこちない定式化が不可避である。理由は以下である。まず、私たちの目的にとっては、たんなる外的な結果、つまり人びとが実際に命令に従っているというだけでは十分ではない。というのは、命令が「妥当する」規範として受け入れられるということの意味は、私たちにとってどうでもよい問題ではないからである。次に、命令と人びとが命令に従うまでの因果の連鎖は実にさまざまな見え方をするという理由もある。

純粋に心理学的にいってもそうである。ある命令が作用を引き出すことができるのは、「感情移入」によってか、「鼓舞」によってか、合理的な「説得」によってか、あるいは一人の人から他者へと作用するこれら三つの主要形式の複数のコンビネーションによってである[1]。

具体的な動機づけについても同じである。命令が実行に移されるのは、個々の場合によって異なる。その動機づけは、命令の正しさへの自分自身の確信であったり、義務感であったり、恐怖であったり、「怠惰な慣れ」であったり、あるいは自分の利益のためであったりする。しかもこの違いはかならずしも社会学的に重要というわけでもない。

しかし他方で、支配が妥当しているという一般的な基礎があっても、そのうえで一定の根本的違いがある。支配の社会学的な性格は、この違いに応じてさまざまに現れる。

（1）「感情移入」(Einfühlung)、「鼓舞」(Eingebung)、「説得」(Einredung)という用語を、ウェーバーは心理学者・精神科医のヴィリィ・ヘルパッハ(Willy Hellpach, 1877-1955)の研究『精神的な疫病』(*Die geistigen Epidemien*, Frankfurt a. M.: Rütten & Loening, 1906, S. 46)に依拠して用いている。ヘルパッハは『精神医学』で知られるエミール・クレペリン(Emil Kraepelin, 1856-1926)のハイデルベルクのクリニックで働いていた。また彼は一九一八年にドイツ民主党(ＤＤＰ)に入党し、ウェーバーと政治行動を共にしている。

［5］社会学的観察と法学の概念

〔支配の定義に対する注釈〕**2**（市場で、サロンで、議論中に、またどこでも）「妥当させる」というすでに述べた広い意味から、ここで用いた狭い概念に至るまでには、これまで論じてきたように[1]、数多くの過渡的形式がある。後者〔狭義の支配〕を明確に限定するために、私たちは簡単にいくつかの論点に立ち返りたい。

さしあたり、自明なことではあるが、支配関係は両面的に存在する可能性がある。さまざまな「部局」にいる近代的な官僚は、他の部局の「権限」、つまりその命令権力の内部では、それぞれがお互いに服従し合う。

これによって概念的な困難が生じることはない。

しかし例えば、一足の靴を注文するとき、靴屋が客を「支配」するのか、客が靴屋を「支配」するのか。[2]

答えは個々の事例によってさまざまだが、それでもほとんどいつも、靴屋と客のいずれもが、経過の一部分では〔靴屋と客のどちらかの〕相手の意志に対して抵抗に抗してまでも影響を及ぼした、つまりこの意味で「支配」した、ということになるだろう。

〔やはり〕こうした前提では、支配の正確な概念を作ることは難しい。

どんな交換関係でもそうであり、理念的な関係でもそうなる。

さらに、例えばとくにアジアの村落でしばしばそうであるように、村落の職人がしっかりした雇用環境で働いている場合には、職人は職能的な「権限」の範囲では支配者ではないか。あるいは職人は支配されているのか。そのときにはだれに支配されているのか。

ここでも、支配という概念の適用を拒否したくなるだろう。ただし、次の場合は別である。一方では、職人が徒弟を持っており、その徒弟との関係に置かれている職人には支配の概念が適用できる。他方では、職人に対してなんらかの「お上的な地位の」人、つまり命令権力を行使する人がおり、その人が職人を「統制」する場合にも、その人に対して支配の概念が適用できる。私たちの狭義の〔支配〕概念への限定というのは、こうしたことである。

ところで村の偉い人、つまり「お上的な地位の人」の地位は、先ほどの職人の地位と同じような具合に形成されることがありうる。

というのも、私的な「業務」と公的な「官職の遂行」の区別は私たちには馴染みであるが、そうした区別は発展の結果としてはじめて生み出されたもので、私たちの社会でそうであるようには、どこででも根付いているわけではないからである。

例えば、アメリカの通俗的な理解では、裁判官の「経営」は銀行家の経営とまったく同じ「ビジネス」(business)である。

裁判官は独占的に、ある当事者に「判決」(decision)を下す特権を持っている。この当事者は判決によって相手方に義務の履行を強制することができ、また逆に不当な要求に対して自分の身を守ることもできる。

この特権のおかげで、裁判官は直接的・間接的なアドバンテージを、またレジティメイト〔正当／正統〕なアドバンテージやレジティメイトでないアドバンテージを享受する。そしてこの特権を所有していることに対して、裁判官は、自分にその特権を世話してくれた政党ボスの金庫に「手数料」(fee)の一部を支払う。[3]

村の偉い人、裁判官、銀行家、職人が所定の指図に対する服従を要求し、その指図は純粋に指図でしかないのに(社会的に意味がある程度に)「服従」が調達されるとする。このときにはいつでも、そしてそうした場合にのみ、私たちとしては村の偉い人、裁判官、銀行家、職人のいずれにも同じように「支配」を帰属させたいと思う。

ここでも生活の現実においてはすべてが「過渡」であるということを認めなければならない。しかしいくらそうであっても、私たちがなんとか使うことができる概念の範囲は、まさに「命令権力」に関係づけることによってはじめて確定する。

自明なことではあるが、社会学的な観察にとって決定的に重要なのは、ある規範からドグマ的・法的に導出可能な「理念的」なものではなく、こうした権力が事実として存続していることである。つまり重要なのは、特定の命令を下すことが求められる権威が存在し、この権威に、社会的に意味がある程度において、事実として服従が調達されていることである。

しかしながら、「事実としての」命令権力は、「正しさ〔法〕のゆえに」(Rechts wegen)存在する規範的「秩序」という上積みを要求する傾向にある。社会学的な観察はもちろんこのような事実から出発する。そしてこのために社会学的な観察は法学的概念装置を使わざるをえない。

(1) **支[2]**を参照。

(2) 靴屋の例は、政治家についての考察で、ときどき引き合いに出されることがある。例えば、プラトン(Platon, 427 BC-347 BC)の『ゴルギアス』(490e, 517e)にも靴屋が登場する。ウェーバーはロベルト・ミヘルス(Robert Michels, 1876-1936)宛の、一九一〇年一二月二一日の手紙でも、靴屋の例を用いている(cf. MWG II/6, S. 756)。

(3) このあとも何度かアメリカの政党政治についての記述が出てくる。この際にウェーバーがとりわけ依拠しているのは、ジェームズ・ブライス(James Bryce, 1838-1922)の『アメリカ共和国』(*The American Commonwealth*)である。

二　支配と行政――民主的行政の本質と限界

[6] 直接民主主義的な行政

ここで私たちが「支配」に関心を寄せるのは、なんといっても、支配が「行政」(Verwaltung)と結びつくかぎりにおいてである。

いかなる支配も行政として出現し、行政として機能する。そしていかなる行政もなんらかの仕方で支配を必要とする。というのも、行政が遂行されるためには、なんらかの命令権力がだれかの手に握られていなければならないからである。

このとき命令権力がとても目立たずに現れ、主人[1]が支配される側の人たちの「奉仕者」(Diener)とみなされ、また自分でもそう感じているということもありうる。

これが最も当てはまるのは、いわゆる「直接民主主義的な行政」である。

この「直接民主主義的な行政」が「民主的」というのは、かならずしも一致するわけではない二つの理由からである。**1** 共同の業務を遂行するのに、全員が原則的に平等な資格を有している、という前提に立っている。**2** この行政は命令権力の範囲をミニマム〔最小〕化する。以上がその理由である。

行政機能は単純に輪番で引き受けられるか、くじ引きや直接の選挙によって短い任期で委ねられる。すべての決定、少なくとも重要で実質的なすべての決定は、仲間〔ゲノッセン[2]〕の決議に〔当然の権利として〕留保される。〔団体の〕職員に委ねられているのは、決議を準備し、それを実行することであり、仲間の集会の指示を受けて、いわゆる「進行中の業務」を行うことだけである。

多くの私的団体の行政[3]、まさに同じように政治的ゲマインデ[4]〔共同体〕の行政（少なくとも原理上はスイスのランツゲマインデ[5]やアメリカ合衆国のタウンシップ[6]が、今日でも一定程度ではあるが、なおもそうである）、ドイツの大学の行政（それが〔学外のだれかではなく〕総長と学部長の手に握られているかぎりで）、および数多くの類似の構成体の行政はこの図式に従っている。

しかし、行政権限がどんなに慎ましく限定されたとしても、どうしてもなんらかの命令権力が事務職員のだれかに委ねられる。したがって職員の地位は、当然のことながら絶えず、たんに〔一般のメンバーに〕奉仕する業務遂行にすぎないものから明確な主人の地位へとスライドしていく途上にある。

まさにこのような発展に対抗するのが、職員の任命に対する「民主的」な制限である。しかし、〔一方における〕「平等性」と〔他方における〕職員の支配権力の「ミニマム化」を重視したのは、非常にしばしば貴族制的な委員会であった。貴族制的な委員会は、支配する自分たちの層の構成員の内部で、そしてそうした構成員に対して、「平等性」と「ミニマム化」を重視した。例えば、ヴェネツィアの貴族[7]やスパルタの貴族、あるいはドイツの大学の正教授団〔教授会〕である。そしてこの場合には、平等で「民主的」な形式（輪番、短い任期の選挙、くじ引き）が用いられた。

（1）主人はドイツ語の Herr の訳。【用語】「主人」を参照。

（2）【用語】「ゲノッセンシャフト」を参照。

（3）日本語の「行政」は主として国や自治体による公行政を指すが、ウェーバーは民間企業の管理・運営に対しても、行政という用語を用いている。

（4）【用語】「ゲマインデ」を参照。

（5）ランツゲマインデは、スイスで行われてきた直接民主主義的な住民集会。アッペンツェル・インナーローデン準州とグラールス州では、今日でも行われている。

（6）タウンシップは、ニューイングランドを中心に存在する地域の住民自治のユニット。タウンシップでの自治の実践と伝統は、トクヴィル（Alexis de Tocqueville, 1805–1859）によって注目された（『アメリカのデモクラシー』第一巻（上）、松本礼二訳、岩波文庫、二〇〇五年、九九～一一一頁）。

（7）ヴェネツィア共和国では、一二九七年に始まるセッラータ（Serrata）と呼ばれる一連の法的手続きによって、大評議会の議員資格が貴族の特定の門閥によって独占された。

［7］類型論上の極端なケースとしての直接民主主義的な行政

こうした種類の行政が行われる通常の場所は、次のような団体である。**1** その団体はローカルであるか、**2** 団体構成員の数が狭く限定されている。さらに **3** 団体構成員の社会的状況があまり分化していない。そのうえ、その団体は**4**相対的に単純で、安定した課題〔しか持っていないこと〕を前提とし、**5**それにもかかわらず、目的と手段を事柄に即して[1]〔ザッハリヒに〕考量という点での訓練の発展のレベルがそれほど低くないことを前提としている。

〔例えば、スイスやアメリカの直接民主主義的な行政がそうであるし、行政事務の古くから馴染み深い範囲内であれば、ロシアの「ミール」[2]もそうである〕。

このような直接民主主義的な行政は、したがって本稿における私たちにとっても、「発展系列」の典型的な歴史的出発点のようなものではない。直接民主主義的な行政は、たんなる類型論上の極端なケース（Grenzfall）[3]である。私たちの考察はここから出発する。〔この極端なケースに比べれば〕輪番も、くじ引きも、近代的な意味での本来の選挙も、ゲマインシャフトの職員を任命する「プリミティブ」な形式などではない。

（1）【用語】「ザッハリヒ」を参照。
（2）ロシアの農村共同体、オプシチナとも呼ばれる。自治的な機能を持っていた。
（3）Grenzfall は極端なケース、あるいはボーダーライン上の事例。【用語】「決疑論」も参照。

【8】名望家

直接民主主義的な行政は不安定である。こうした行政が存在しているところではどこでもそうである。

経済的な分化が生じると、すぐにあるチャンスが生まれてくる。そのチャンスというのは、〔カネを〕持っている人が〔カネを〕持っている人だからという理由で行政機能を手中に入れるチャンスである。

個人としての資質、あるいはより包括的な専門知識によって、彼らが必然的に優位に立つというわけではない。

そうではなくて、〔カネを〕持っている人が優位に立つのは、単純に、〔経済的・時間的に余裕があるので〕「手が離せる」[1] からである。つまり、彼らは兼業で行政の仕事をするのに必要なものを調達できるからであり、安価で、あるいはまったくの無償で行政の仕事をすることができる経済的なポジションにいるからである。

これに対して職業労働に縛り付けられている人には時間の犠牲が要求される。時間の犠牲は彼らにとっては収入のチャンスの犠牲を意味する。こうした犠牲は、労働の集約性が増大するにつれて、彼らにはますます耐えがたくなる。

したがってまた、彼らの優位性を支えるのは、純粋に高収入そのものではなく、労働によらない、あるいはときどき入ってくる労働によって得られる〔高〕収入である。

例えば、近代的な製造業者の階層は、他の条件が同じであっても、地主階級や中世の富裕な大商人層などに比べて、はるかに手が離せず、したがって行政の仕事を引き受けることができる状況にない。これに対して地主や大商人には、どちらの場合も、なにはともあれ収益のために要求されるもの〔用事や労働〕がときどき入るだけである。

同様に、例えば大学における、大規模な医学および自然科学の研究所の所長は、業務の経験〔が豊富である〕にもかかわらず、最もよい学長になるわけではない。彼らはその他の業務に縛られることが多いので、最もその任務に向いているどころか、ほとんどの場合で最も向いていない。

営利労働に従事している人が、手が離せなくなればなるほど、社会的分化が進行するなかで、直接民主主義的な行政は「名望家」[2](Honoratioren)の支配へとスリップしていく傾向を強める。

私たちはすでに以前に「名望家」の概念を学んだ[3]。それは、ある種の生き方に付随する特殊な社会的名誉の担い手であった。

ここでは名望家層のもう一つの目印〔メルクマール〕が付け加わる。不可欠ではあるが、まったく種類の違う、標準となる目印である。社会的な行政や支配を「名誉ある義務」として受け止める資質がそれである。この資質は経済状況に由来する。

ここで私たちは「名望家」を、さしあたり、一般的に次のように理解しておきたい。（相対的にではあるが）労働の必要がない収入を持っている人、あるいは（場合によっては従事している）職業的な活動と並んで、行政機能を引き受けることができるような種類の収入を持っている人で、同時に（とくに労働の必要がない収入は昔からそうであったように）このような経済状況のおかげで、彼らに「身分的名誉」という社会的「威信」をもたらし、これによって彼らを支配へと招き入れるような生き方をしている人。私たちが「名望家」として理解するのは、こうした人たちのことである。

このような名望家支配は、とくにしばしば、予備協議〔談合〕委員会（vorberatende Gremien）の成立という形式で発展する。予備協議委員会は仲間〔ゲノッセン〕の議決を先取りしたり、あるいは事実上これを締め出したりする。そしてこの委員会は名望家の威信の力で、名望家によって、名望家自身のために独占される。

とくにこうした形式での名望家支配の発展が昔から存在するのは、地域のゲマインシャフト、とくに隣人団体である。

ただし、早い時代の名望家は、今日の合理化された「直接民主主義」の名望家とは、さしあたりはまったく異なる性質を持っている。

つまり、名望家の資格を持っていたのは、もともとは高齢者である。

経験という威信を度外視しても、「長老」こそは「長老」というだけで、不可避的に「自然」な名望家である。ゲマインシャフト行為を、もっぱら「伝統」に、つまり慣習、慣習法、神聖な法に基づいて方向づけるゲマインシャフトであればどこでも、そういうことになる。

長老は伝統をよく知っている。彼らによる鑑定、判告[4]〔ヴァイストゥーム〕、事前の承認[5]（*προβούλευμα*）、あるいは事後に付された批准は、仲間〔ゲノッセン〕の議決の正しさを地上のものではない力に対して保証し、論争がある問題についての実効性のある判定となる。このため長老は「自然」な名望家なのである。

「長老」というのは、メンバーの経済的状況がしだいに平等に近づいているところでは、単純に年齢の点で、ほとんどの場合は、それぞれの家ゲマインシャフト、氏族〔ジッペ〕、近所の団体で最年長の人のことである。

（1）「手が離せる」(abkömmlich)は、政治学の専門用語というわけではないが、このあとも何度も登場するキーワードである。ＰＴＡなども含めて地元の政治や行政にどれくらいの時間を使うことができるのかは、その人の政治的影響力を大きく左右する。【用語】「手が離せない」も参照。

（2）【用語】「名望家」を参照。

（3）名望家というタームは『経済と社会』の「法社会学」の章などでも使われているが、詳しい説明はつけられていない（例えば MWG I/22-3, S. 474.『法社会学』三二一頁など）。家【4】も参照。

（4）判告（ヴァイストゥーム）とは、妥当する法を確認するために、慣習に通じた人たちの判定を仰ぐことによって確定された法のこと。

（5）古代ギリシアのアテネでは、五百人評議会（ブーレー）が民会（エクレシア）での議案を事前に審議した。

【9】高齢者と若者、党派問題

高齢であるということはそれ自身で相対的な威信になる。しかしこの威信は、ゲマインシャフトによって大きく異なる。食料補給の余裕がないところでは、もはや身体的に労働力にならない人はただの厄介者になりがちである。

戦争状態が慢性的なところでは、戦闘能力がある者に対して高齢であることの意味は一般的に低下し、高齢者の威信に対してしばしば若者の「民主的」なスローガンが展開される（〔ローマ時代の表現に〕六〇歳以上は〔投票所に向かう〕「橋から追い返せ」（sexagenarios de ponte)というものがある)。

政治的ないし経済的な革命的新秩序が形成される時代であれば、どの時代も同様である〔高齢の意味は低下する〕。その新秩序が戦争によって成立しても、平和的に成立しても変わらない。宗教的な表象の実践的な力や、したがってまた伝統の神聖性への畏怖の念が強く発展していない、あるいは衰退しているところでも同じである。

経験が有する客観的な利用価値や伝統の〔価値を重視する〕主観的な力が高いところならどこでも、年齢への評価は維持される。

しかし、年齢そのものが持つ価値を剝奪することはしばしば、若者の利益ではなく、むしろ別の種類の社会的威信の利益になる。

「長老会」(〔スパルタの〕ゲルシアや〔ローマの〕元老院[1])はわずかにその名前に識別できる形で〔高齢者による支配の〕起源を残している。経済的ないし身分的な分化が進んでいる場合には、こうした「長老会」は、実質的には、先に述べた意味での「名望家」(「経済的」名望家[2])によって、あるいは「身分的」な名誉によって特権を付与された人たちによって占拠されることが多い。そして特権を持った人たちの権力も最終的にはいつも、なんらかの形で所有の規模ないし所有のあり方を基礎にしている。

これに対して、機会が生じたときには、「民主的」行政を獲得または維持しようというスローガンは、財産を持たない人や、あるいはまた経済的には強者であるが社会的名誉から排除された財産を持っているグループにとっては、名望家と闘うための手段になる可能性がある。

しかしこの際には、名望家は名望家で、彼らの身分的な威信と、彼らに経済的に依存する人たちの力によって、財産を持たない人によって構成される「親衛隊」を作ることができる。このため民主的行政の獲得・維持というスローガンは党派〔政党〕問題になる。ところで、党派間の権力闘争の出現とともに、「直接的に行政を行う民主主義」は、萌芽としてのみ「支配」を含んでいたそれ特有の性格を必然的に失う。

というのも、本来的にどのような党派であっても党派というのは、特殊な意味ではあるが、支配をめぐって闘争する構成体であり、したがって、たとえそれが覆い隠されていたとしても、構造の点で明確に自らを支配に向けて編成する傾向を持つからである。

（1）英語の senate（元老院、二院制の上院）は、ラテン語で高齢者を意味する senex に由来する。

（2）**支［8］**を参照。

[10] 規模と複雑性

「純粋」民主主義の極端なケースでは、仲間〔ゲノッセン〕が本質的に同質的な一つのユニットを形成する。このような仲間も場合によっては相互に社会的によそよそしくなる。この種のことが生じるのは、社会構造が量的に一定のレベルを超えた場合、あるいは行政の任務が質的に分化して、輪番、くじ、選挙で当選しただれかによっては、仲間〔ゲノッセン〕を満足させるような対処が難しくなった場合である。

大規模な構成体の行政の条件は、ご近所ないし個人的な関係を基礎とする小さな団体の条件とは根本的に異なる。

とくに「民主主義」の概念は、大規模行政が問題になってくると、「民主主義」の概念という集合名詞の背後に、種類が同じものを探すのがばかげているほどに、その社会学的意味を変えてしまう。

[11] 行政組織の成立

行政の任務の量的および質的発展は、職員の少なくとも一部が、少なくとも事実として継続的に存在することに、有利な条件を提供する。この傾向は長期的には避けることができない。なぜなら、いまやしだいに目にみえる仕方で、訓練と経験が、業務遂行上の技術的優位性の根拠になるからである。

したがって行政の目的で、つまりは同時に支配の行使の目的で、長期にわたって継続する特別な社会的構成体〔行政組織〕が成立する蓋然性はつねに存在している。

この構成体は、すでに述べたような仕方で、①名誉職の「合議制的」②構造のこともあれば、全職員を階層的に、一つの統一的な頂点に従属させる「一元支配的」③構造のこともある。

（1）「すでに」の参照先は不明。

（2）合議制的（kollegial）は、対等な立場の（少数の）人たちによる共同決定の体制を指す。【用語】「合議制」も参照。

（3）【用語】「一元支配的」を参照。次章で論じられる官僚制はまさに一元支配的である。

三　「組織」による支配、妥当根拠

[12] 組織と装置

以上述べてきたような支配の構成体に属するサークルの人たちは、支配される「大衆」に対して支配的な地位を有している。この支配的な地位は、それが存続する場合には、いわゆる「少数のアドバンテージ」と最近いわれるもの①を基礎にしている。ここで「少数のアドバンテージ」というのは、格別に迅速にお互いに意思を伝えあい、彼らの権力ポジションの維持に役立つような合理的に配置されたゲゼルシャフト行為をいつでも生み出し、またそれを計画的に運営するという、支配する少数者が手にしている可能性のことである。抵抗する者たちが、自分たちが支配権を握ることを目指したゲゼルシャフト行為を計画的に遂行するために、〔支配する側の人たちと〕同じように有効な準備をしていないかぎり、支配する側の人たちをおびやかす大衆行為やゲマインシャフト行為は、支配する側の人たちのゲゼルシャフト行為によって難なく打ち破られる②。

「少数のアドバンテージ」が完全に実現されるのは、支配する側の人たちの意図、決定、知識を秘密にすることによってである。人数が増えるにしたがって、秘密保持はより困難になり、蓋然性はより低くなる。

いかなる「職務上の秘密」〔官房機密〕であれ、守秘義務が増えるということは、次のいずれかの兆候である。〔一つは〕主人の権力をより強固に我がものにしようという意図が支配する側にあるということ、あるいは〔もう一つは〕主人の権力が〔大衆から〕おびやかされる度合いが増大していると支配する側が信じているということ、このいずれかである。継続性を目指す支配であればどんな支配でも、なんらかの決定的な点で秘密支配である。

一般的にいって、ゲゼルシャフト化〔目的合理的な秩序や命令に準拠した関係の形成〕を通じて作り出された、支配に特有の体制の特徴は次の点にある。リーダー〔導く人〕（Führer）の命令に従うことに慣れ、支配への関与と支配が存続することによるアドバンテージによって個人的にも利益の分け前をもらえる人たちのサークルが存在する。そしてこうしたサークルが継続的に準備を整えており、支配の維持に貢献する命令権力と強制権力の行使に参画する（つまり「組織」（Organisation）である）。以上のことが、支配に特有の体制の特徴である。

命令権力を要求し、実際に行使するが、この命令権力を他のリーダーによる委任から導き出すことがない、一人ないし複数のリーダーがいる。こうしたリーダーのことを、私たちは「主人」(Herr)と呼びたい。そしてすでに述べた仕方で、主人の特別な処分〔権〕に服する人員のことを、主人の「装置」と呼びたい。

支配の構造の社会学的特徴は、さしあたりは一人または複数の主人が装置に対して持つ関係と、両者〔主人と装置〕が支配される側の人たちに対して持つ関係、この二つの関係の一般的な特性によって決まる。さらには、「組織」が有する、それに特有の原理、要するに命令権力の配分によっても、社会学的な特徴が出てくる。

またこれ以外にも、支配形式を区分する多様な社会学的原理を導き出すことができる、実にさまざまな契機が存在する。

ただし、ここでは私たちの限定された目的に近づくために、支配の基本類型に戻ることにする。この基本類型は、次のように問われるときに明らかになる。ある支配の「妥当」が拠り所にできる究極的な原理はいかなるものか、というのがその問いである。このとき支配の妥当というのは、「官僚」に対して主人への服従を要求する権利、そして支配される側の人たちに対して両者〔主人と官僚〕への服従を要求する権利のことである。

(1) オーストリア学派の経済学者で商務大臣も務めたフリードリヒ・フォン・ヴィーザー

(Friedrich von Wieser, 1851-1926) が *Recht und Macht.* 6 Vorträge, Leipzig: Duncker & Humblot, 1910, S. 31, 36 で、「少数のアドバンテージ」という表現を用いている。

(2) ウォール街占拠運動などのような、組織を持たない運動に対するウェーバーの評価はとても厳しい。

[13] レジティマシー(正当性／正統性)、幸福の神義論、三つの原理

「法秩序」の考察で、私たちはすでにこの「レジティマシー」[1]の問題に遭遇した。[2] ここではレジティマシーの問題の意味をもう少し一般的な仕方で基礎づけてみたい。

支配にとっては、支配のレジティマシーの、このような基礎づけの仕方は、理論的ないし哲学的な思弁の問題などでは決してない。経験的な支配構造の最高度に現実的な相違の根拠になるのが、レジティマシーの基礎づけの仕方である。このテーゼの根拠は、すべての権力、そしてもちろんすべての生活のチャンス一般が自己正当化(Selbstrechtfertigung)を欲するという、とても一般的な事態である。

二人の人がいて、任意の点で運命と状況が見事なまでのコントラストを描き出しているとする。任意の点というのは、例えば、健康面でも、経済的な観点でも、社会的地位についてでも、どのような観点でもかまわない。この相違を生み出す決定的な根拠が純

粋な「偶然」であることがどれほど明白であったとしても、恵まれた状況にある人は、自分が有利な地位にいる、このコントラストは「レジティメイト」であり、この状況は自分の「功績のおかげ」で、〔正反対の境遇の〕相手の状況はなんらかの点でその人の「せい」とみなすことを許してもらいたい、という止み難い欲求を待つ[3]。以上のことは単純な観察だけでもわかる。

同じことは、プラスの特権を与えられたグループとマイナスの特権〔ハンディキャップ〕を与えられたグループとの間でも作用する。

高いレベルで特権を与えられたグループがあるとする。それがどのようなグループであれ、彼らの「伝説」〔レジェンド〕は、自分たちの自然な優越性、可能であれば「血」の優越性である。

安定した権力配分と、これに対応した「身分的」な秩序が存在する。支配秩序のあり方についての思考の合理化〔のレベル〕がそもそも低い。支配秩序が切迫した事情で「問題」にされないかぎり、この支配秩序は大衆にとって自然なままである。このような場合には、マイナスの特権をもつ層もこの伝説を受け入れる。

ところが、純粋な階級状況が赤裸々かつ一義的に、だれの目にも明らかな仕方で運命を決める力として出現する時代になると、個人が自分の功績によって運に恵まれているという、高度に特権を与えられている人の、先ほどの伝説は、マイナスの特権を背負わされている層を情念的に最も憤慨させる契機の一つとなる。階級闘争は古代後期にも一定数は存在したし、中世にはかなり存在した。しかし階級闘争はとりわけ近代のものである。近代の階級闘争では、まさにこの〔プラスの特権を持つ側の〕伝説と、この伝説を基礎にした「レジティマシー」の威信が、最も強力で、最も有効な攻撃の対象になる。

私たちが用いる言葉の技術的な意味での支配は、それがいかなる支配であっても、それが存続するのであれば、当然のことながら、考えられるかぎり最も強力な仕方で、支配のレジティメーション〔正当化〕の原理に訴えることによる自己正当化に頼る。

このような究極的な原理には次の三つがある。〔一つ目として〕命令権力の「妥当」は、（取り決められ、または押し付けられて）制定された合理的なルールの体系に表現されることがある。ルールに基づいてその「任務についた者」が〔支配される側の人たちに〕従順さを要求する場合に、そのルールが一般的で拘束力のある規範として、従順さを調達する。

命令権力の個々の担い手はそのとき、以上のような合理的なルールの体系によってレジティメーションされる。このルールに準拠して行使されているかぎりで、命令権力はレジティメイトである。

服従はルールに対してであって、人に対してではない。

または〔二つ目として〕命令権力の「妥当」はパーソナルな〔個人の〕権威に基づく〔場合がある〕。

パーソナルな権威は、伝統、つまり慣れ親しんできたもの、つねにそのように存在してきたものの神聖性に、その基礎を見いだすことができる。このような伝統の神聖性が特定の人に対する服従を命じる。

あるいは逆に〔三つ目として〕命令権力の「妥当」が普通じゃないものへのコミットメント、要するにカリスマへの[4]信仰にその基礎を持つこともある。つまりある人が持っている、はっきりとわかる啓示ないし賜物〔神からの贈り物〕への信仰であり、いかなる種類のものであれ、救世主、預言者、英雄のようなものに対する信仰である。

さて、支配構造の「純粋」な基本類型はこれに対応する。歴史的な現実において確認できる形式は、これらの基本類型のコンビネーション、混合、一体化、そして組み替えから生まれる。

ある支配の構成体のゲマインシャフト行為は合理的にゲゼルシャフト化される。[5]ゲゼルシャフト化されたゲマインシャフト行為がそれに特有の類型を示すのは、「官僚制」においてである。

伝統的な権威関係による結びつきにおけるゲマインシャフト行為は「家父長制」に典型的に表出される。

「カリスマ的」な支配構成体の基礎は、合理的ではなく、伝統によっても基礎づけられない、具体的な人格の権威である。

ここでも私たちが出発点にするのは、私たちに最も馴染みがあり、最も合理的な類型である。近代の「官僚制的」な行政が具現しているのが、この類型である。

(1) Legitimität は正当性ないし正統性と訳されてきた言葉であるが、本書では英語のカタカナ読み「レジティマシー」を使う。詳しくは【用語】「レジティマシー」を参照。

(2) 「法秩序」(Rechtsordnung) について、ウェーバーは別の箇所で論じている (cf. MWG I/22-3, S. 191-247.『法社会学』三一～六五頁)。しかし、ここでは一度もレジティマシーの概念は出てこない。

(3) いわゆる「幸福の神義論」のこと。世界には悪や苦難が満ち溢れている。この事実にもかかわらず神の全能や善を弁証できるのか。ライプニッツ (Gottfried Wilhelm Leibniz, 1646-1716) はこのように問いを立て、これを神義論ないし弁神論 (Theodizee) と名付けた。ウェーバーは苦難を受けている人だけでなく、幸福で恵まれた人も自分が恵まれている状況にあることを正当化する議論を展開するとし、後者を「幸福の神義論」と呼んだ (cf. MWG I/19, S. 90.『宗教社会学論選』四一～四二頁)。ここにウェーバーの「レジティメイト」の理解がよく表れている。自分が恵まれた境遇にいるのには正当な理由がある(legitim)と思っている、ある人の厚かましい確信は、自分の統治にはレジティマシーがある(legitim)と主張する支配者の独善的な確信と連続している。

（4）【用語】「カリスマ」を参照。

（5）フェルディナント・テニエスはゲマインシャフトとゲゼルシャフトを対抗する概念として用いている(『ゲマインシャフトとゲゼルシャフト——純粋社会学の基本概念』上・下、杉之原寿一訳、岩波文庫、一九五七年)。このためテニエスの用語法では、「ゲゼルシャフト化されたゲマインシャフト行為」という言い方は成り立たない。しかし、第一次世界大戦前の「支配」についての論考では、ウェーバーはゲマインシャフト行為の特殊ケースとしてゲゼルシャフト行為を位置づけているので、このような表現が可能になる。詳しくは、【用語】「ゲマインシャフト行為／ゲゼルシャフト行為」を参照。

官僚制①

（1）本章のタイトルは Bürokratismus である。官僚制と訳されるドイツ語は基本的に Bürokratie であり、この章のテクストでもほとんどの場合で Bürokratie が用いられている。『経済と社会』初版で、マリアンネ・ウェーバーが付けたタイトルも Bürokratie である。しかし、ウェーバー全集では Bürokratismus が章のタイトルとして採用されている。理由はもっぱら、家産制（Patrimonialismus）と封建制（Feudalismus）という、他の章のタイトルとの形式的な統一をはかるためである。副次的な理由として、マリアンネがマックスの没後すぐに、彼の遺稿のことで編集者のパウル・ジーベック（Paul Siebeck, 1855–1920）に宛てて書いた手紙（一九二〇年六月三〇日付、VA Mohr/Siebeck, Deponat BSB München, Ana 446）で、Bürokratismus という表現が用いられているという事情もある。ドイツ語の接尾辞の mus（英語の -ism）は「主義」と訳されることが多いし、それが適切な場合も少なくない。しかしこれらはかならずしも「主義」を意味するわけではない。接尾辞の mus は「状態」や「特性」を表す抽象名詞をつくるのに使われる。例えば、Feudalismus は封建主義ではなく、封建制と訳されることが多く、やはりそれが適切である。本書では**官[20][29][59][60]**、**家[63]**、**封[10][13][18]** で Bürokratismus が用いられているが、いずれの場合も「主義」の意味合いは薄い。このため本書では Bürokratie と Bürokratismus のいずれに対しても官僚制という訳語を用いる。ただし、Bürokratismus の場合はカッコに入れてそれとわかるようにしている。『経済と社会』第四版・第五版では「官僚制的支配の本質、前提および展開」という章のタイトルが編者のヴィンケルマンによって付けられている。この章は、他の章とは異なり、**ⅠⅡⅢ**や**123**を用いることで、テクストのアウトラインが明確に示されている。

【1】近代的官僚の機能様態

近代的な官僚①〔層〕に特有の機能様態は次の点にある。②

(1) 原語の Beamtentum は集合的な意味での官僚ないし官僚層を指す。この語には、「役人根性」など、官僚に特有の行動様式やメンタリティという意味もある。

(2) この一文はコロン(:)で終わっている。

【2】権限

〔近代的官僚の機能様態〕**I** ルール(法律ないし行政の規定)によって一般的に定められた、役所の明確な権限の原理が存在する。この原理は次のようなものである。**1** 官僚制的に支配された構成体の目的の実現には、ルールに則した活動が必要である。こうしたルールに則した活動が官職の義務として明確に配分される。**2** これらの義務を履行するのに必要な命令権力も、同じように明確に配分され、命令権力に付与される(物理的あるいは宗教的などの)強制手段についても、ルールによって明確に制限される。**3** このように配分された義務が規則的・継続的に履行され、対応する権利が行使される。一般的なルールによって定められた有資格者の任用によって、このための準備が計画的に行われる。

［3］官庁

この三つの契機によって形成されるのが、公法的な支配では官僚制な「官庁」(1)の存在であり、私〔民間〕経済では官僚制的な「経営」の存在である。

この点で、この制度が完全な発展をとげたのは、政治的・教会的なゲマインシャフトではようやく近代国家においてであり、私〔民間〕経済ではようやく進歩した形態の資本主義においてであった。

明確な権限を備えた継続的な官庁は、古代オリエントの政治形態のように非常に広大なところでも、ゲルマンやモンゴルの征服国家でも、多くの封建制的な国家形態でも、あたり前ではない。むしろ例外である。

これらの支配者は、最も重要な施策を、個人的に信頼している人、食卓を囲む仲間〔ゲノッセン〕、宮廷に仕えている人を通じて行った。彼らに与えられた委託や権限は、個別事例ごとに一時的に作られたもので、明確に限定されてもいない。

(1) Behörde は官職(Amt)が組織化されたものを指す。訳語として定着しているので「官庁」と訳しておくが、「政府機関」のほうが自然かもしれない。ギュンター・ロースの英訳ではagencyが用いられている。

〔4〕ピラミッド型の階層構造

〔近代的官僚の機能様態〕Ⅱ　官職の階層構造〔ヒエラルヒー〕と所轄部局〔審級〕が存在する。つまり、明確に秩序づけられた上位と下位①の官庁のシステムがある。ここでは、より上位にある官庁によってより下位にある官庁が監督を受ける。このシステムは同時に、明確なルールに準拠して、下位にある官庁から上位の審級に訴えをおこす可能性を、支配される側の人たちに提供する。

この類型が完全な発展をとげると、このような官職の〔ピラミッド型の〕階層構造は一元支配的な秩序になる。

階層構造的な所轄部局の原理は、国家や教会のような構成体とまったく同じで、その他のどんな官僚制的な構成体にも存在する。例えば、大きな政党組織や民間の大企業である。政党や企業の私的な所轄部局を「官庁」と呼ぶかどうかは、ここでは問わないことにする。

ところで、権限の原理が完全に貫徹されると、少なくとも公的な官職では、階層構造で下位の秩序に位置づけられるということは、「より上」の所轄部局が「より下」の業務を単純に自分のものにする権限があるというのと同じではなくなる。むしろ逆が通例である。したがって、ひとたび設置された官職が欠員になると、もう一度〔その官職にだれかを〕補充することが不可欠である。

(1)「上位と下位」(Über- und Unterordnung)は、ゲオルク・ジンメル(Georg Simmel, 1858-1918)の『社会学——社会化の諸形式についての研究』上、居安正訳、白水社、二〇一六年、第三章の表題である。このテクストの初出は、ウェーバーが編集に携わっていた『社会科学および社会政策学雑誌』二四巻(一九〇七年)であった。なお、ウェーバーによる『社会学』の抜き書きが遺されている(Bayerische Staatsbibliothek München, Deponat Max Weber, Ana 446)。ウェーバーの手書き原稿の判読はかなり難しいが、幸いにして現在ではMWG I/12, S. 527-552で活字化されている。

【5】公文書、役所、公私の分離

〔近代的官僚の機能様態〕**Ⅲ** 近代的な職務遂行は、原本やメモという形で保存される書類(公文書)と、あらゆる種類の下級の官僚と書記といったスタッフ[1]を基礎にしている。物品と公文書のような装置とともに、官庁で働いている官僚の全体が「役所」[2](Büro)

を形成する（民間企業ではしばしば「営業所」（Kontor）と呼ばれる）。

近代的な官庁組織は役所を自宅から原則的に切り離す。というのも、一般に近代的な官庁組織は、官職の活動を別個の区画として私的な生活領域から区別し、官職上の金銭や手段を官僚の私的所有から区別するからである。これはどこでも長期の発展の結果としてようやく生み出された状態である。このような状態は今日、公共経営でも私経済（民間企業）の経営でも同じように存在する。しかも民間企業では、運営する経営者自身にもこの状態は及ぶ。業務遂行の近代的な類型の萌芽はすでに中世に存在していたが、この類型が一貫して展開するにしたがって、営業所と家計、業務上の通信と私的な通信、業務上の資産と私的な資産は原理的に区別された。

かつて、官僚制に特有の性格を持つ近代国家の支配者（フリードリヒ二世）は、自分のことを国家の「第一の奉仕者」[3]と呼んだ。これとまったく同じように、経営者は企業の「第一の官僚」として振舞うものだ、という考え方を、現代の経営者の特徴とみなすことができる。

国家の役所での活動と私経済（民間企業）の営業所での活動は内面的に異質である、という観念は、ヨーロッパ・大陸的である。私たちとは違ってアメリカ人には、この観念はまったく馴染みがない。

（1）Stab（英語の staff）は「幹部」という意味で使われることも多いが、ここではかならずしも上級の官僚に限定されていないので、官僚制的な組織で働く一般の職員という意味で「スタッフ」と訳す。

（2）Büro のもともとの意味は、上面に布（ラシャ）が掛けられた事務机である。そこからこの語は「事務所」「オフィス」という意味で使われるようになる。Bürokratie（英語の bureaucracy）という言葉も、この Büro（bureau）から派生したものであり、直訳すれば「事務所の支配」である。

（3）「第一の奉仕者」は、「啓蒙専制君主」として知られるフリードリヒ二世（大王）（Friedrich II; Friedrich der Große, 1712-1786）の言葉。「反マキアヴェッリ、あるいはマキアヴェッリの『君主論』を検討する」『反マキアヴェッリ論』大津真作監訳、京都大学学術出版会、二〇一六年、三三頁。ここでは「第一の下僕」と訳されている。

［6］官僚の専門性

〔近代的官僚の機能様態〕Ⅳ　官職の活動、少なくとも専門化された官職の活動はすべて、普通の場合には、徹底した専門的な訓練を前提とする。そして専門化された官職の活動は近代に特有である。

国家の官僚と同様に、民間企業の近代的な上司や従業員にも、ますますこれが当てはまるようになっている。

〔7〕専業

〔近代的官僚の機能様態〕Ⅴ 官職が完全に発展すると、官職の活動は官僚の全労働力〔エフォート〕を要求するようになる。官僚の義務となっている役所での労働時間の量は明確に限定されることもあるが、このような事情は無視しておく。官僚の専業化もまた、普通の場合には、長期にわたる発展の結果としてようやく成立したものである。公的な官職でも私経済〔民間企業〕の官職〔職務〕でも同じである。以前はこれとは逆で、どんな場合にも業務を「兼業として」片づけるのが普通であった。

〔8〕ルールについての知識

〔近代的官僚の機能様態〕Ⅵ 官僚の職務遂行は、ルール〔Regel〕に準拠して行われる。このルールは一般的で、多少の差はあってもとにかく明確で、多少の差はあってもとにかく全体に及び、習得可能なものである。

したがって、このようなルールについての知識というのは、特別な技術論である（それぞれに応じて、法学、行政論、商業についての知がその技術論である）。官僚たちが所有しているのはまさにこれである。

[9] ルールの拘束性

近代的な職務遂行はルールに拘束される。ルールに拘束されることは、近代的な職務遂行の本質に基礎を持つ。このため、近代的な学問理論が想定するのは、例えば次のようなことである。特定の内容を政令(1)によって秩序づけるという、ある官庁に法的に認められた権限は、ケース・バイ・ケースの個別の政令で規制する権限をこの官庁に付与するのではなく、抽象的に規制する権限をこの官庁に付与するにすぎない。この対極にあるのが、あとで述べるが(2)、例えばまさに家産制で支配的な規制の様式である。この規制の様式は、神聖な伝統によって確定されていないすべての関係を、個人的な特権と恩恵の付与によって調整する。

（1） 政令と訳したドイツ語は Verordnung である。これは行政機関が制定する法規を指す。日本では「政令」という用語は内閣による命令を指し、それ以外の行政機関による命令はこれに含まれない。このため「命令」と訳したほうが正確かもしれないが、Befehl（命令）と区別ができなくなるので、「政令」と訳しておく。なお、ハンナ・アーレントは支配形態としての官僚制について次のように書いている。「官僚制とは、政治に代わって行政が、法律に代わって命令（Verordnung）が、決定者の責任が問われ得る公的・法的決定に代わって役所《ビュロー》の匿名の処分が登場する支配形態である」（『全体主義の起原2　帝国主義』新版、大久保和郎訳、みすず書房、二〇一七年、一一八〜一一九頁）。

（2）**家【35】【36】【48】**を参照。

【10】官僚の地位

以上のすべてのことは、官僚の内面的および外面的な地位に対して、次のような帰結をもたらす。[1]

（1）この一文はコロン（：）で終わっている。

【11】ベルーフ、官職に対する忠誠

〔帰結〕**I** 官職は「ベルーフ」[1]である。所定の教育課程が必要要件である。ほとんどの場合、これには比較的長期にわたって、全労働力〔を注ぎ込むこと〕が要求される。そして一般的な形で定められた専門試験〔の合

格〕が任用の前提条件である。さしあたり以上の二点に、官職がベルーフであることが表れている。

さらに、官職がベルーフであることは、官僚の地位の義務的な性格にも表れている。この義務的な性格によって、官僚の関係の内的構造が次のように規定される。官職に就いているということは、法的にも事実的にも、特定の仕事の見返りとして、手に入れることができるレンテ〔利子・年金〕(2)収入や役得による収入を所有しているとはみなされない（中世では普通はこのようにみなされており、近代の初期でもそうであることが多かった）。また、官職に就いているということは、自由な労働契約のように、成果を有償で普通に交換することであるともみなされない。

官職に就くということはむしろ、私経済でも、安定した生活の提供を受ける代償として、特有の官職忠誠義務を引き受けることであるとみなされる。

近代における官職に対する忠誠には、決定的に重要なことがある。官職に対する忠誠は、純粋類型の場合には、例えば封建制的、または家産制的な支配関係のように、封臣や信奉者の忠誠のような仕方で一人の人（Person）に対して関係を築くことではない。むしろ官職に対する忠誠は、パーソナルではない、事柄に即した〔ザッハリヒな〕目的に向けられる。

当然のことではあるが、この事柄に即した目的の背後には、「国家」「教会」「ゲマインデ」「政党」「企業」〔経営〕といった「文化的な価値理念」が存在することが多い。「文化的な価値理念」というのは、事柄に即した目的をイデオロギー的に聖化し、地上的、あるいは超地上的ですらある、パーソナルな主人の代用物として、あるゲマインシャフトで実現されていると考えられているものである。

例えば、政治的な官僚③〔役職者〕は、支配者の個人的な奉公人とはみなされない。少なくとも完全に発展した近代国家では、そうである。

さらに司教や祭司や説教師も、今日ではもはや実質においては、原始キリスト教の時代のように純粋にその人個人がカリスマの持ち主ではない。〔かつての〕司教や祭司や説教師は、かの主人の個人の委託で、原則的にかの主人のみに責任を負って、救済財を持つに値すると思われ、かつそれを求めるすべての人に、そのようなカリスマの超地上的な救済財を提供した。

〔今日では〕そうではなくて、かつての理論は部分的には生き延びているものの、司教や祭司や説教師は、事柄に即した〔ザッハリヒな〕目的に仕える官僚になっている。この目的は今日の「教会」では物象化④され、同時にイデオロギー的に聖化されている。

(1) ウェーバーがプロテスタンティズムの倫理を論じるときに「ベルーフ」をキーワードに

したことはよく知られている。しかし、彼が用いるすべての「ベルーフ」をプロテスタンティズムに結びつける必要はない。【用語】「ベルーフ」も参照。

（2）【用語】「レンテ」を参照。

（3）「政治的な官僚」という表現は、現代の日本語の用法としてはかなり不自然であるが、ウェーバーは Beamte をかなり広い意味で用いているので、このような表現が出てくる。逆に「官僚制的な官僚」という言い方もしている（**官［15］**）。

（4）【用語】「物象化」を参照。

［12］官僚個人の側からみた官僚の地位

〔帰結〕**Ⅱ** それにもかかわらず、〔官僚〕個人の側からみた（persönlich）官僚の地位は次のように具現化される(1)。

（1）この一文はコロン（：）で終わっている。

［13］社会的評価

〔官僚の地位〕**1** 公的な官僚であれ私的〔民間企業などの〕官僚であれ、近代の官僚も、支配される側の人たちに対して、つねに特有に高められた「身分的」な社会的評価を求め、そしてほとんどの場合に、そのような評価を享受する。

官僚の社会的地位は、位階規定によって保障される。政治的官僚の場合には、「官僚の名誉毀損」、国家や教会の官庁などへの「侮蔑」についての特別な刑法上の規定によって、その地位が保障されている。[1]

官僚が手にする事実上の社会的な地位が最も高いのは、普通は次のようなところである。古い文化国家にあって、専門的な訓練を受けた行政へのニーズが強い。同時に強力で、不安定ではない社会的分化が支配的である。そして社会的権力配分によって、あるいは所定の専門教育にカネがかかったり、官僚を拘束する身分的慣習があったりするために、官僚が主として社会的・経済的な特権層出身である。このような場合である。

学歴〔卒業証書〕の影響力については、別のところで論じるべきであるが、[2]官職に就任する資格は証書の所有に結びつけられることが多い。当然のことではあるが、卒業証書の影響力は、官僚の社会的地位における「身分的」な要素を高める。

ところで、身分的要素の承認がなされるのは〔いつもではなく〕個別的にである。例えばドイツ軍の場合には、官僚コースの志願者の採用は、官僚団〔将校団〕のメンバーの同意(「選別」)によるとの規定がある。この規定において、身分的要素は印象深くかつ明示的に承認されている。

官僚のツンフト〔同業者組合〕的な閉鎖性を促進する類似の現象は、典型的には過去の家産制的、とくにプレベンデ[3]〔俸禄〕的官僚層でみられる。

〔家産制とは〕異なる形ではあるが、官僚層の閉鎖性を復活させようとする志向は、近代的な官僚支配でもそれほど珍しいことではない。例えば、ロシア革命中、強力にプロレタリア化した専門官僚(「第三分子[4]」)が行った要求でも、官僚層の閉鎖性を復活させようとする志向が一定の役割を果たした。

(1) ドイツ・ライヒ刑法典(一八七一年)には、官庁や官僚への侮辱についての条項が存在した(Strafgesetzbuch für das Deutsche Reich, §196)。

(2) **官[59]**を参照。

(3) **【用語】**「プレベンデ」を参照。

(4) 帝政ロシアの地方行政の自治機関ゼムストヴォの有給の職員、医師、統計家などを指す。ゼムストヴォは一八六四年に導入され、一九一七年のロシア革命で廃止された。Cf. MWG I/10, S. 105–107.『ロシア革命論』I、雀部幸隆・小島定訳、名古屋大学出版会、一九九七年、九～一〇頁。

[14] 例外としてのアメリカ

営利活動をする余地が大きく、社会の階層化が非常に不安定であるために、専門的な訓練を受けた行政の必要も、身分的な慣習の支配もともに著しく弱い場合がある。新規の移住によって形成された地域では、しばしばそうである。こうしたところでは、官僚が官僚であるということで獲得する社会的評価は著しく低いことが多い。
とりわけアメリカ合衆国[1]がそうである。

(1) ウェーバーは一九〇四年秋にセントルイスで開催された学術会議に出席するため、アメリカを訪問し、一三週間にわたって各地を旅した。このときの経験が「プロテスタンティズムの倫理と資本主義の精神」の後半(一九〇五年)を生み出すとともに、比較官僚制論にもつながった。ウェーバーのアメリカ体験については、Lawrence A. Scaff, *Max Weber in America*, Princeton, N. J.: Princeton University Press 2011 を参照。

[15] 上からの任命

〔官僚の地位〕**2** 官僚制的な官僚の純粋類型は、上級の審級によって任命される。支配される側の人たちによって〔選挙などで〕選出された役職者はもはや純粋な意味での官僚制的な人物ではない。

当然ながら、選挙が〔手続きとして〕形式的に存在しているからといって、その背後に任命が隠れていないわけではない。ここで任命というのは、国家の場合はとくに〔政権〕

政党の〔実質的な決定をしている〕長(Parteichef)によるものである。

国家にとって事態がこのようなものであるかどうかは、国法の規定によってではなく、政党メカニズムの機能の様態によって決まる。政党メカニズムは、それがしっかりと組織化されて存続している場合には、形式上は自由な選挙であっても、それを政党の長によって指名された候補者に対するたんなるアクラマツィオーン[1]〔歓呼賛同〕に変えてしまうことができる。そして指名された二人の候補者の一人を決めるための、所定のルールによって展開される票をめぐる闘争に変えることもよくある。

しかしいかなる事情でも、支配される側の人たちによって選挙で役職者(Beamte)を選出することは、階層構造における従属関係の厳密さをゆるめる。

支配される側の人たちの選挙で任命された役職者は、審級の順番で自分よりも上位にいる官僚〔役職者〕に対しても基本的には独立している。というのも、このような役職者はその地位を「上から」ではなく「下から」汲み上げているからである。あるいは少なくともその人よりも官職の階層構造で上に位置する審級そのものからではなくて、政党の権力者[2](ボス)から、役職者は自分の地位を手に入れる。そしてこのボスは、その役職者の今後のキャリアも握っている。

このような役職者は自分のキャリアについて、行政の勤務の範囲内では上司に依存しない。少なくとも第一義的に依存することはない。

選挙で選ばれたわけではなく、主人(Herr)によって任命された官僚は、純粋に技術的にみれば、普通はより精確に活動する。なぜなら、他の事情が等しければ、純技術的な観点と資格によって官僚の選抜とキャリアが決定される公算がより大きいからである。

支配される側の人たちは専門家ではない。官職の候補者が専門家として有している資格がいかほどなのかを、支配される側の人たちは経験してみてはじめて、したがって事後的に知ることができるだけである。

ましてや政党は、きわめて当然のことながら、専門的な観点ではなく、政党の権力者に対する雑巾掛けを決定的に重要な基準にしてしまうことが多い。選挙による役職者の任命がいかなるものであっても、これは変わらない。形式手続き上は自由に選出される役職者が候補者名簿の作成時に党の権力者から指名されるのであれ、〔政党の〕長も選挙で選ばれて、自由に役職者を任命するのであれ、同じことである。

もっとも、この対立は相対的である。

というのも、レジティメイトな君主とその側近が官僚を任命する場合でも、事柄に即してみれば同種のこと〔専門知識の軽視〕がまかり通る。ただこの場合には、フォロワー③(Gefolgschaft)の影響力が制御不可能になるというだけである。

今日、専門的に訓練を受けた行政へのニーズは高いし、また高くなっている。アメリカ合衆国でもそうである。そして政党の党員は、知的能力を強力に向上させ、訓練を受け、そのため自由に浮動する「世論」を計算に入れなければならなくなっている（もちろんアメリカ合衆国では今でも、都市の移民が「票」として機能しているところではどこでも、ここで述べたような〔浮動する〕「世論」は存在しない）[4]。このようなところでは、不適格な役職者を任命すると、与党は選挙で報いを受ける。〔政党の〕長が役職者を任命する場合には、当然のことながら、とくにそうである。

したがって、行政の長を人民の選挙で選ぶだけでなく、長の下に置かれる役職者も人民の選挙で選ぶことは、少なくとも大規模で、〔全体を〕見渡すことが難しい行政組織の場合には、階層構造的な従属を弱めるだけでなく、役職者〔官僚〕の資質と官僚制的なメカニズムの精確な作動をしばしばよりいっそう危うくする。

アメリカでは、公選の裁判官も大統領によって任命される連邦裁判官も、党派的な配慮で選ばれるが、大統領によって任命された連邦裁判官のほうが卓越した資格と清廉潔白さを備えていることはよく知られている。

これに対して、改革勢力によって要求された大都市地方行政の変革は、アメリカでは本質的にすべて、選挙で選出された市長によって始められた。市長たちは、彼らが任命した官僚装置を使って、つまり「カエサル主義的」[5]に活動した。

「カエサル主義」が支配の組織として有しているパフォーマンス能力は、しばしば民主主義から生まれてくる。このパフォーマンス能力はそもそも、技術的にみるならば、「カエサル」の地位を基礎にしている。ここで「カエサル」というのは、自由で、伝統に拘束されず、大衆(軍隊または市民)から信を受けた人であり、まさにそうであるから、その人が個人として自由に、伝統その他を顧慮することなしに選別した最高レベルの有資格者である将校や官僚の幹部に対する無制限の主人のことである。

しかしこのような「個人的な天才の支配」[6]は、徹底した選挙〔を基礎にした〕官僚制という形式のうえで「民主的」な原理とは矛盾する。

(1)【用語】「アクラマツィオーン」を参照。

(2) 政党の「ボス」は、当時のアメリカの政治用語で、政党の看板になるのではなく、裏の仕事に従事するプロフェッショナルな政治家のこと。票の差配や人事、政治資金集め、場合によっては汚職やそれに近いことなどが、彼らの主たる仕事である。選挙権の拡大により成立した近代の大規模政党では、ボス的な政治家の影響力が絶大になるというのがウェーバーの洞察であった。ある政党が優勢な選挙区でその政党の公認候補になれば、あるいは比例代表制名簿の上位に名前が載れば、その候補者の当選はほぼ決まる。当選はもちろん有権者の投票によって決まるが、実質的にそれを決めているのは、政党内の有力者(ボス)ということになる。Cf. MWG I/17, S. 202–203.「仕事としての政治」一五〇～一五一頁／『職業としての政治』六二頁も参照。

(3) 【用語】「フォロワー」を参照。

(4) 例えば、タマニー協会は、移民の生活の面倒と民主党への集票を結びつけ、ニューヨーク市政に絶大なる影響力を行使した。

(5) 「カエサル主義」(Cäsarismus)は、もちろん共和政末期のローマの将軍・政治家のカエサル(Gaius Julius Caesar, 100 BC–44 BC)に由来する。ウェーバーは、国民からの直接的な支持を基礎にした、人民投票(プレビシット)的な強力なリーダーによる支配という、より一般的な意味でこの用語を用いている(【用語】「カエサル主義」も参照)。強いリーダーシップで改革を断行した市長としては、ブルックリン市長で、後にコロンビア大学の学長にもなるセス・ロー(Seth Low, 1850–1916)などがいる。ロシア出身の政治学者オストロゴルスキー(Moisei Ostrogorski, 1854–1921)は「都市の独裁者」(municipal dictator)という印象的な表現を用いている。Cf. Ostrogorski, *Democracy and the Organization of Political Parties*, London: Macmillan, 1902, S. 523.

(6) ウェーバーは別のところでは、ナポレオン(Napoléon I, 1769–1821)の名前を挙げて、「ナポレオンの「天才の支配」」と書いている(cf. MWG I/23, S. 495.『支配の諸類型』七四頁)。

【16】事柄に即した（ザッハリヒな）行政を確保するための身分保障

〔官僚の地位〕**3** それ以外の構成体でもしだいにそうなりつつあるが、少なくとも公的な、あるいはそれに近い官僚制的な構成体では、普通は地位の終身雇用が存在する。契約解除の告知や定期的な新規契約があるところでも、終身雇用が事実上のルールとして前提条件になっている。

民間企業でも普通は、終身雇用が労働者ではない正規の職員（Beamte）の特徴である。

しかしながら、このような法的ないし事実的な終身雇用は、過去の多数の支配形式でそうであったようには、官職に就いている官僚の「所有権」とはみなされない。

恣意的な罷免や左遷に対する法的な保障が成立してきた。ドイツではすべての裁判官、そしてしだいに行政官僚に対してそのような保障がある。このときの目的はもっぱら、厳密に事柄に即して〔ザッハリヒに〕、パーソナルな顧慮から自由に、当該の特殊な官職義務を果たすことに対する保障を提供することである。

したがって、官僚制の内部では、こうした法的保障によって確保された「独立性」の度合いは、かならずしもこのような仕方で保障された官僚の高い慣習的な評価の源泉ではない。

古い文化が保持されているとともに、社会的に分化しているゲマインシャフトでは、むしろしばしば逆のことが起こる。

　主人の恣意への従属が厳格であるほど、その従属はそれだけ、生き方のレベルでの慣習的な主人のスタイルの保持も確実にする。そのためまさに法的保障の欠如ゆえに官僚の慣習的な評価は高められるからである。中世では、家人[1]〔ミニステリアーレ〕の評価は自由民になることを断念することで高められ、また国王〔に任命された〕裁判官の評価は人民〔から選出された〕裁判官になることを断念することで高められた。これとまったく同じである。

　ドイツの将校や行政官僚は、いつでもどのような場合でも、「独立」した裁判官よりもはるかに解任されやすい。裁判官は「名誉のコード」や社交についてのサロンの慣習に著しく粗野に違反しても、官職を差し出すことを要求されるわけではない。

　しかしまさにこの理由で、その他の事情が同じであれば、裁判官の「社交性」は主人の階層の人の目には官僚よりも低くみえる。官僚は主人への「依存」が比較的大きい。彼らの生き方が「身分適合的」であることの比較的強い根拠になっているのが、この「依存」の大きさである。

　当然のことながら、官僚であっても平均的な官僚は、老後の物質的な保障だけでなく、官職の恣意的な解雇に対する保障を高める「官吏法」(Beamtenrecht)を熱望する。

しかし、こうした努力には限界がある。

「官職への権利」がとても強く発展すると、当然のことながら、技術的な目的適合性を顧慮した官職の充当や、頑張っている候補者の昇進のチャンスも難しくなる。

官僚が全体として「上」への依存を苦に思わないのには、こうした事情がある。そしてこれ以外にも、なんといっても、自分たちより社会的に下にいる、支配される側の人たちよりも、同等の者に依存したいという傾向が、「上」への依存を苦だと感じなくさせる。

今日、バーデンの聖職者の間で広がっている保守的な運動のきっかけは、国家と「教会」の分離への不安であった。この分離は、誤って脅威だと思われている。この保守的な運動を引き起こしているのは明らかに「ゲマインデの主人からゲマインデの奉仕者になりたくない」という願望である。(2)

(1) 家人〔ミニステリアーレ〕は、封建領主の家に属する非自由民で、職務によって権力を獲得した者。**家〔27〕**および**【用語】**「ミニステリアーレ」も参照。

(2) 一九〇五年から一九一四年にかけて、バーデンでは、国民自由主義者と社会民主主義者のブロックが主導して、「国家と教会の分離」政策が進められたが、保守的な福音派の聖職者たちはこれに反対した。Cf. Gangolf Hübinger, *Kulturprotestantismus und Politik. Zum*

Verhältnis von Liberalismus und Protestantismus im wilhelminischen Deutschland, Tübingen: J. C. B. Mohr (Paul Siebeck), 1994, Kap. IV, 2.

［17］給料の低さ

〔官僚の地位〕**4** 官僚は普通は固定された給料という形で金銭的報酬を定期的に受け取り、退職金によって老後の保障を受ける。

給料は原則として業績による賃金査定ではなく、「ランクに応じて」、つまり勤務の種類（「ランク」）に応じて、また場合によっては勤続年数に応じて査定される。

官僚が受け取る〔給料などの〕給付には比較的大きな確実性があり、それと並んで、社会的評価という形での報酬もある。こうした確実性と報酬は、植民地という営利のチャンスを持たない国々では、官職への就職希望を高め、比較の問題ではあるが、ほとんどの場合で、官僚の給料を低く算定することを可能にしている。

［18］恣意的ではない昇進条件

〔官僚の地位〕**5** 官庁の〔ピラミッド型の〕階層構造的な秩序に対応して、重要度が低く給料も低い下位のポストから上位のポストへと、官僚は「キャリア」を積んでいく。

当然のことながら、平均的な官僚は、昇進の条件が可能なかぎり機械的に固定化されることを望む。〔より上位の〕官職への昇進、そうでなければ〔より上の〕俸給の段階への昇進の条件が固定化されることを、もしも専門試験が整備されている場合には、専門試験の点数を考慮に入れることで昇進の条件が固定化されることを、彼らは求める。試験の点数は、このような事情から、あちこちで実際に生涯にわたって付き纏う、官僚の消えない霊印[1]となる。

このような発展は、官職への権利が望まれて強化されること、官僚の職業身分の向上と経済的安定を求める傾向がしだいに増大することと結びつく。学歴〔卒業証書〕で資格を得た者の「プフリュンデ」[2]〔俸禄〕として官職を取り扱う方向にこの発展は進んでいく。学歴はしばしば副次的な目印〔メルクマール〕である。この目印とは独立に、一般的な個人的・知的な資格が考慮される必要がある。この必要ゆえに、まさに最高位の政治的官職、なかでも「大臣」(Minister)のポストは、原則として学歴とは無関係に補充される。

（1）消えない霊印(Charakter indelebilis)は、洗礼、堅信などのサクラメント(秘跡)で与えられるものを指す。

（2）【用語】「プフリュンデ」を参照。

[19] 近代官僚制の社会的・経済的な前提

官職が近代的な仕方で形成されるために必要とされる社会的・経済的な前提は次のものである①。

（1） この一文はコロン（：）で終わっている。

[20] 貨幣経済の発展、官僚の報酬の形態、六つの歴史的実例

〔近代官僚制の社会的・経済的な前提〕**I** 官僚の報酬が貨幣によって支払われることが、今日では完全に優勢になっている。この点を考慮するかぎりでいえば、〔近代官僚制の社会的・経済的な前提は〕貨幣経済の発展である。

これは官僚制のハビトゥス①全体にとって、とても重要な意味を持っている。

もっとも、貨幣経済の発展だけが、官僚制の存在にとって決定的というわけではない。ある程度まで目にみえるまでに発展した官僚制（Bürokratismus）で、量的に最大規模に達した歴史的な実例としては、次のものがある②。

a 新王国時代のエジプト〔古代エジプトの第一八王朝から二〇王朝、前一五六七～前一〇八五年頃〕。ただし、家産制的な要素が強かった。

b ローマの元首政③〔プリンキパトゥス〕の後期、とくにディオクレティアヌス〔ローマ皇帝、在位期間は二八四〜三〇五年〕の君主制〔ドミナトゥス〕と、そこから発展したビザンツ帝国〔東ローマ帝国〕の国家体制。ただし、封建制的・家産制的な要素が強かった。

c ローマ・カトリック教会。一三世紀末から〔官僚制が〕しだいに増大した。

d 始皇帝④〔秦王のち皇帝、在位期間は前二四七〜前二一〇年〕の時代から現代までの中国。ただし、家産制的・プレベンデ〔俸禄〕的な要素が強い。

e 絶対君主制の発展以来、ますます純粋な形式になっている近代ヨーロッパ国家、またしだいにすべての公的な団体でも増大傾向。

f 近代資本主義の大企業。企業がより大きくより複雑になるほど〔官僚制的要素が〕より大きくなる。

aから**d**の事例は、著しく高いレベルで、部分的には圧倒的に、官僚への現物支給を基礎にしている。

それでも、これらの事例でも官僚制に特徴的な傾向や作用が数多く現れている。

その後のすべての官僚制の歴史的モデルであるエジプト新王国は、同時に自然経済〔実物経済〕を基礎にした組織の最大の実例の一つでもある。

もっとも、この一致は、ここではきわめて固有の条件によって説明される。というのも、エジプトの構成体を官僚制(Bürokratismus)に含めるためには、きわめて大きな制限を付けなければならず、全体としてこの制限は、まさに自然経済〔現物経済〕によって条件づけられているからである。

ある程度の貨幣経済の発展は、純粋に官僚制的な行政を創設する前提とまではいわなくとも、それが変わらずに存続するための、標準的な前提である。というのも、歴史的な経験によれば、貨幣経済の発展がなければ、官僚制的な構造がその内部の本質を著しく変えてしまったり、まったく別のものに変わってしまったりすることがほとんど避けられないからである。

主人の倉庫の貯蔵品や主人の経常的な現物収入から、固定された現物給付を配分することは、すでにエジプトや中国では何千年にもわたって支配的であったし、後期ローマ帝国の君主制などでも重要な役割を果たしていた。こうした配分は、官僚が税源を流用し、自分自身の私有財産として利用することへの第一歩になりがちである。

現物給付は、貨幣の購買力がしばしば急激に変動することから官僚を守る。しかし、現物課税に基づく収入が不規則になると、官僚は権限を与えられているかどうかに関係なく、自分の勢力領域内の貢租義務者に直接的に頼って、持ちこたえようとする。現物収入の場合で、主人の権力の緊張がゆるむときには、いつでもこのようになる。

貢租、およびそれとともに課税権を、担保にするか委託するかし、あるいは収益の上がる主人の土地を自己利用のために貸与するかして、このような変動から官僚を守ろうと考えることは自然である。そしてしっかりと組織されていない中央権力は、自発的に、あるいは官僚に強要されて、この考えを採用する誘惑にかられる。

これには次のような二つの方法がありうる。官僚が収益の中から、自分の給料に見合った額の給付で満足し、余剰分を〔主人に〕引き渡すという方法が一つである。ただし、これには明らかな誘惑〔官僚の着服〕が含まれているため、たいていは主人にとって満足のいく結果にはならない。もう一つの方法は、官僚が「固定額を義務づけられる」という方法である。この方法はドイツの官僚制の先史時代にしばしば行われた。東方のサトラップ(5)〔ペルシア帝国の州総督〕行政ではどこでも、これが最大の規模で行われた。官僚は固定額を〔主人に〕提供し、余剰を手元に残した。

(1) ハビトゥスは態度・性質・習慣などを意味するラテン語 habitus に由来し、一定の条件を共有する人たちが生み出す心的傾向を意味する。「エートス」とほぼ同じ意味で用いられている。

（2）以下、**a**から**f**までは、セミコロン（；）で連結された一文であり、本書の原則〔凡例を参照〕ではつなげて訳すことになるが、見やすさを優先して分離して列挙する形にする。
（3）【用語】「プリンキパトゥス」を参照。
（4）Cf. MWG I/19, S. 194-201.『儒教と道教』七八～八三頁。
（5）【用語】「サトラップ」を参照。

[21] 行政の業務委託——主人・請負業者・支配される側の人たちの動機の相互作用と反発

この場合には、経済的な観点でみると、官僚は業務請負業者①にかなり似たものになる。まさに通常の官職の業務請負関係でありながら、最高額で入札した者に官職を授与するということすら出てくる。

私経済を基盤として、領主直営地型荘園制〔ヴィリカツィオーン制〕が業務請負関係に組み替えられた。数多くの例のなかでも最も重要なものの一つがこの組み替えである。主人はこれによって、現物収入を貨幣に換える手間を、業務を請け負う官僚、ないし固定額を義務づけられている官僚に転嫁することができる。

古代オリエントの総督のかなりの者が、明らかにそのようにしていた。

とりわけ公的な租税徴収自体を国が自ら行うのではなく、業務委託することは、この目的に適合的である。

これはなによりも君主の財政を予算編成システムに組み入れる非常に重要な進歩の可能性につながる。つまり、その都度の計算できない収入でその日暮らしをするという、あらゆる公的な家計の初期段階で典型的な生活に代わって、収入とそれにともなう支出のしっかりした見積もりができるようになる。

しかし他方で、この場合には、主人自身の利益のために租税能力を統制し、完全に利用し尽くすことはできなくなる。そして官僚、あるいは官職の業務請負人ないし徴税業務請負人に任された自由の度合いによっては、租税能力のサステナビリティ〔持続可能性〕すらも、無慈悲な搾取によっておびやかされる。なぜなら、資本家は、主人のような継続的な利害関心を持たないからである。

これに対して主人は、規定〔を設けること〕によって自らを守ろうとする。

貢租を業務委託するか委任するかする形態は、実にさまざまでありうる。主人と業務請負人の間の力関係に応じて、支配される側の人たちの租税能力を自由に利用しようという業務請負人の利害関心か、あるいは租税能力のサステナビリティを維持しようとする主人の利害関心か、このいずれかが優位に立つことになる。

すでに述べてきた動機が相互作用したり、反発したりする。つまり、収入の変動を排除すること、予算計上が可能なこと、経済を無視した搾取から保護することで臣民のパフォーマンスを確保すること、国家が可能な最大限の獲得を目的として業務請負人の収益を統制することがその動機である。例えば、プトレマイオス王国[2]の租借制度の形成の仕方は、本質的に、このような動機の相互作用と反発を基礎にしている。プトレマイオス王国の業務請負人は、ヘラス〔古代ギリシア〕やローマ[3]と同様に、民間の資本家であったが、租税徴収は官僚制的に行われ、国家によって管理されていた。業務請負人の利益は、賃借金の総額を上回った余剰金の分け前だけであった。賃借金は実際に保証された額ではあったが、貢租の収益がこの額を下回った場合には、それは業務請負人のリスクとなった。

（1）ここで業務請負業者と訳したのは Pachtunternehmer である。Pacht は賃貸借（料）を意味するので、賃貸借者とするほうが一般的である。ただ、小作人が地主から土地を借りるように、国家の徴税権を借りる業者を指すので、業務請負業者と訳すことにした。なお、当然のことながら、国家から民間への業務委託の歴史は長い。少なくともそれは新自由主義とイコールではない。

（2）プトレマイオス王国は、アレクサンドロス大王（Alexandros, 356 BC-323 BC）の没後、彼の側近で、ディアドコイと呼ばれる後継者の一人であったプトレマイオス一世によって建国された、マケドニア人を中心としたエジプトの王国。前三〇四～前三〇年。首都アレクサンドリアはヘレニズム文化の中心として繁栄した。【用語】「ヘレニズム」も参照。

(3) ローマで業務請負人はプブリカニ(publicani)と呼ばれていた。

[22] 官職の経済的な観点、官職の売買

純粋に経済的な見方をすれば、官職は官僚の私的な収入源である。例えば、主人が戦争遂行や借金の返済などのために現にある収入だけでなく、貨幣資本を必要とする状況になると、このような経済的な見方は、官職の売買という結論に至る可能性もある。官職の売買はまさに近代の諸国で、教会国家で、そしてフランス・イギリスでも、完全に正規の制度として存在した。より詳しくいえば、教会禄をもらえる地位①にも、非常に重要な官職、例えば将校の辞令にも存在し、その残滓は一九世紀に入るまで存在した②。

個別事例では、そのような関係の経済的な意味は変換されて、〔官職〕購入代金の一部またはすべてが、官職に対する忠誠のための担保の性格を帯びることもあった。

しかしこれは通常のことではなかった。

(1) Sinekure はラテン語の sine cura (心配のない)に由来する。生活は保障されているが、職務上の義務はない地位、およびその収入のこと。とりわけキリスト教の聖職(禄)を指す。次の段落に出てくる「プフリュンデ」(俸禄)にもつながる。

（2） イギリスで官職売買が廃止されたのは、ようやく一八七一年になってからであった。

[23] プフリュンデ（俸禄）、官僚制から封建制へ

それにしても、主人自身の収益、貢租、そして業務を官僚に委託して官僚自身のために自由に使わせることは、それがどのような種類のものであっても、つねに純粋類型としての官僚制的組織を損なうことになる。

こうした地位にある官僚は、自分自身の官職所有権を持つ。官僚が自分に委ねられた対象物からの収益をそもそもまったく〔主人に〕渡さず、完全に自分の私的な目的のために自由に利用し、その代わりに個人的、軍事的、あるいはその他の政治的ないし教会的な性格のサービスを主人に提供する、というような仕方で、官職の義務と報酬が相互に関連づけられることがある。このような場合には、官僚が官職所有権を保持する度合いはいっそう高くなる。

なんらかの形で物的に固定されたレンテ〔不労所得〕収入や、土地その他のレンテの収入源からの本質的に経済的な収入が、現実的または擬制的な官職義務を果たすことに対する報酬として生涯にわたって配分される。そうした義務の履行を経済的に確実なものにするために、このような財貨が〔長期にわたって〕継続的に主人から確約される。この

ような場合に、私たちは〔この財貨を〕「プフリュンデ」〔俸禄〕、〔こうした組織を〕「プレベンデ」〔俸禄〕的官職組織と呼びたい。

このプレベンデ的官僚組織から給料を支給される官僚〔公務員〕組織への移行は流動的である。

古代でも中世でも、そして近代に至るまで、聖職者の経済的な扶養は「プレベンデ」的であることが非常に多かった。しかし、他の地域でもほぼいつの時代にもこれと同じ形式がみられた。

中国の礼拝法では、すべての官職が特殊な「プフリュンデ」の性格を有していた。この結果として、父親や他の家の権威者を弔う儀式の期間中には、所定の財産の享受を控えることが定められていた（これはもともと、その財産を所有していた亡くなった家長の意地悪〔の回避〕のためであった）。これにより喪に服している者は、官職を放棄することを余儀なくされた。官職はまさに純粋にプレベンデという形でのレンテ〔不労所得〕の源泉とみなされていた。

俸給をもらう純粋な官僚制からさらにもう一段階、遠ざかるのは、経済的な権利だけでなく、自分のために行使することができる支配権も官僚に付与され、その見返りとして主人への個人的な奉仕が要求される場合である。

このとき、これらの授与された支配権自体にはさまざまな種類がありうる。例えば、政治的官僚の場合には、より荘園領主的な性格が強いこともあれば、より官職的な性格が強いこともある。

どちらの場合にも、いずれにしてもではあるがとくに後者の場合には、官僚制的組織に固有の性格が完全に破壊される。私たちがいるのは支配の「封建制的」組織の領域である。

[24] 官僚制と従属関係

このように官僚の装備品として現物給付や現物の収益を配分する仕方は、それがどのようなものであってもすべて、官僚制的メカニズムをゆるめる傾向を、とくに階層的な従属関係を弱める傾向を持つ。

この従属関係は、近代的官僚の規律において最も厳密な形で発展した。

少なくとも強力な統率という点で、今日の西洋における契約によって雇われた官僚が示す精密さと似たような精密さが達成されうるのは、主人に対する官僚の従属が、純粋にパーソナルな意味でも絶対的であったところ、つまり行政が奴隷や奴隷のように扱われた被雇用者によって行われているようなところだけである。

【25】服従と身分意識

古代の自然経済〔現物経済〕の諸国では、例えばエジプトの官僚は、法的にはともかく事実上は、ファラオ〔古代エジプトの王〕の奴隷であった。

ローマの荘園領主たちは、〔不正が発覚したら〕拷問の可能性があったので、少なくとも国庫の直接の管理は喜んで奴隷に任せた。

中国では、規律化の手段として盛んに竹を使い〔鞭打ち〕、同様の成果を引き出そうとした。

しかし、直接的な強制手段が恒常的に機能するチャンスは著しく低い。

したがって、経験的に考えて、官僚制的装置の厳格なメカニズム化の成功と継続のために、相対的にみて最適の条件を提供するのは、安定した貨幣による給料である。偶然や恣意だけに依存することがないキャリア・アップのチャンス、厳しくても名誉感情を傷つけることのない規律および統制と結びついて、安定した給料は官僚制的装置の最適条件を提供する。そして最適条件を提供するもう一つは、身分的な名誉感情の発展と開かれた批判の可能性である。官僚制的装置は、こうした点であらゆる法的な奴隷化よりも確実に機能する。

しかも、官僚の強い身分意識は、官僚が上司の言いなりになって従属する心構えと両立する。それだけでなく、官僚の身分意識は、例えば将校の場合には、官僚の自尊心を内的に埋め合わせる。身分意識はこの埋め合わせの結果である。

官職は純粋に「事柄に即した」〔ザッハリヒな〕仕事〔ベルーフ〕の性格を持っている。この性格は、官僚の私的領域と職務活動上の領域とを原理的に分けることと結びつく。そしてこれによって、規律を基礎にしたメカニズムが有している、徹底的に安定した、事柄に即した条件に〔官僚を〕組み込むことが容易になる。

[26] 安定した収入、租税システム、貨幣経済

貨幣経済の完全な発展が官僚制化の不可欠な前提条件である、というわけではないとしても、それでも官僚制のメカニズムは特別に恒常的な構造であり、一つの前提条件に縛られている。官僚制を維持するための恒常的な収入が存在するというのが、その前提条件である。

このような収入が、現代の大企業の官僚制的組織のように、私的利潤から供給されることができない場合や、荘園制のように、固定された貢租から供給されることができない場合に、官僚制的な行政が持続的に存続するための前提条件となるのは、しっかりと

した租税システムである。(1)

ところで、この租税システムに唯一の確実な土台を提供するのが、よく知られた一般的な理由から、普及した貨幣経済である。

したがって、行政の官僚制化の度合いは、貨幣経済が十分に発達した都市共同体のほうが、同時期に存在していたはるかに大きな領域国家よりも、相対的に大きいことが少なくない。

もちろん後者〔大きな領域国家〕が整備された貢租システムを発展させるやいなや、官僚制はここで、都市国家よりもはるかに包括的に力を発揮した。都市国家の範囲が適度な境界内にとどまるかぎり、プルートクラシー的(2)で、合議制的な名望家による行政への傾向が、都市国家ではどこでも最も適合的であった。

というのも、行政の官僚制化の本来的な地盤は昔から、行政課題の発展の特殊な様態にあったからである。詳しくいうと、さしあたり次のものである。(3)

(1)　国家の財政収入の大部分が租税によって支えられている国家のことを、ドイツ語圏では「租税国家」(Steuerstaat)という。封建国家と社会主義国家とは区別された類型として、この概念は用いられた。こうした国家財政のあり方は今日の私たちにとってはあまりに自明である。しかしとりわけ第一次世界大戦後の状況で、租税国家は重要なキーワードであった。

なかでもヨーゼフ・シュンペーター(Joseph Alois Schumpeter, 1883-1950)の『租税国家の危機』木村元一・小谷義次訳、岩波文庫、一九八三年がよく知られている。

(2) プルートクラシー(Plutokratie)は「カネ持ち支配」、あるいは富裕層による寡頭制を指す。【用語】「プルートクラシー」も参照。

(3) ここはコロン(:)で終わっているが、一文が完結しているものとして処理する。

[27] 行政課題の量的発展、大規模国家と大衆政党

〔近代官僚制の社会的・経済的な前提〕II 行政課題の量的な発展。

例えば政治の領域では、官僚制化の古典的な地盤は大規模国家と大衆政党である。

[28] 官僚制と政治的統一、コングロマリット的結合

もちろん、歴史的に知られている実際の大規模国家の形態のいずれもが、官僚制的な行政をもたらした、という意味ではない。というのも、さしあたり、ひとたび成立した大規模な国家形態の純粋に時間的な存続や、このような国家形態が担った文化の統一性は、かならずしも官僚制的な国家構造に結びついているわけではなかったからである。

もっとも、両者〔大規模国家の存続と文化の統一性〕は、例えば中国の帝国では、高いレベルで官僚制的な国家構造と一体であった。

数多くの大規模な黒人の国家や同様の形態〔の国家〕の存続は一時的でしかなかった。この短命はなんといっても官僚装置の欠如の結果であった。

同様に、カロリング帝国の官僚組織は、主として家産制的な性格を有しており、官僚制的性格を備えてはいなかったが、国家の完結性はその官僚組織の衰退とともに崩壊した。

これに対して、純粋に時間の観点からすると、〔イスラームの〕カリフ帝国①とアジアの地に存在したその先行形態は、本質的に家産制的・プレベンデ〔俸禄〕的な官職組織によってかなりの期間にわたって存続し、また神聖ローマ帝国は、官僚制がほとんど欠如していたにもかかわらず、かなりの期間存続した。しかもこのときこれらの帝国は、官僚制国家システムが生み出す傾向にあるのと少なくとも同じくらい強力な文化的統一性を具現した。

また、古代ローマ帝国は、官僚制化が進んでいたにもかかわらず、まさに官僚制化の拡張のさなかに内部から崩壊した。この内部崩壊は、官僚制化にともなう国家負担の配分の仕方の結果であった。自然経済〔現物経済〕を助長したのが②、この配分の仕方であった。

もっとも、最初に挙げた〔国家〕形態の時間的〔に長期の〕存続は、純粋に政治的な意味での国家の統一性の強度[3]という観点からすると、コングロマリット[4]のような結合であった。全体的として政治的な実行力が着実に低下する傾向が、コングロマリット的な結合にはあった。また、これら諸国の比較的大きな文化的統一性は、一部には厳密に統一的な、中世西洋にあってますます官僚制的になりつつあった教会の構成体の所産であり、一部には社会構造の広範囲にわたる共通性の所産であった。そしてこの社会構造の共通性もそれはそれでまた、かつて存在した政治的統一性が後世に及ぼした影響であり、それが組み替えられたものであった。つまり、両者は文化を型に嵌めて固定化するという一つの傾向から出てくる二つの現象であった。この固定化は、不安定な均衡に有利に作用するとともに、伝統と結びついていた。

この両者はとても強い耐久力を持っていたので、強度のある政治ユニットを欠いていたにもかかわらず、十字軍のような大規模な膨張の試みすらも、いわば「民間の事業」として遂行することができた。ただし、十字軍の試みは失敗し、政治的にしばしば非合理的な経過をたどった。統一された、強度のある国家権力が背後に存在しないことが、この結果と関連していた。

中世のいたるところで、強度のある「近代的」国家形態の萌芽が、官僚制的構成体の発展と結びついて生まれた。った。それだけでなく、本質的に不安定な均衡状態を基礎にした、あのコングロマリットを最終的に崩壊させたのが、官僚制が最も発展した政治形態であったことも、疑いの余地はない。

(1) カリフは初期イスラームの最高指導者の呼称。(イスラームの開祖ムハンマドの)「後継者」を意味するアラビア語のハリーファ(khalifa)の英語なまり。カリフ帝国は、ウマイヤ朝(六六一〜七五〇年)とアッバース朝(七五〇〜一二五八年)を指す。

(2) 古代ローマの崩壊についてウェーバーは、別のところで、奴隷の流入という観点から論じている。Cf. MWG I/6. S. 99-127.「古代文化没落論」堀米庸三訳、『世界思想教養全集18 ウェーバーの思想』河出書房新社、一九六二年、一七〜四六頁。

(3) 周知のように、カール・シュミット(Carl Schmitt, 1888-1985)は、政治的統一性の「強度」を友(味方)と敵の区別と関連づけている(『政治的なものの概念』権左武志訳、岩波文庫、二〇二二年)。シュミットが友と敵という表象に注目したとすれば、ウェーバーが「強度」を論じるのは官僚制という組織の視点からである。

(4) コングロマリットは、小石・砂・粘土などが固結した岩石であるレキ(礫)岩がそうであるように、多くの要素から構成される複合的な塊のこと。今日では、相互に関連のない異業種の企業から構成される複合的な巨大企業という意味で使われることが多い。

［29］官僚制化の回避——古代ローマ、イギリス、アメリカ

古代ローマ帝国の崩壊は、部分的には、まさに軍隊装置と官僚装置の官僚制化によって引き起こされた。この官僚制化は、国家による負担配分の方法が同時に実施されることではじめて可能となったが、この方法の実施は自然経済〔現物経済〕の相対的重要性をしだいに高める結果にならざるをえなかった。

つまり、個々の構成要素はつねに関連して作用している。国家の活動の「強度」には対外的なものと対内的なものがある。対外的な強度は拡張的な推進力であり、対内的なそれは文化に対する国家の影響力である。そして国家の活動の強度は、官僚制化の度合いと直接的に関係する。ただ、以上のテーゼも、前者〔対外的強度〕にとっては「普通のこと」としか考えられないが、例外なく妥当するとみなすことはできない。

というのも、ローマ帝国とイギリス世界帝国という、最も拡張的な政治的構成体のうちの二つは、とくにその拡大期には、ほんのわずかしか官僚制的基礎に依拠していなかったからである。

イギリスのノルマン人国家〔ノルマン朝、一〇六六～一一五四年〕は、ここで、レーエン①

〔封土〕に基づく階層構造を基礎にして厳格な組織を実現した。

ただし、ノルマン人国家が統一性と推進力を獲得したのは、封建時代の他の政治的構成体と比較して、王室の会計システム(財務省)が相対的にではあるが、非常に厳格に官僚制化されていたことによってであった。

イギリス国家はその後、官僚制(Bürokratismus)へと向かう大陸の発展に歩調を合わせず、名望家行政の地盤に踏みとどまった。このようになったのには、共和政ローマの行政と同様に、大陸的性格の(相対的な)欠如に加えて、今日のイギリスでは消滅しつつある、それ以外のとても個別的な前提条件もあった。

この特殊な条件の一つは、同様の膨張傾向にあっても、国境を接する大陸国家が必要とするような大規模な常備軍を必要としなかったことである。

このため、ローマでも沿岸帝国から大陸帝国への移行にともなって官僚制化が進んだ。さらに、ローマの支配構造では、行政、とくに都市の外で行われた行政に対して、行政機能の精確さと完結性という官僚制装置の技術的な運営は、政務官の権力の厳格な軍事的性格によって取って代わられた。この軍事的な性格は他国ではこのような形では存在しない。また継続性は元老院の、同様に独特な地位によって確保された。

そして、官僚制なしで済ますことを可能にした、忘れてはならない一つの前提条件がある。イギリスと同様にローマでも、国家権力はその機能の周辺部では内に向けてますます「ミニマム」〔最小〕化していく。つまり、国家権力は直接の「国家理性」②が絶対的に求めるものに〔自らを〕限定する。これがその前提条件である。

しかし、近代初頭の大陸の国家権力は、行政の官僚制化の道を最も冷徹に追求した君主の手に集中した。

近代の大規模国は〔存続の時間が〕長くなればなるほど、それだけ技術的に官僚制的な土台を必要とすることが多くなる。しかも国家が大きければ大きいほど、とりわけ大国がより大きいほど、あるいはより大きな大国になればなるほど、無条件にそうなる。これは明らかなことである。

少なくとも技術的に完全に官僚制的ではない国家の性格を、アメリカ合衆国は今日なおも保持している③。しかしこうした非官僚制的な性格は、対外的に摩擦面が大きくなればなるだけ、対内的に行政の統一の必要性が切迫すればするほど、不可避的に形式上も徐々に官僚制的な構造に席を譲るようになる。

さらに、アメリカでは、部分的に非官僚制的な形式の国家構造は、実際に政治的に支配している構成体の、それだけいっそう官僚制的な構造によって実質的にバランスがとられている。この構成体というのは、組織戦術・選挙戦術を仕事にしている専門家（プロフェッショナル)に率いられている政党である。

社会的構成体の官僚制化のためのテコとしては、純粋に量的なものが重要である。この最も顕著な例が、しだいに官僚制的になっている、本来的な意味での、すべての大衆政党の組織である。ドイツでは、とりわけ〔ドイツ〕社会民主党、(4) 海外では最大規模であるアメリカの二つの「歴史的」政党がこれに該当する。

(1) **封【1】**と**【用語】**「レーエン」も参照。

(2)「国家理性」(Staatsraison)はフランス語のレーゾン・デタ(raison d'État)のドイツ語の訳語。国家の維持・拡大・強化のための規範のこと。第一次世界大戦後、歴史家フリードリヒ・マイネッケ(Friedrich Meinecke, 1862–1954)はこの概念に注目し、『近代史における国家理性の理念』菊盛英夫・生松敬三訳、みすず書房、一九七六年を書いている。

(3) アメリカと官僚制については、**官【14】**も参照。

(4) ドイツ社会民主党の党員は、一八九〇年には一〇万人ほどであったが、一九一四年には一一〇万人を超えた(cf. Thomas Nipperdey, *Deutsche Geschichte 1866–1918*, Band 2, München: C. H. Beck, 1992, S. 555)。大衆政党化とともに、党組織は官僚制化する。この傾向に注目したのがロベルト・ミヘルスであった。ウェーバーはくり返しミヘルスと書簡のやりとりをしている。ロベルト・ミヘルス『現代民主主義における政党の社会学――集団活動の寡頭制的傾向についての研究』森博・樋口晟子訳、木鐸社、一九九〇年を参照。

〔30〕行政の職務範囲の質的拡大――治安、社会政策、交通

〔近代官僚制の社会的・経済的な前提〕**III** しかし、官僚制化の誘因は、広範囲に及ぶ量的な拡大よりも、行政の職務範囲の集約的で質的な拡大と内的な発展にある。

このとき、この発展が進んでいく方向性とその誘因はとても多種多様でありうる。官僚制的な国家行政の最古の国であるエジプトで、書記や官僚のメカニズムを生み出したのは、国全体に対して上〔中央権力〕から水事情を共同経済的に規制すること〔治水事業〕が、技術的・経済的に不可避であるという事情があった。この事情が書記や官僚のメカニズムを生み出し、このメカニズムが今度は、すでに早い時期から、軍事的に組織化された、尋常でない土木活動に、第二の大きな業務分野を発見した。

ただほとんどの場合で、官僚制化の方向に影響を及ぼしたのは、すでに述べたように①、権力政治によって条件づけられた常備軍の設立と、それにともなう財政の発展という、この二つの要因から生み出されたさまざまなニーズであった。

しかしこのほかにも、近代国家では、文化の複雑化にともなう行政全般への要求の高まりが、同じ方向に作用する。

顕著な対外的な拡張、とくに海外への拡張は、名望家支配の国家〔ローマ、イギリス、

ヴェネツィア)でも、それどころかまさにこうした国家によってこそ行われてきた。これに対して、できるだけ多くの課題を引き受けて、これを国家の直営で継続的に処理し解決することが行政の「強度」であるが、こうした強度の発展は、偉大な名望家国家、つまりローマとイギリスでは、官僚制的な国家と比較して、相対的にきわめて弱かった。この点についてはおりをみて論じることにする。②

正しく理解するならば、いずれの場合でも、国家権力の構造が文化に非常に強い影響を及ぼしている。

しかし、国家が経営し、国家が統制するという形では、国家権力が文化に及ぼす影響は比較的少ない。

司法から教育に至るまで、このことは当てはまる。

このような文化的要求の高まりは、それはそれで、程度の差こそあれ、国家のなかで最も影響力のある階層の富の発展によって条件づけられる。

このときこのかぎりで、官僚制化の進展は次のような発展の関数である。消費可能であり、かつ消費に使われる財産が増大し、このようにして与えられた可能性に対応して、外的な生活を形づくる技術がますます洗練される、というのがその発展である。

こうした傾向は、一般的なニーズの状態に反作用を及ぼす形で、生活上の多種多様なニーズに対して、組織化された公共経済や地域による、つまり官僚制的な配慮・手当が不可欠であるという主観的な意識をしだいに増大させる。これらのニーズは、以前は知られていなかったり、民間経済や地元でカバーされたりしていたものである。

確実で絶対的な治安（Befriedung）に慣れた社会は、あらゆる分野で秩序と保護（「警察」〔ポリツァイ〕）を必要とするようになる。純粋に政治的な要因については、こうして増大した欲求が、とくに官僚制化の方向に向けて持続的に作用する。

命を賭けたフェーデ[3]〔私闘〕がたんに宗教的な干渉、あるいはたんに仲裁裁判的な干渉を受けるだけの段階がある。このような干渉は、個人の法的・セキュリティ的な保障を氏族仲間（Sippegenosse）の誓いによる援助の義務と復讐の義務に全面的に委ねる。この段階から「地上における神の代理人」としての警察官の現在の地位に至るまで、一つの連続的な道が続いている。

その他の要因のなかでは、なんといっても、さまざまな、いわゆる「社会政策」の任務が〔官僚制化の方向に〕作用する。近代国家は、こうした任務を一部は押し付けられて利害関係者から引き受け、一部は権力政治的あるいはイデオロギー的な動機から簒奪した。

これは当然のことながら、最も強く経済的に条件づけられている。

最後に、本質的に技術的な要因について、官僚制化のペースメーカーとしてとくに考慮に値するのが、近代的な交通手段〔公共の陸路、水路、鉄道、電信など〕である。交通手段は、一部には必要不可欠な仕方で、一部には技術的に合目的的な仕方で、公共経済の観点から管理されなければならない。

この点で、今日では交通手段が、古代オリエントで、例えばメソポタミアの運河やナイル川の規制が果たしたのと同じような役割を果たすことが多い。

他方で、交通手段の発達の度合いは、官僚制的な行政の可能性にとって唯一の決定的な要因ではないにしても、やはり決定的に重要な条件である。

エジプトでは、ナイル川という自然の輸送ルートがなければ、ほとんど純粋に自然経済〔実物経済〕的な基盤にあって、官僚制的な中央集権が、実際に到達したレベルにまで達することはなかったであろう。

近代のペルシアでは、官僚制的中央集権化を促進するために、電信官僚は電信官僚という身分で、地方官庁の頭越しに、地方のあらゆる出来事をシャー〔王を意味するペルシア語〕に報告することを公式に委任されており、それればかりか直接電信で〔国王に〕訴える権利が全員に与えられていた。

西洋の近代国家が、今日それが実際そうであるような仕方で運営できているのは、国家が電信のネットワークの支配者であり、郵便や鉄道を自由に使えるからこそである。

（1） **官［29］**を参照。
（2） **家［60］**を参照。
（3） フェーデとは、侵害された権利を、裁判手続きを経ることなく、実力で回復する権利に基づく合法的な私戦・私闘のこと。【用語】「フェーデ」も参照。

［31］ 近代国家形成と交通手段

交通手段のほうもまた、地域間の大量物資輸送の発展と密接に関係している。したがって物資輸送は、近代国家形成の因果関係のある随伴現象の一つに入る。しかし、これは先ほど確認したように[1]、無条件で過去に当てはまるわけではない。

（1） Cf. MWG I/22-1, Machtprestige und Nationalgefühl, S. 226–231.

［32］ 官僚制の技術的優位性

〔近代官僚制の社会的・経済的な前提〕Ⅳ 官僚制的な組織が進出してきた決定的な理由は、昔から、他のすべての形式に対するその純粋に技術的な優位性であった。

他の形式に対する完全に発達した官僚制的なメカニズムの関係は、まさに機械〔マシーン〕を使わないで行われる生産の仕方に対する機械の関係のようなものである。

精確さ、迅速さ、明確さ、文書の知識、継続性、慎重さ、統一性、厳格な従属、摩擦や物的・人的なコストの節約は、あらゆる合議制や名誉職、兼職の形式と比較して、訓練を受けた各個人の官僚による厳格に官僚制的な行政、とくに一元支配的な行政で、最高のレベルに高められる。

複雑な任務が問題になるかぎり、有給の官僚による労働のほうが、表向きは無報酬で行われる、名誉職的な労働よりも精確であるだけでなく、最終的には安価であることが多い。

名誉職的な活動は〔本業ではなく〕副業的な活動である。この理由だけでも名誉職的な活動は、普通はより時間がかかり、スキームに縛られることもなく、よりインフォーマルであり、したがってより不精確で、上に向かってより独立しているためにより一貫性がなく、より連続性がない。また、末端と事務の装置の調達と利用が非経済的であることがまず避けられない。この結果として、名誉職的な活動は実際のところしばしば非常に高コストである。

もっとも、官僚制的な行政では、とくに名誉職の名望家による行政と比較すると、現金による国庫のコストは大幅に増加する傾向がある。しかし、国庫の現金コストだけでなく、時間の浪費や精確性の欠如によって、支配される側の人たちが頻繁に被る経済的損失を考慮するならば、そのときはとりわけ、名誉職のほうがよりコストがかかる、というテーゼが妥当する。

名誉職的な名望家行政の継続が可能になるのは、その業務が十分に「副業」として処理できる場合に限られるのが普通である。

名望家による行政が限界に達したのは、行政が直面する任務が質的に高度化したためである。今日ではイギリスでもそのようになっている。

他方で、〔対等なメンバーによって構成される〕合議制によって組織された労働は、摩擦や遅延を引き起こし、相反する利益や見解の間で妥協するため、より不精確で、上に対してより独立しており、その結果としてより一貫性がなく、より時間がかかる。

プロイセンの行政組織の進歩はすべて、官僚制的な原理、とりわけ一元支配的な原理の進歩であったし、これからもそれは変わらないであろう。

〔33〕資本主義が官僚制を必要とする理由

可能なかぎり迅速で、かつ精確で曖昧さのない継続的な官職業務の遂行を求める要求が出されるのは、今日では、主として現代の資本主義的な経済取引の側からである(1)。

非常に大きな現代の資本主義的な企業は、それ自体が普通は、厳格な官僚制的組織の比類なきモデルとなっている。

大企業のビジネス取引は、しだいに高まるオペレーションの精度、安定性、そしてとりわけ迅速さを基礎にしている。

さらにこうした傾向は、現代の交通手段の特性から影響を受けている。なんといっても報道機関のニュースサービスがこれに含まれる。

公的な発表や、経済的、あるいは純粋に政治的な事実の伝達が、尋常ではなく加速化している。加速化はいまや純粋にそれだけで、その時点その時点で与えられた状況に対する行政のリアクション速度を可能なかぎり加速化[2]しなければならないという方向に、恒常的に強い圧力を加えている。この最適化は、厳格な官僚制的な組織によって普通は提供される。

（官僚制的装置はこれまた個々の事例を適切に処理することに対して一定の障害物を生み出すことがあり、実際生み出しているが、詳細はここでは触れない[3]。）

（1）新自由主義が普及して以降、私たちは官僚制と資本主義を敵対するものとして理解しがちである。しかし、こうした見方だけでは、資本主義の論理がむしろ官僚制的なものを要請する、という歴史的な経緯と意味が見失われる。官僚制を壊せば資本主義経済がうまくいくという説明は、少なくとも両者の関係についての歴史的理解として不適切である。

（2）「後期近代」の社会理論では、加速化(Beschleunigung)は、決定に時間がかかる官僚制的な組織と対立するものとして描かれることが多い。これに対してウェーバーはここで、社会の加速化が官僚制的なシステマティックな対応を促進するという側面に注目している。

（3）ウェーバーの官僚制論に対する批判としては、アメリカの社会学者ロバート・マートン(Robert K. Merton, 1910–2003)が『社会理論と社会構造』で提示した官僚制の「逆機能」(dysfunction)テーゼがよく知られている。しかしこの箇所に書かれているように、ウェーバーは「逆機能」に該当するような現象を知らなかったわけではない。それでも「逆機能」を強調しなかったのは、支配の構造として官僚制を描くとき、まず示されるべきはその合理的な構成であるという認識があったものと思われる。

[34]「人を顧慮せず」という原則と市場との親和性、予測可能性、非人間化

とりわけ官僚制化は、純粋に事柄に即した〔ザッハリヒな〕観点から、行政における分業の原則を貫徹するのに最適な可能性を提供する。専門的に訓練を受け、また継続的な実践によって自分を訓練している職員に個々の作業を割り振ることで、この最適化が実現される。

ここでの「事柄に即した」対処とは、なによりもまず、計算可能なルールによって〔特定の〕「人を顧慮せず」[1]対処することを意味する。

しかし、「人を顧慮せず」というのは、「市場」のスローガンでもあり、一般的にはすべてのあからさまな経済的利益追求のスローガンでもある。

官僚制的な支配が徹底的に首尾一貫して貫徹されるとき、これが意味するのは身分的な「名誉」の平準化である。したがって市場の自由の原理が同時に制限されなければ、〔経済的な強者のヘゲモニーを握る〕「階級的状況」が普遍的に支配する。

官僚制的支配のこうした帰結は、官僚制化の度合いとパラレルに、どこにでも出てきたというわけではない。そうであるとすれば、政治的共同体のニーズを充足する、可能性のある原理がさまざまであることに、その理由がある。

しかし近代官僚制にとっても、真に支配的な意味を持っているのは、二つ目の要素である「計算可能なルール」である。

近代文化の固有の特性、とくにその技術的・経済的な下部構造の固有の特性が要求するのは、なんといっても、まさに結果の「予測可能性」である。

完全に発展をとげると、官僚制は特殊な意味で「憤りも偏りもなく(2)」(sine ira ac studio)という原理に服するようにもなる。

官僚制が自らを「非人間化(3)」すればするほど、つまりここでは、官僚制の美徳として賞賛される特性をより完璧にすることに成功すればするほど、資本主義にとって好都合な、それに特有の特性を、官僚制はそれだけいっそう発展させる。ここで賞賛される美徳というのは、愛や憎しみ、そして純粋にパーソナルな、そもそも非合理的なすべての、計算できない感情的要素を、職務遂行から排除することを指す。

パーソナルな同情、好意、慈悲、感謝によって動かされる古い秩序の支配者に代わって、まさに近代文化が複雑で専門的になればなるほど、それを支える外的な装置に対して、近代文化が要求するのは、そのぶんだけ人間的に関与しない、したがって厳密に「事柄に即した」〔ザッハリヒな〕専門家である。

これらすべてを、最も都合よく結びつけて提供するのが、官僚制的な構造である。高い技術的完成度で最初に「法律」を作成したのは、ローマ帝国後期であった。このような「法律」に基づいて、概念的に体系化された合理的な法を貫徹するための基盤を、規則正しく司法に提供するのは、官僚制だけである。

中世では、こうした〔ローマ〕法の受容が、司法の官僚制化と手を携えて進んだ。つまり、ローマ法の受容が進んだのは、伝統や非合理的な前提条件に縛られた旧式の法発見に代わって、合理的に訓練された専門家が浸透することによってであった。

（1）新約聖書『ローマの信徒への手紙』一二・一一。

（2）出典はタキトゥス（Publius Cornelius Tacitus, 55?-120?）。『年代記――ティベリウス帝か

らネオ帝へ』(上、国原吉之助訳、岩波文庫、一九八一年、一四頁)では「怨恨も党派心もなく」と訳されている。

(3) ウェーバーが用いているドイツ語の原語はentmenschlichenであり、「脱人間化」とも訳せるが、あまり使われる日本語ではないので、ここでは「非人間化」とした。一般に「非人間化」はもっぱら悪い意味で使われるが、ウェーバーはここではむしろ「非人間化」のポジティブな面を強調している。官僚組織が「人間的」ということは、知り合いである、ないしコネがあるという理由で、行政が歪められることも含んでしまうからである。「人間的」については、**教[19]**も参照。

[35] ローマ法の受容、カーディ裁判、イギリスとドイツの支配構造の違い

厳密に形式的な(formal)法概念に基づく「合理的」な法発見と対抗関係にあるのは、次のような種類の法発見である。この種の法発見は、主として神聖化された伝統に拘束されるが、〔伝統という〕この源からは一義的に判断できない具体的な事例を、具体的な「啓示」(神託、預言者の言葉、神の裁き)によって解決するか(「カリスマ的」裁判)、あるいはそうでなければ、以下に述べるものによって解決する。ここで私たちが関心を持つのはもっぱらこちらのケースである。**1** 具体的な倫理的またはその他の実践的な価値判断に基づいて非形式的に解決する。「カーディ裁判」(リヒャルト・シュミット(1)が適

切にそのように名付けた〕。あるいは**2**形式的ではあるが、しかし合理的な概念に包摂することによってではなく、「アナロジー」を利用し、具体的な「前例」に依拠し、これを解釈することで解決する。「経験的裁判[2]」。

カーディ裁判には、私たちの意味での合理的な「判決理由」は存在しない。また、経験的裁判の純粋類型もそれを持っていない。

カーディ裁判の具体的な価値判断の性格は、すべての伝統との預言者的な〔力による〕断絶にまで高まる可能性があり、他方で経験的裁判は一つの技術論[3]へと昇華され、合理化される可能性もある。

別のところで論じるように[4]、非官僚制的な統治形式では、一方では厳格な伝統の領域が、他方では主人の自由な恣意と恩恵が、独特の形で共存している。このため他面では、この二つの原理の間での組み合わせや移行の形がしばしば存在する。

例えばメンデルスゾーン[5]が明らかにしたように、イギリスでは今日でもなお、司法の幅広い基礎は実質的には「カーディ裁判」である。そうである度合いは、大陸では容易に想像できないほど高い。

私たちの〔ドイツの〕陪審裁判は、陪審の評決理由の陳述を排除している。こうした陪審裁判も、よく知られているように、実際には同様に機能することが稀ではない。「民主的」な司法原理が、(形式的な意味での)「合理的」な法発見と同一であると信じることがないように、私たちは注意しなければならない。

別のところで論じるが[6]、事態は反対である。

他方で、イギリス(およびアメリカ)の最高裁判所の裁判は、今日なおも高いレベルで経験的裁判、とりわけ判例裁判である。

イギリスでは、合理的な法典を編纂しようとする努力がすべて失敗し、ローマ法の受容も同様に失敗した。その理由は、統一的に組織された大規模な弁護士のツンフト(同業者組合)の抵抗が成功したからであった。ツンフトは独占的な名望家層であり、大法廷の裁判官はその中から輩出された。

彼らは法教育を、経験的な技術論のやり方で技術的に高度に発達させて、自分たちの手中に収めた。彼らの社会的・物質的地位をおびやかすような合理的な法への取り組みと闘い、この闘いに勝利することに成功した。ここでの合理的な法への取り組みは、とくに教会裁判所から出てきたものであり、ときには大学から出てくることもあった。

この場合に、ローマ法や教会法、そして教会の権力ポジション一般に対するコモン・ローの擁護者の闘争は、著しいまでに経済的に、つまり彼らの役得利益によって引き起こされた。このことは、この闘争への王の介入の仕方からも明らかである。

しかし、この闘争で勝利した彼らの権力ポジションは、政治的な中央集権によって条件づけられていた。

ドイツでは、詳しくいえば主として政治的な理由から、社会的に権力を持つ名望家の身分が欠如していた。イギリスの弁護士のように国民の法務の担い手となり、国民的な法を整理された教養を備えた技芸の域にまで発展させ、ローマ法の教育を受けた法律家の、技術的に優れた訓練の侵入に抵抗することができた、そのような身分はドイツには存在しなかった。

ここ〔ドイツ〕でローマ法の勝利を決定づけたのは、ローマ法の実質的なものが勃興しつつある資本主義のニーズにより適合していたという点ではない。まさに近代資本主義に特有の法制度はすべてローマ法とは異質であり、中世に起源を持つ。ローマ法の勝利を決定的にしたのはむしろ、その合理的な形式、そしてなによりも技術的な必要性であった。実務的な法律の事案がどんどん複雑化し、経済の合理化が増大するという事態にあって、どこでも行われていた、具体的な啓示や聖なる保証による、原初的な真理の決定に代わって、合理的な証明手続きが要求され、合理的な訓練を積んだ専門家（つまり、大学でローマ法の訓練を受けた専門家）の手に、訴訟手続きを委ねる必要性が出てきた。

当然ながらこのような状況は、経済構造の変化に強く規定されていた。しかし、この〔経済的な〕契機はあらゆるところで作用していた。イギリスでも、国王権力はとくに商人に有利なように、合理的な証明手続きを導入している。

それにもかかわらず、イギリスとドイツの実体法の発展には違いがある。この違いの主な理由は、すでに明らかなように、ここ〔経済構造〕にあったのではなく、それは両国の支配構造の発展の固有の法則性から生じた。イギリスには、中央集権的な司法が存在し、同時に名望家支配も存在していた。ドイツでは、政治的な中央集中は欠如していたが、官僚制化は進んでいた。

このことによって、近代になって最初に資本主義を高度に発展させた国であるイギリスは、合理性が低く、官僚制的な性格も弱い司法を保持した。

しかし、資本主義がイギリスで、それでも十分に満足できたのは、イギリスでは近代に入るまで、裁判制度と訴訟手続きが、結果として、経済的弱者に対して裁判を徹底して拒否するに等しかったからである。

他方で、同じく弁護士の経済的利益によって規定された、土地所有権を譲渡するのに時間と費用のかかる方法も存在した。〔経済的弱者を裁判から排除するという〕右の事実とともに、この方法がイギリスの農業体制に大きな影響を及ぼし、土地の集約と固定化に有利に作用した。

（1）リヒャルト・シュミット(Richard Schmidt, 1862–1944)はドイツの法学者。法の社会史的研究で知られる。ウェーバーが彼に言及するのは、もっぱら「カーディ裁判」という用語に関連してである。**【用語】**「カーディ裁判」も参照。

（2）Cf. Hermann Kantrowicz, Rechtswissenschaft und Soziologie, in: *Verhandlungen des ersten Deutschen Soziologentages vom 19.-22. Oktober 1910 in Frankfurt a. M.*, Tübingen: J. C. B. Mohr (Siebeck), 1911, S. 275–310; MWG I/12, S. 278–291.

（3）技術論は Kunstlehre の訳。Kunst（英語では art）は基本的には「芸術」を意味する。したがってここでの「技術論」というのは、一定の表現形式と職人的な技巧性を含んでいる。

（4）**家【35】【48】**を参照。

（5）アルブレヒト・メンデルスゾーン(Albrecht Mendelssohn Bartholdy, 1874–1936)はドイツの国際法学者。比較法・民事訴訟法研究でも知られる。彼はウェーバーの母方の親戚でもある。ウェーバーの記述は、メンデルスゾーンの論文「イギリスの裁判官の Imperium」に依拠している。なお、メンデルスゾーンは、一九一九年にヴェルサイユで開催された、戦争責任問題についての、いわゆる教授委員会(Professorenkommission)に、ウェーバーとともに参加している。

（6）**官【39】**を参照。

[36] ローマ法の合理化

ローマの法発見のほうも、共和政時代には、合理的な要素と経験的な要素、さらにはカーディ裁判的な要素が独特な仕方で混じり合っていた。

陪審員の任命そのもの、および当初は間違いなく「ケース・バイ・ケース」で法務官によって行われていた事実訴権[1]は、後者〔カーディ裁判〕の要素を含んでいた。「予防法学」[2]とそこから生まれたすべてのものは、古典的な法学者による応答実践の一部も含めて、「経験的」な性格を持っていた。

法的思考は合理的なものへと決定的に転換した。この転換は、まずは法概念に準拠した法務官による告示の定式をもとにした訴訟訓令の技術的な性質によって準備された。(事実の提示が決定的であり、どのような法的観点から訴えを基礎づけて表に出すかはどうでもよい、という立証の原理が支配的なところでは、今日でも、技術的に高いローマ法の文化が生み出したような、概念の範囲を一義的・形式的に精緻化しなければならないとする、このような強制は存在しない。)

したがってこのかぎりでは、本質的に訴訟手続き的な発展要因が作用していたのであり、国家の構造からの影響は間接的なものにすぎなかった。

しかし、完結し、学問的な取り扱いが可能な概念のシステムとしてローマ法の合理化が完成されたのは、国家が官僚制化の時代に入ってからであった。オリエントやヘレニズムが生み出したすべてのものからローマ法を明確に区別したのは、まさにこの合理化であった。

（1）ローマ法において事実訴権(actio in factum)は、訴訟を提起し、裁判所の審判を求める権利の一つである。法律訴権(actio in ius)とは異なり、既存の市民法ではカバーできない事例に対応した。Cf. MWG I/22-3, S. 497『法社会学』三五三頁。

（2）予防法学(Kautelarjurisprudenz)は、法紛争を予防する法実践を指す。ラテン語の cautela（用心、予防）に由来する。

[37] 伝統の拘束とそれからの解放、預言者

合理的(rational)ではないが、それでも「合理主義的」(rationalistisch)であるような、厳格に伝統と結びついている経験的裁判の典型的な例は、タルムードに登場するラビの解答である。

伝統から解放された純粋な「カーディ」裁判は、結局は、「そう書いてはある。しかし、私はあなたがたに告げる」という定式による、すべての預言者の真実の告知である。

カーディ（または同様の裁判官）の地位の宗教的性格がより強調されればされるほど、

神聖な伝統に拘束されていない領域で、個々の事例ごとの、ルールに縛られない判断がそれだけ自由にできるようになる。

例えばチュニス〔チュニジアの首都〕では、教会裁判所(Chara)が(ヨーロッパ人の表現では)「自由裁量」で、土地の所有権を裁いていた。このことは、フランス占領後の一時期には、資本主義の発展にとって非常にわかりやすい障害であり続けた。④

こうした比較的古い時代の司法の類型の社会学的基礎は支配構造のなかにある。このような社会学的基礎については、私たちは別の文脈で学ぶことにする。⑤

(1) ウェーバーは合理的／非合理的を二項対立的に理解していない。ある観点からして合理的なものも、別の観点からすれば非合理的でありうる。ウェーバーが「西洋合理主義」を問題にするとき、彼が問うのは合理的か非合理的かではなく、「どの領域がどの方向で合理化されたのか」である。Cf. MWG I/18. S. 116.『宗教社会学論選』二二一～二二三頁。

(2) ラビはヘブライ語の「大きい」から派生した「わが主人」を意味し、紀元後一世紀以降は、律法学者の呼称として用いられてきた。タルムードは、モーセの律法を中心にして彼らによって行われた口伝と解説の集成である。

(3) 新約聖書『マタイによる福音書』五・二一～二二。新共同訳の該当部分を引用しておく。「あなたがたも聞いているとおり、昔の人は『殺すな。人を殺した者は裁きを受ける』と命じられている。しかし、わたしは言っておく。兄弟に腹を立てる者はだれでも裁きを受ける」。ウェーバーはカリスマの記述でも、このフレーズに言及している（**カ[4]**）。

（4） Cf. Rudolf Leonhard, Die französische Kolonisation in Tunis, in: *Jahrbücher für Nationalökonomie und Statistik*, Bd. 99, 1912, S. 145-174.

（5） **家[8]**、**封[2]**、**カ[4]**、**教[34]**などがその箇所にあたる。

[38] 自動販売機、合理的に議論可能な理由

「事柄に即していること」〔ザッハリヒカイト〕と「専門性」は、一般的な抽象的規範の支配とは、かならずしも同じではない。このことは完全に正しい。

近代の法発見を基礎にしてすら、これらは決して同じではない。よく知られているように、完璧に隙間のない法という考えは、原理的に、激しく攻撃されている。上から〔訴訟の〕文書が費用とともに投げ込まれると、下から機械的に条文から読みとられた理由とともに判決を吐き出す自動販売機（Automat）、という現代の裁判官の理解の仕方は、憤慨とともに拒絶されている。[1] その理由はおそらく、法の〔分野での〕官僚制化の進展の行く末が、まさにこうした自動販売機の類型にある意味で接近しているからであろう。

法発見の分野でも、官僚制的な裁判官が立法者から法発見の「個別化」を直接的に指

示されるような分野がある。

ましてや、まさに本来的に行政活動の領域では、つまり法の創造〔立法〕の領域にも法の発見〔判決〕の領域にも属さない〔その他〕すべての国家活動においては、個別的なものの自由と支配が主張されることが多い。これに対して一般的な規範というのは、積極的であるとともに、決して規制されるべきではない、「クリエイティブ」な官僚の活動の障壁として、主として否定的な役割を果たすだけである、というテーゼもある。

しかしこのテーゼの意義については、ここでは問わないことにする。

それでも、変わらず重要なことがある。この「自由に」活動する行政〔そして場合によっては裁判〕は、官僚制以前の形式にみられるような、自由な恣意と恩恵、個人的な動機による好意と評価の王国を形成することはないであろう、というのがそれである。むしろ、つねに行為の規範として、支配と、「事柄に即した」目的の合理的な考量と、目的へのコミットメントが存在している。重要なのはこの点である。

とくに国家の行政の領域では、まさに官僚の「クリエイティブ」な裁量を最も強く聖化する見解において、「国家理性」という近代に特有で、厳格に「事柄に即した」考え方が、官僚の行動の最高かつ究極の指針であるとみなされている。

この場合に、当然のことながら、この抽象的で「事柄に即した」理念の法典化と不可分の形で融合しているのが、官僚層の確固たる本能である。この本能は、とりわけ国内での(そして国内を通して他国に対しての)自らの権力維持の条件に向けられる。結局、それ自体まったく一義的ではないこの理想(「国家理性」)に、たいていははじめて具体的に使用可能な内容を与え、あいまいな場合に決定を下すのは、官僚自身の権力という利害関心である。

これについては、ここで詳しく説明することはできない。私たちにとって決定的なことは、真に官僚制的な行政の全行為の背後には、合理的に議論可能な「理由」のシステム(2)が原理的には存在するということだけである。官僚制的行政の背後には、規範への包摂か、あるいは目的と手段の考量かのいずれかがある。

(1) 一九世紀末から二〇世紀初頭にかけて、カントロヴィッチ(Hermann Kantorowicz, 1877–1940)らによって主張された自由法論のこと。Cf. MWG I/22-3, S. 624-625.『法社会学』五一六～五一七頁も参照。

(2) 官僚制的な支配と政治的な討議が対立的に論じられることがあるし、この対抗図式にはもちろん意味がある。しかし、官僚制的な行政が「合理的に議論可能な理由」に基づくという点を無視してしまうと、官僚制はたんなる否定のための「藁人形」になってしまう。

[39] 民主主義の分裂、形式合理性と内容的正義

ここでも、「民主的」な潮流に属している立場であればどれも、必然的に分裂的になる。この場合の「民主的」の意味は「支配」のミニマム〔最小〕化である。〔一方における〕「権利の平等」と〔他方における〕恣意に対する権利の保障への要求は、旧来の家産制的支配での恩恵によるパーソナルな自由裁量とは反対に、行政が形式的で合理的な「ザッハリヒカイト」〔客観性〕を保持することを求める。

ところが、「エートス」[1]がある個別の問題で大衆を支配するときには、他の本能はすべて無視することにするが、「エートス」は具体的なケースと具体的な人に向けられた内容上の「正義」への要請を持つ。このため「エートス」は官僚制的な行政における形式主義およびルールに縛られた冷たい「ザッハリヒカイト」とどうしても衝突する。この理由から、「エートス」は合理的に要求されたものを感情的に拒絶せざるをえない。

とくに財産を持たない大衆にとっては、「市民」〔ブルジョア〕の利害関心が求めるような形式的な「権利の平等」や「計算可能」な法発見や行政は役に立たない。

無産大衆にとっては、当然のことながら、資産を持っている人たちに対して経済的・社会的な生活チャンスを調整するのが、法や行政である。ところが、法や行政がその機能を果たすのは、法や行政が広範に、内容が「倫理的」であるがゆえに非形式的な〔「カ

ーディ」の）性格を帯びる場合だけである。

「人民裁判」は、どのような種類のものでも、合理的な「理由」や「規範」を問題にしないことが多い。こうした「人民裁判」だけでなく、いわゆる「世論」(2)によって行政に対して強い影響を及ぼそうとするやり方もすべて、司法と行政の合理的なプロセスを強力に妨げる。この妨害は、「絶対」君主の「官房裁判」がなしえたのと同じレベルであり、状況によってはそれよりもはるかに強力である。なお、ここで「世論」というのは、大衆民主主義の条件下では、普通は政党のリーダーや報道機関によって演出されたり、操作されたりする、非合理的な「感情」から生まれたゲマインシャフト行為のことである。

（1）とりわけ日本のウェーバー研究では、大塚久雄以来、『プロテスタンティズムの倫理と資本主義の精神』における禁欲的プロテスタンティズムのエートスにアテンションが向けられてきた。ただ、ウェーバーがここで用いているエートスは、特定の人びとの間で広く共有され、習慣化された倫理的な態度という一般的な意味であり、プロテスタンティズムとは直接的な関係はない。

（2）世論については、イギリスの哲学者J・S・ミル(John Stuart Mill, 1806-1873)がすでに『自由論』(一八五九年)で、その危険性について論じている。ただ、ミルが注目したのが、社会の画一化と、それによる少数者の自由の侵害だったとすれば、ウェーバーが問題にするのはむしろ、世論が求める倫理が「画一的であるべきもの」(形式合理性)を歪めることである。なお、ウェーバーは一九二〇年に死去しているので、ウォルター・リップマン(Walter Lippmann, 1889-1974)の『世論』(一九二二年)は読んではいない。しかし彼らは同じ時代を共有していた。

[40] 経営手段の集中、官僚制的軍隊

〔近代官僚制の社会的・経済的な前提〕**V** 官僚制的な構造は、ザッハリヒ〔物的〕な経営手段が主人の手に集中することと密接に関連しながら進んでいく。

例えば、大規模な民間の資本主義企業の発展でよく知られている典型的な様態がこれである。大企業はその様態の点で官僚制的な構造の本質的な特徴を帯びている。

しかし、公共のゲマインシャフトでも事態は同じである。

官僚制的に組織された〔エジプトの〕ファラオの軍隊、共和政ローマ末期および帝政時代の軍隊、そしてとりわけ近代軍事国家の軍隊は、農耕に従事する氏族の人民軍、古代都市の市民軍、中世初期の都市の民兵、そしてすべての封建的な軍隊に対して、次の点によって特徴づけられる。後者では、従軍義務者が装備も食料も自前で準備するのが普通であるのに対し、官僚制的な軍隊では装備と食料が主人の倉庫から供給される、とい

うのがそれである。

産業における機械の支配は経営手段の集中を促した。これと同様に、機械の戦争である今日の戦争は、後者〔装備と食料を主人が賄うこと〕を技術的に絶対に必要不可欠なものにする。

これに対して、君主によって装備が整えられ、食料が提供される、官僚制的な軍隊が過去に成立したのは、社会や経済の発展により、自前で装備を整える経済的な力のある市民が絶対的または相対的に減少し、この結果として必要な軍隊を編制するのに十分な数が揃わなくなったときがほとんどであった。

少なくとも相対的に、つまり必要とされる国家の軍事力の規模に比べて、自分で装備を整えることができる市民が十分に揃わない場合に、官僚制的な軍隊が成立した。というのも、官僚制的な軍隊形式だけが、大規模な領土国家の持続的な治安維持や、遠くの敵に対する戦争、つまり海外での戦争に必要な職業的な常備軍を編制することができたからである。

少なくとも近代的な水準で、特殊な軍事的規律と技術的訓練が完全なまでに発展しえたのは、普通は官僚制的な軍隊だけであった。

〔41〕軍隊の官僚制化、プロイセンの常備軍、ジェノヴァの「マオーナ」

歴史的にみれば、どこでも、軍隊の官僚制化は、それまで財産を持っている階級の名誉ある特権であった兵役が、財産を持たない人びとに移されるのと並行して生じた（ここで財産を持たない人というのは、共和国後期と帝政期のローマの将軍の軍隊や、一九世紀までの近代的軍隊のように自国民のこともあるし、どの時代の傭兵の軍隊でもそうであったように外国人のこともある）。

国民の人口密度が高まり、それにともなって経済労働の強度と緊張が高まると、それによって戦争のために営利活動をする階層の「手の離せなさ」〔忙しさ〕もしだいに高まっていく。どこででも作用しているこのような理由に加えて、物質的および精神的な文化全般の向上とも、このプロセスは典型的な仕方で密接に関係して進んでいく。

イデオロギーの躍動が激しい時代を別とすれば、洗練された、とくに都会的な文化を身につけた財産を持つ階層は、一般の兵士が担うような粗野な軍務への適性が低いばかりか、それに向かおうとする気持ちも弱いことが多い。そして将校の仕事に対する資格や適性も、他の事情が同じであれば、少なくとも〔都会生まれではなく〕農村出身の財産を持っている階層により強く備わっている。

戦争の運営が機械によって行われる可能性が増大するにつれて、リーダーには「技術者」としての資質が求められるようになる。こうなってはじめて、以上の問題は解消される。

戦争運営の官僚制化は、他の産業と同じように、民間の資本主義のように実現されることがある。

民間の資本主義のような軍隊の調達と管理〔行政〕は、一九世紀の終わりまで、とくに西洋の傭兵軍では普通のことであった。もちろん、形式は実にさまざまであった。

三十年戦争〔一六一八～一六四八年〕のときには、ブランデンブルクでは、国がいわば「配給業者」として、武器、馬、衣服といった兵士の業務に必要な物的な手段をすでに供給していたにもかかわらず、兵士自身がそれらの所有者であることがまだほとんどであった。

〔一六四四年に設置された〕プロイセンの常備軍では、その後、中隊長がこれらの物的な戦争手段の所有者となった。最終的に、国家の手に戦争手段が集中するようになったのは、ティルジットの和約(1)〔一八〇七年〕以降である。そしてこれと同時に制服の着用がはじめて一般的に実施された。それまでは、個々の部隊が国王から特定の制服を「貸与」されないかぎり、制服の着用は連隊長の自由裁量に大幅に委ねられていた。ちなみに、制服の貸与の最初は、一六二〇年に親衛隊に対して行われたもので、その後、フリードリヒ二世のもとでより頻繁に行われるようになった。

例えば、一方の「連隊」(Regiment)と他方の「大隊」(Bataillon)の概念は、一八世紀にはまだ、しばしばまったく異なる意味であった。後者だけが戦術的な単位であり(今日では両方がそうである)、これに対して前者は連隊長の「企業家的」なポジションによって作り出された経済的経営の単位であった。ジェノヴァの「マオーナ」[2]〔植民会社〕のような「公的な性格の強い」海戦企業や軍隊の調達は、十分に発達した官僚制的構造を備えた最初の民間資本主義の「巨大企業」の一つであった。

この点で、これらの「国有化」(Verstaatlichung)の、近代における類似現象は、(最初から国に管理されていたが)鉄道の国有化である。

(1) プロイセンはナポレオン一世に宣戦布告したが、イエナの戦いで敗れた。一八〇七年に、ナポレオン一世とプロイセン王フリードリヒ・ヴィルヘルム三世(Friedrich Wilhelm III, 1770-1840)との間で、ティルジット条約が締結された。プロイセンではこれを契機に、軍隊の改革が行われた。
(2) マオーナは「援助」を意味するアラビア語に由来する。海外事業に共同で出資する商人の組合で、一四世紀にジェノヴァで始まった。マオーナは国家とは独立して、いわば「民間」で植民活動を行った。

[42] 経営手段の集中と統制

まったく同じように他の領域でも、行政の官僚制化は経営手段の集中と密接に関係して進んでいく。

昔のサトラップ〔ペルシア帝国の州総督〕や総督による行政、官職請負人や官職購入者による行政、そしてなかでも〔封建制における〕封臣による行政は、物的経営手段を分散化した。軍隊や下級役人の費用を含む、各地域のローカルなニーズは、通常ではまずは地方の収入から賄われ、余剰分だけが中央の国庫に入る。

レーエン〔封土〕を与えられた官僚は、行政をすべて自分の財布から賄う。

これに対して官僚制国家は、国家の行政コスト全体を国家の予算にし、下位の機関に経常的な経営手段を提供し、そしてそうした経営手段の使い方について、下位の機関を規制し統制する。

このような官僚制国家の様態が行政の「経済性」に対して持つ意味は、集権化された資本主義的な大企業と同じである[1]。

(1) 経営手段を中央に集中する官僚制的な行政のほうが「経済効率」がよい、という前提で、ウェーバーは議論している。彼の官僚制理解は今日の官僚制批判の定型的な理解とは正反対なので、注意が必要である。

[43] 研究・教育における官僚制化、研究所

科学研究・教育の分野でも、大学の「研究所」(最初の大規模経営の例はギーセンのリービッヒの実験室(1)である)における官僚制化は、物的経営手段のニーズの増大の関数である。官僚制化は、国家によって特権を与えられた所長の手に物的経営手段を集中することで、ちょうど資本主義企業が労働者を労働手段から切り離すように、多くの研究者や講師を彼らの「生産手段」(ラボ、実験器具、蔵書)から切り離す。

(1) ユストゥス・フォン・リービッヒ(Justus Freiherr von Liebig, 1803-1873)はドイツの化学者。農芸化学の創始者として知られる。彼はドイツ・ヘッセン州のギーセンに大規模な(したがって官僚制的な)研究施設を創設した。研究所についてはMWG I/17, S. 71.「仕事としての学問」一五頁／『職業としての学問』一三頁も参照。

[44] 新しい現象としての官僚制、その阻害要因

以上のような疑いようがない技術的優秀さを、官僚制は持っている。しかしそれにも

かかわらず、官僚制が発展したのは比較的遅かった。そうであるとすれば、さしあたりは、一連の阻害要因がそうした遅れに力を貸したということである。その阻害要因は、一定の社会的・政治的条件のもとでようやく後退した。

つまり、官僚制的な組織が支配的になっていったのは、通常では次のような条件においてであった[1]。

（1）この一文はコロン（:）で終わっている。

[45] 経済的・社会的な平準化、官僚制と民主主義の緊張関係

〔近代官僚制の社会的・経済的な前提〕Ⅵ 行政機能を担うのに重要な意味を持つ経済的・社会的格差を、少なくとも相対的に平準化することを土台にして〔近代的な官僚制は成立する〕。

平準化は、小さな同質的なユニットにおける民主的な自己統治ではなく、とくに近代的な大衆民主主義の避けがたい付随現象である[1]。

抽象的なルールを遵守して権力を行使するというのが、大衆民主主義に特徴的な原理である。この原理の点で、平準化が民主主義の随伴現象であることは、さしあたりすでに明らかである。

というのも、抽象的なルールを遵守するという原理は、人的かつ物的意味での「権利の平等」の要求、したがって「特権」の忌避、〔権力者に有利になりがちな〕「ケース・バイ・ケース」で解決することの原則的拒否に由来するからである。

さらにそれだけでなく、〔抽象的なルールの遵守は〕大衆民主主義の出現の社会的前提条件にも由来する。

量的には大規模な社会組織でありながら、非官僚制的に行政が行われている事例があるとすれば、どんなところでも、なんらかの形で次のような前提条件を基礎にしている。その前提条件というのは、既存の社会的優位性、物質的優位性、あるいは名誉という点での優位性が、行政機能や行政義務と関連づけられていることである。

しばしばこの結果として、どんな種類の行政活動もその担い手に一定の地位を付与する。そしてこうして与えられた地位を、直接ないし間接に経済的に、あるいは「社会的」に利用し尽くすことが、行政活動を引き受ける報酬になる。

したがって、官僚制化と民主化は、国家行政では、普通は〔名誉職のような〕これらの形式に比べて「より経済的」な性格を持つにもかかわらず、国庫の現金支出の増加につながる。

ほとんどすべての地方行政と下級の裁判権が、東部プロイセンの荘園領主〔グルントヘル〕に譲り渡されていた。これはごく最近まで、少なくとも国家財政の観点からすると、行政のニーズを充足する最も安価な方法であった。

イギリスの治安判事[2]の行政も同じである。

大衆民主主義は、行政における封建制的、家産制的、そして少なくとも意図としてはプルートクラシー〔カネ持ち支配〕的な特権を排除する。このため大衆民主主義は不可避的に、従来の兼業の名望家による行政を有給の職業労働によって置き換えなければならない。

これは、国家の構成体だけの話ではない。

ほかでもない民主的な大衆政党もそうである〔ここで大衆政党というのは、ドイツでは社会民主党と大衆農民運動[3]、イギリスではまずバーミンガムから始まり、〔一八〕七〇年代から組織されたグラッドストンとチェンバレンのコーカス・デモクラシー[4]、アメリカでは〔一八二八年の大統領選挙で勝利したアンドリュー・〕ジャクソン政権以降の両〔二大〕政党を指す〕。古い保守政党や、それればかりでなくかつての自由主義政党でも、個人的な関係や個人の威信に基づく旧来の名望家支配が、支配的であることが多かった。民主的な大衆政党は、自分たちの政党組織で、このような名望家支配ときっぱりと縁を切り、党官僚、職業的な党書記・組合書記などの運営によって、自分たちを官僚制的に組織化してきた。これは決して偶然ではない。

フランスでは、政党の厳格な組織化を強いる選挙制度を基礎にして、政党の厳格な組織化を実現しようとする試みが何度も行われてきたが、失敗している。[5] 失敗の主たる理由は、地方の名望家サークルの抵抗であった。政党の官僚制化は長期的には不可避であり、彼ら名望家の影響を打ち破り、国全体を網羅することになる。このような政党の官僚制化に彼らは反対した。

というのも、例えば(少なくとも大きな国家の事情のもとでの)比例代表制[6]のような、単純な、数字で算出される選挙技術の進歩は、それがいかなるものであれ、政党が厳格で、地方横断的な官僚制的組織になり、これによってしだいに地方の名望家サークルが排除され、政党の官僚制と規律の支配が強化されることを意味するからである。

国家行政の内部でも、フランス、北米、そして今ではイギリスで官僚制化が進んでいる。これは明らかに民主主義とパラレルな現象である。

このとき、当然ながらつねに留意すべきことがある。「民主化」という名称は誤解を招く可能性があるというのがそれである。デモスは構造化されていない大衆を意味する。このようなデモスは、より大きな団体では、自分で「行政」を行うのではなく、行政の対象にされる。デモスが変えるのは、支配する行政の指導部の選別の仕方だけであり、影響力の程度だけである。影響力の程度というのは、その人が、あるいはより正確にはその人の仲間である別の人びとの一群が、いわゆる「世論」を補完することを通じて、行政活動の内容と方向に及ぼすことのできる程度である。

ここでこのように理解される「民主化」は、当該社会体にあって支配される側の人たちが支配への能動的な関与を拡大することをかならずしも意味しない。

能動的な関与の拡大は、ここでいう〔民主化の〕プロセスの結果としてはありえるかもしれないが、かならずそうなるわけではない。

むしろまさにここで私たちが心に刻んでおく必要があるのは、民主主義という政治的概念は、支配される側の人たちの「権利の平等」から、次の要請を引き出すということである。**1** だれもが官職にアクセスできるようにするために、閉鎖的な「官僚身分」が発展しないようにすること、**2** なしうるかぎり「世論」が影響する領域を拡大するために、官職の支配権力をミニマム〔最小〕化すること、可能なかぎり専門的な資格と直結させないで、落選させることも可能な選挙によって、短期間だけ任命するように努めることである。

このようにして民主主義は、名望家の支配に対抗する闘いの結果として自らが生み出した官僚制化の傾向と、不可避的に矛盾に陥る。

このため、民主化が、「デモス」の可能なかぎり「直接的」な支配のために、「職業的官僚」の権力をミニマム化することだと理解されるかぎり、そもそも不明確な「民主化」という呼称は、この場で検討するに値しない。「デモス」の可能なかぎり「直接的」な支配とは、実際にはそのときどきの政党リーダーによる支配である。

むしろここで決定的に重要なのは、もっぱら官僚制的に構成された支配する側のグループに対する支配される側の人たちの平準化である。官僚制的に構成された支配する側のグループはこのとき、事実上、それればかりかしばしば形式的にも、専制的な立場を占めることもある。

（1）ウェーバーが「平準化」(Nivellierung) という用語で論じている問題を、トクヴィルは「境遇の平等」(l'égalité des conditions) という表現を用いて議論している。ただ、一九世紀のトクヴィルとは違って、「組織の時代」であった二〇世紀初頭のウェーバーは、この視角から官僚制を考慮している。

（2）イギリスの地方行政を担う名誉職。【用語】「治安判事」を参照。

（3）ここで大衆農民運動というのは、一八九三年に結成された農業家同盟 (Bund der Landwirte) を指す。プロイセンのユンカーの強い影響のもと、農民の利益を代表し、農業関税の引き上げなどを実現した。農業家同盟は一九一三年には三三万人の構成員を有していた。

（4）コーカスは、各区で有権者に開かれたパブリック・ミーティングを組織し、下から候補者を押し上げていくシステムを指す。この仕組みは選挙権の拡大を背景として生まれた。ジョセフ・チェンバレン（Joseph Chamberlain, 1836–1914）がバーミンガムで立ち上げた自由協会がこの意味での「コーカス」の最初である。チェンバレンはこのシステムによって、バーミンガム市長になり、中央政界入りした。【用語】「コーカス」を参照。チェンバレンとグラッドストン（William Ewart Gladstone, 1809–1898）については MWG I/17, S. 207–210.「仕事としての政治」一五六～一五八頁／『職業としての政治』六七～六九頁を参照。

（5）第一次世界大戦直前の時期にフランスでは、ジャン・ジョレス（Jean Jaurès, 1859–1914）が率いるフランス社会党などが比例代表制の導入を唱えたが、この試みは失敗している。

（6）一八九九年にベルギーでドント式の比例代表制が採用された。第一次世界大戦後、ドイツでもワイマール憲法で比例代表の原則が盛り込まれた。このような流れに対して、ウェーバーは基本的に否定的な立場であった。

［46］受動的な民主化

ロシアでは、メストニチェストボ[1]（位階秩序）〔封建的階級制度〕が整備されることによって旧土地所有貴族の地位が崩壊し、その結果として旧貴族が勤務貴族と混じり合った。これは官僚制化へと向かう発展の特徴的な中間現象であった。

中国では、合格した試験の点数と、その結果として与えられた官職に就く資格によって位階の評価がなされた。これは〔ロシアの場合と〕同様の意味を持ったが、少なくとも理論的には、より徹底していた。

フランスでは、革命、そしてより決定的にはボナパルティズム[2]が、官僚制を全能にした。

カトリック教会では、最初は封建的中間権力、それから独立したローカルな中間権力すべての排除と、これらの中間権力を中央所轄部局の純粋な職員に転換する試みが、グレゴリウス七世[3]によって始められ、トリエント公会議やバチカン公会議、そして最後にはピウス一〇世[4]の命令によって完成した。こうした排除と転換は、表向きは完全に従属的な地位にある助任司祭が事実上の重要性を絶えず増大させることにつながった。この増大を支えたのは、とりわけカトリックの党組織であった。これが意味するのは官僚制の前進であり、同時にこの場合には、いわば「受動的」な民主化、つまり支配される側の人たちの平準化であった。

自前で装備を整えることで成り立つ名望家の軍隊は、官僚制的軍隊に取って代わられる。この転換は、封建国家や名望家の共和国に代わって絶対的な軍事君主制が（それがどのようなものであれ）確立されるのと同じ意味で、どこでも「受動的」な民主化のプロセスであった。

このことは、ありとあらゆる特殊性にもかかわらず、すでにエジプトの国家の発展にも原則的に妥当する。

ローマ帝国では、地方〔属州〕の行政の官僚制化、例えば租税行政の分野での官僚制化は、共和政で圧倒的な権力を有していた資本家階級のプルートクラシー〔カネ持ち支配〕の排除、ひいては古代の資本主義そのものの排除と密接に結びついていた。

（1）メストニチェストボは、出自とファミリーの功績によって位階と官職を授与するシステム。一七世紀まで続いた。「門地制」と訳されることもある。ロシア語の mesto（「地位」「ポジション」）に由来する。Cf. MWG I/19, S. 183, 302.『儒教と道教』六九、二〇一頁。

（2）ボナパルティズムは、フランスのナポレオン三世(Napoléon III, 1808–1873)に代表される、大衆的な基盤に支えられた権威主義的な統治を指す。【用語】「カエサル主義」も参照。

（3）グレゴリウス七世(Gregorius VII, 1010/20–1085)は、「グレゴリウス改革」と呼ばれるヨーロッパ中世最大の教会改革を行った。神聖ローマ皇帝ハインリヒ四世(Heinrich IV, 1050–1106)との対立でも知られる。

（4）ピウス一〇世(Pius X, 1835–1914)は、ウェーバーがこのテクストを書いていたときのローマ教皇。彼は保守的な立場をとり、「近代主義」と対立した。

〔47〕民主化と経済的要因、新興階級、ボナパルティズム

このような「民主化」の進展には、明らかに、なんらかの経済的条件がほとんどいつも作用している。

経済的に条件づけられて、新しい階級が出現する。その階級の性格がプルートクラシー〔カネ持ち支配〕的であれ、小市民的であれ、プロレタリア的であれ、とにかく新しい階級が出現する。この新しい階級は、政治権力の助けを借りて経済的または社会的な利益を獲得するために、レジティメイトなものであれ、カエサル主義的な特徴のものであれ[1]、とにかく一つの政治権力に助けを求めたり、新たに呼び起こしたり、呼び戻したりする。以上の現象は非常によく起こる。

しかし他方で、同じようにありえる話で、また歴史的にも証明された事例もある。この場合にイニシアティブ〔主導権〕は「上から」で、純粋に政治的な性質を持ち、政治的なコンステレーション〔布置連関〕、なかでも外交のコンステレーションからアドバンテージを引き出し、所与の経済的・社会的対立と階級的利害を、もっぱら自らの純粋に政治的な権力目的のための手段として利用する。そしてこの目的のためにこのイニシアティブは、右で述べた対立と利害を、ほとんどつねに不安定な均衡状態から引き摺り出し、その潜在的な利害対立を闘争にまで駆り立てる。このようなケースである[2]。

〔ただし〕これについてなにか一般的なことを述べるのは、ほとんど不可能なように思われる。

経済的要因が作用する程度と仕方はさまざまであり、政治的な力関係の影響のあり方も同様である。

ヘレニズム的古代〔古代ギリシア〕では、訓練された重装歩兵による戦争へと移行したことが、さらにアテネで艦隊の重要性が増したことが、そのときどきで軍事負担を担った国民階層が政治権力を獲得する基礎となった。

しかし、ローマになるとすでに、同じような発展が官職貴族の名望家支配を揺るがしたとしても、それは一時的かつ見た目だけであった。

ましてや近代の大衆軍になると、それはたしかにどこでも名望家の権力を打破する手段となったが、しかしそれ自体は決して能動的な民主化のテコにはならず、たんなる受動的な民主化のテコにとどまった。

もっともこの場合には、古代の市民軍が基礎にしていたのは経済的に自前で装備を整えることであり、近代の市民軍の基礎は官僚制的なニーズの充足だったことが一因であった。

（1）いわゆる「レジティメイト」な支配の「三類型」には、カリスマ的支配が一つの類型として含まれる。しかし、ここでウェーバーは「レジティメイト」な政治権力と「カエサル主義的」な政治権力を並列に論じている。この箇所を書いた時点で、「三類型」はそれほど明確に定式化されていなかったと思われる。

（2）ウェーバーはここで具体的な名前を挙げてはいないが、ブルジョア（市民）と労働者階級の対立を利用し、クリミア戦争などで政治基盤を強化したナポレオン三世のボナパルティズムはこれに該当するだろう。

〔48〕古い構造形式と官僚制化の進展、電気の普及

官僚制的な構造の進出は「技術的」優位性を基礎にしていた。ここでも技術についてのどの分野とも同じで、古い構造形式が既存のニーズへの技術的な適応を古い構造形式なりに特別に発展させて機能しているところでは、官僚制的な構造の進出は結果として最もゆっくりであった。

例えば、イギリスの名望家行政がそうであった。イギリスの行政は最も遅れて官僚制化に屈した。あるいは部分的には今日ようやく屈しつつある。

例えば、既存の大資本によって高度に発展したガス灯や蒸気機関車が〔すでに存在するところでは、そうした古い技術が〕まったくの新天地として開拓された地域に比べて、電気

の普及[1]を阻む強力な障害になったのと、これは同じ現象である。

（1）電気の普及を、ウェーバーは青年期に経験している。一八七九年にベルリンで最初の電気機関車が開業し、最初の電気の街灯が設置された。どちらもヴェルナー・ジーメンス(Werner von Siemens, 1816–1892)による発明・開発によるものであった。

【49】ひとたび完成したら壊れない官僚制、公文書、バクーニン主義の誤謬

官僚制は、ひとたび完全に確立されると、解体するのが最も難しい社会的構成体の一つである。

官僚制化というのは、「ゲマインシャフト行為」を合理的に秩序づけられた「ゲゼルシャフト行為[1]」に変換するための、まさにあの特殊な手段である。

官僚制化は、支配関係の「ゲゼルシャフト化」の手段であり、そのような手段として、官僚制の装置を意のままにできる人にとっては、最高レベルの権力手段であったし、今もそうである。

というのも、他のすべてのチャンスが同じであれば、計画され、秩序づけられ、導かれる「ゲゼルシャフト行為」は、抵抗する「大衆の行為」、あるいはまた「ゲマインシャフト行為」よりも優れているからである。

行政の官僚制化がひとたび隈なく貫徹されたところでは、実際のところほぼ崩れることのない支配関係の形式が形成される。個々の官僚は、自分が巻き込まれている装置から、逃れることはできない。職業的な官僚は、名誉職や兼業で行政にかかわる名望家とは対照的に、物質的にも理念的にも自分の存在全体で、その活動につながれている。圧倒的に大多数の場合において、官僚は一番上のトップからのみ、運動と停止のきっかけを与えられ、(普通は)官僚の側からはそうはできず、休みなく動き続けるメカニズムにあって、専門的な課題を任された一つの鎖の輪にすぎない。個々の官僚に、基本的に自由の余地なく決められた道筋を指示するのは、このメカニズムである。官僚はこれらすべてによって、とりわけこのメカニズムに組み込まれた全職員の利害関心のゲマインシャフトにしっかりと縛り付けられる。彼らの利害関心というのは、このメカニズムが機能し続け、ゲゼルシャフト化されて行使される支配が存続することである。

さらに、支配される側の人たちは支配される側の人たちで、いったんできあがった既存の官僚制的な支配装置なしで済ますことはできないし、これを他のものと取り替えることもできない。というのも、官僚制的な支配装置が基礎にしているのは、専門的な訓練、分業による専門化、慣れ親しんで、見事に習得された個々の機能に向けてしっかりと心の準備ができていること、こうしたものを計画的に統合したものだからである。

官僚制的支配装置が活動を停止したり、その活動が強引に妨げられたりすると、結果はカオスである。このカオスを解決するために、支配される側の人たちから即興でその代替になるものを出すのは難しい。

このことは公的な行政の分野でも、私経済〔民間企業〕の行政でも同じく妥当する。ますます官僚制的に秩序づけられつつある民間の資本主義的な組織がいつも正しく機能することに、大衆の物質的な運命は左右される。この依存は着実に増加しており、したがって、それらの組織を排除する可能性について考えることは、いっそうユートピア的になっている。

一方における「公文書」、他方における官僚の規律、つまり自分の慣れ親しんだ活動の範囲内にあって厳格な服従する官僚の心の準備が、このようにして公的経営でも私的経営〔民間企業〕でも、しだいに全秩序の基礎になる。

しかし、行政が公文書に基づいていること[2]が実際の業務でどれほど重要だとしても、なによりもやはり重要なのは「規律」である。

公文書を破棄することによって、同時に「既得権」の基礎と「支配」を破壊することができる、というバクーニン主義[3]の考えはナイーブである。この考えが忘れているのは、慣れ親しんだ規範や規定の遵守に対する人間の心の準備は、公文書とは無関係に持続する、ということである。

撃破され、解散した部隊の再編成はいつでも、同様に、反乱やパニック、その他のカタストロフィによって破壊された行政秩序の復元も、一方では官僚に、他方では支配される側の人たちに培われてきた、秩序に従順に服従する心の準備に訴えることで行われる。この訴えが、もし成功すればの話ではあるが、破壊されたメカニズムにいわばふたたび「スイッチを入れる」。

他方で、いったんできあがった既存の〔官僚制の〕装置は客観的にそれなしで済ますことができない。この不可欠性は、この装置に固有の「パーソナルなものを排除するという性質」と結びついて、必然的に次のような事態をもたらす。パーソナルな恭順[4]に基づく封建制的な秩序とは対照的に、官僚制的な装置は、いったんそれに対する支配を我がものにした人のためなら、だれのためにでも働くことに容易に賛同する、というのがその事態である。

合理的に編成された官僚のシステムは、敵が領土を占領しても、最上位の幹部が交代するだけで、敵の支配下でも難なく機能する。なぜなら、継続して機能するということが、とりわけ敵自身も含めて、あらゆる関係者の切実な利害関心だからである。ビスマルク(5)は、長年の支配の過程で、独立した政治家をことごとく排除し、それによって閣僚たちを彼に対する無条件の官僚制的従属関係に組み込んだ。ところが退任するときにビスマルクは、あたかも独創的な主人であり創造主が、ではなく、官僚制のメカニズム内の任意の個人が、別の人に取り替えられただけであるかのように、閣僚たちが平然と、たゆむことなく職務を遂行していることに気づいて驚いた。

第一帝政期以降、フランスでは主人がいくら交代しても、支配装置は基本的にそのままであった。

支配装置は、近代的な通信・交通手段(電信)が自由に使えるところであればどこでも、純粋に技術的な理由によっても、またその装置が徹底的に合理化された内部構造を持っているという理由によっても、まったく新しい支配組織を暴力的に作り出すという意味での「革命」を、ますます不可能にした。この結果として、フランスが古典的な仕方で具現化しているように、支配装置は「革命」を「クーデタ(6)」に置き換えた。実際、フランスでは、成功した動乱はどれもクーデタという結果に終わっている。

(1)【用語】「ゲマインシャフト行為／ゲゼルシャフト行為」を参照。
(2) ドイツ語の Aktenmäßigkeit は、「文書主義」と訳されることもあるが、planmäßig が

「計画通り」くらいの意味であるように、この語も文書「主義」というほど強い意味ではない。ここではあまりすっきりとはしないが、「公文書に基づいていること」としておく。ちなみに、ギュンター・ロースの英訳では、端的に「ファイル」(file)と訳されている。

(3) ミハイル・バクーニン(Mihail Aleksandrovich Bakunin, 1814-1876)はロシアの革命家・アナキスト。支配の基礎には「文書」があることをバクーニンは見抜き、革命戦略として文書の焼却を主張した。野口雅弘『忖度と官僚制の政治学』第一章「官僚制と文書」を参照。

(4) 【用語】「恭順」を参照。

(5) ビスマルク(Otto Eduard Leopold Fürst von Bismarck, 1815-1898)はドイツの政治家。プロイセン首相として普墺戦争・普仏戦争に勝利し、ドイツ帝国初代宰相になった。彼はヴィルヘルム二世(Wilhelm II, 1859-1941)と対立し、一八九〇年三月に宰相を辞任した。この箇所はこの辞任のときのエピソードである。ウェーバーはビスマルクによって骨抜きにされた「無力な議会」を批判した。このパラグラフで描かれている官僚制装置の自律的な作動は、政党政治・議会政治の無力という事態と連続している。

(6) クーデタ(Staatsstreich)は暴力的な急襲によって達成される支配層のレベルでの権力の移行であり、体制原理の変更をともなう革命とは区別される。

［50］ 官僚制化の経済的影響、利益団体、官僚制と民主主義の対立

当然のことではあるが、社会的構成体、とくに政治的構成体の官僚制的組織は、それ

自体が広範囲に経済的影響を及ぼす可能性があり、また通常は影響を及ぼしている。

では、どのような影響か。

当然のことながら、官僚制的組織の経済的影響は、個々の事例ごとに、経済的・社会的な権力の配分、とくに成立しつつある官僚制的メカニズムが占める分野に左右される。官僚制的組織の影響は、結局は、官僚制的メカニズムを利用する勢力がそれに指示を与える方向によって決まる。

隠れたプルートクラシー〔カネ持ち支配〕によって権力が分配される結果になることが非常に多かった。

イギリス、とくにアメリカの官僚制的な政党組織の背後には、しばしば後援者が存在する。彼らは党組織に資金を提供し、それによって党組織に大きな影響力を行使することができた。

例えば、イギリスのビール醸造会社①、選挙資金を持ついわゆる重工業、同じく選挙資金を持つドイツのハンザ同盟②などの後援団体はよく知られている。

政治的構成体、とくに国家の構成体の内部での官僚制化と社会的平準化は、それに反対するローカルな特権や封建的な特権の解体と連動した。官僚制化と平準化は、近代では、資本主義の利益になることが非常に多く、しばしば資本主義と露骨に手を組みながら実現されてきた。

例えば、絶対君主の権力と資本主義の利益との大規模な歴史的同盟の場合である。(3) というのも、一般的に、法的平準化が進み、強固に編成された、名望家が支配するローカルな組織が壊されると、資本主義の活動領域が拡大されることが多いからである。しかし他方で、官僚制化は、安定した伝統的な「暮らし」を確保したいという小市民の利害関心に応える作用や、私的な収益のチャンスを制限する国家社会主義的(staatssozialistisch)な作用を持つ。歴史的に広範囲に及ぶさまざまな事例で、とくに古代において、こうした官僚制化の作用は間違いなく存在した。そしてこの作用は、おそらく私たちのところ〔ドイツ〕でも、将来的に展開することが予想される。

ファラオ時代のエジプト、次にヘレニズム時代、そしてローマ時代には、政治組織は少なくとも原理的には非常によく似ていた。しかし、これらの組織が及ぼす作用は非常に異なっていた。この事実は、官僚制化の経済的意義が、その他の既存の構成要素の方向性によって、実に多様な可能性を持つことを示している。

官僚制的組織の経済的作用はつねになんらかの形で存在するが、官僚制的組織が存在するという事実だけでは、その経済的作用の具体的な方向性については、まだなにも明確なことはいえない。官僚制的組織の社会的な作用については、少なくとも相対的には、平準化作用があるとはいえる。しかしいずれにしてもそれと同じようには、官僚制的組織の経済的作用について語ることはできない。

この点でも、官僚制は、純粋にそれ自体では、純政治的なものであっても、純経済的なものであっても、実にさまざまな支配の利害関心の意のままになる精密機械であるということを念頭に置く必要がある。

したがって、官僚制化が民主化と並行して進むことがいかに典型的であったとしても、官僚制化と民主化が並行して進む程度についても誇張することは許されない。

封建的な主人〔領主〕層も、事情によっては、この〔官僚制という精密〕機械を自分のために利用した。また、行政の官僚制化が身分の形成と意図的に結びつけられたり、あるいは既存の社会的権力集団の力によって無理やり身分と結合させられたりする可能性もあった。こうした可能性は、例えばローマの元首政〔プリンキパトゥス〕や、形式の点で絶対主義である多くの国家で、しばしば現実になった。

官職を特定の身分のために明文化して確保することは非常に頻繁に行われていた。事実上そうであったということであれば、それはいっそう多くなる。

社会の全体が言葉の近代的な意味で民主化するということは、実際そうであっても、あるいは形式的にすぎなくても、官僚制化という現象全般にとっては、たしかにとくに好ましい地盤である。しかし決して唯一のありうる地盤ではない。官僚制化は、個別事例でそれが占めようとする分野で、官僚制化の邪魔をしている勢力を平準化しようとするにすぎない。

「民主主義」は不可避的に官僚制化を促進するが、しかし望んで促進しているわけではない。それにもかかわらず、そして同時にそうであるがゆえに、民主主義はそれ自体としては、官僚制の「支配」の対抗者である。そしてそのようなものとして民主主義は、ある状況下では、官僚制組織をとてもわかりやすく突破することもあり、また阻止することもある。以上の事実には注意が必要である。この事実に、私たちはすでに何度も遭遇してきたし、さらにくり返しこの事実を論じなければならない[4]。

したがって、個々の歴史的事例は、まさにその事例で官僚制化がどのような特殊な方向に進んだか、という観点からつねに考察されなければならない。

（1）バス・ペールエール(Bass Pale Ale)で有名な The Bass Brewery は、一七七七年に創業され、一九世紀末には世界最大のビール醸造所に成長した。この成長の立役者であったマイケル・トーマス・バス(Michael Thomas Bass, 1799-1884)は醸造家であると同時に、自由党の国会議員でもあり、グラッドストンと緊密な関係にあった。

（2）ハンザ同盟といえば、一般的には、中世ドイツの都市同盟のことであるが、ここでは一九〇九年にベルリンで創設された商工業団体を指す。この団体は選挙基金を作り、利益団体として政界に影響力を行使した。Cf. Emil Lederer, Interessentenorganisationen und die politischen Parteien, in: *Archiv für Sozialwissenschaft und Sozialpolitik*, Bd. 34, 1912, S. 335).

(3) 重商主義政策のこと。**封[20]**でより詳しく説明されている。

(4) **官[39][45][59]**を参照。

[51] 官僚制の権力

近代国家のいたるところで官僚制化が進んでいる。とはいえ、まさにその近代国家が、例外なく、国家の内部で官僚制の権力を普遍的に増大させるかどうかについても、ここでは確定しないままにしておく。

官僚制的組織は、それを意のままにできる人の手中にある、技術的に最も高度に発達した権力手段である。しかしこの事実はそれだけでは、官僚制的組織がそれ自体で、当該の社会的構成体の内部で、自らの見解に対してどのような重みを調達できるのかについて、なにかを語るわけではない。

何百万人にも膨れ上がった官僚の「不可欠性」が増大し続けていることも、この問題に決着をつけることはない。例えば、プロレタリア運動の多くの代表者の見解によれば、プロレタリアの経済的な不可欠性が、彼らの社会的あるいは政治的な権力ポジションのレベルを決定する。しかし〔実際はそうした見解に反して〕そのようなことはない。これと同じである。そうでなければ、奴隷労働が支配的なところでは、自由民はこのような状況下で労働を不名誉なこととして敬遠する傾向があるので、奴隷は少なくとも同程度には「不可欠」であり、このため奴隷はそのような権力ポジションを占めていなければいけないはずである。

したがって、官僚制の権力がそれ自体として増大するかどうかは、このような理由からは、先験的に決定することはできない。

利害関係者や官僚ではない他の専門家、逆に専門に疎い素人の代表者を加えること、ローカルな、または地域を超える、あるいは中央の議会制的、あるいはその他の代表制的、あるいは職業身分的な決議機関を設立することは、官僚制の権力の増大に真っ向から対立するようにみえる。

こうした外見がどの程度まで真実なのかは、純粋に形式的で、決疑論的な以上の議論とは別の章で(1)、個別に論じられるべきである。

ここで一般的に述べることができるのは、次のことだけである(2)。

（1）本書ではなく、「新秩序ドイツの議会と政府」など、時事的な論文を指すと思われる（cf. MWG I/15, S. 455–457.『政治論集』2、三五五～三五六頁）。

（2）この文章の文末はコロン（：）で終わっている。

[52] 秘密の増大、官房機密、素人である君主の無力

完全に発達した官僚制の権力ポジションは、つねに非常に大きく、通常の状況では抜きん出ている。

官僚制が仕える「主人」が、「イニシアティブ」「レファレンダム」「リコール」という武器を備えた「人民」であろうと、「不信任投票」の権利や事実上の決定力を備えた議会であろうと、貴族制的、あるいはより「民主的」な基礎のもとで選出された議会であろうと、法的あるいは事実上、互選によって補充される貴族制的な合議体であろうと、国民によって選出された大統領であろうと、世襲の「絶対的」あるいは「立憲的」な君主であろうと、いずれにしても、行政を運営する訓練された官僚に対しては、主人はいつも「専門家」に対する「素人」〔ディレッタント〕の立場にある。

いかなる官僚制も、職務上の知識を持つ者の知識や意図を秘密にしておくことで、彼らの優位性を高めようとする。

官僚制的な行政は、つねに公開性(Öffentlichkeit)を排除した行政になる傾向がある。官僚制は、自分たちの知識や行動ができるだけ批判にさらされないようにする。いまプロイセンの教会当局は、当局から牧師への譴責その他の処分が、牧師によってなんらかの形で第三者にアクセス可能にされる場合に備えて、〔牧師に〕懲戒処分を科すと脅している。それによって教会当局への批判が「引き起こされ」かねないからである。ペルシア王〔シャー〕の財務官僚は予算編成の技術からあからさまに秘密の教義を作り、暗号文字を使っていた。

プロイセンの官庁統計は、一般的にではあるが、権力を握っている官僚の意図を損なう可能性がないものだけを公表している。

秘密にする傾向は、特定の行政の分野では、その事柄に即した〔ザッハリヒな〕性質に由来している。当該の支配構成体の対外的な権力利害が問題である場合には、どこでもそうである。民間企業の経済的な競争相手に対してであれ、政治的構成体の場合には、敵対する可能性のある、疎遠な外国の政治的構成体に対してであれ、同じである。外交の仕事は、それを成功させようとすれば、公開的に点検されることはない。点検は非常に限定された意味と範囲でしかありえない。

軍事行政は、純粋に技術的なものの重要性が増すにつれて、最重要の作戦の秘密保持にますます固執しなければならなくなっている。

政党の行動も異なるものではない。カトリック大会や党集会では、人目につく公開性を誇示しているにもかかわらず、政党運営の官僚制化が増大するのにともなって、秘密化も増大している。

貿易政策は、例えばドイツでは、生産統計の秘密化をもたらしている。

社会的構成体が外部に向かって戦闘姿勢をとることは、どんなときでも純粋にそのことだけで、〔社会的構成体の内部で〕権力を握っている権力者の立場を強化するように作用する。

しかし、純粋な権力に対する官僚制の利害関心はそれ自体として、このような純粋に事柄に即した〔ザッハリヒな〕理由による秘密保持の領域をはるかに超えて作用する。「官房機密」(Amtsgeheimnis)という概念は官僚制の特殊な発明物である。なによりも官僚制によって狂信的に擁護されるのは、先に述べた特殊な性格の分野ではないので、事柄に即して理由づけができない、こうした〔秘密を保持する〕態度である。

官僚制は議会に対するとき、確固たる権力本能から、議会が独自の手段で利害関係者から専門的な知識を入手しようとするあらゆる試み(いわゆる「国政調査権」①など)に反対する。あまり情報を持たない、したがって無力な議会は、当然のことながら、官僚制にとってより都合がよい存在である。もっとも、以上のことは議会の無知が官僚の利益となんらかの仕方で折り合いがつくかぎりでの話である。

絶対君主であっても、それどころか、ある意味ではまさに絶対君主こそが、官僚の優越した専門知識の前では最も無力な存在である。

フリードリヒ大王による「農奴制の廃止」という怒りの指令〔一七六三年五月〕はことごとく、いわば実現の過程で骨抜きにされていった。その指令を素人のたんなるその場かぎりの思いつきとして、官職メカニズムが無視したからである。

立憲君主は、支配される側の人たちの社会的に重要な部分と意見が一致している場合には、絶対君主よりも、行政の運営に大きな影響力を持つことが多い。行政に対する批判が少なくとも相対的に公開されている結果として、もっぱら官僚自身からの情報のみに依存する絶対君主よりも、立憲君主は行政の進行をより統制しやすい。

旧体制のロシア皇帝〔ツァーリ〕は、官僚の気に入らない、またその権力利害に反することについては、長期間にわたってこれを貫き通すことはめったにできなかった。どんなに些細なことであっても、そうであった。

ルロワ＝ボーリュー[2]がすでに適切に指摘しているように、独裁君主である皇帝の直属の省庁は、サトラップ〔州総督、あるいは独立度の高い地方行政長官〕のコングロマリットであり、彼らはありとあらゆるパーソナルな陰謀を駆使して互いに争い、とくに分厚い「建白書」を提出して絶え間なく攻撃をくり返した。彼らに対しては、素人の君主はどうすることもできなかった。

立憲主義への移行にともない、中央の官僚制の権力は不可避的に一極に集中する。一元支配のトップ、つまり首相のもとに官僚制は従属する。君主に届くものはすべて首相を通さなければならなくなる。このような権力の集中は、君主を官僚制の長の後見のもとに置く。ビスマルクとの有名な対立で、ヴィルヘルム二世が闘ったのはこうした事態に対してであった[3]。ただし、ヴィルヘルム二世によるこの原理への攻撃はまもなく撤回せざるをえなかった。

専門知識〔を持っている官僚〕の支配するところで、君主の実質的な影響力がなおも存続できるとすれば、それを可能にするのは官僚制の長たちとの絶え間ない交流である。この交流も官僚制の中心の頂点によって計画的に行われる。

同時に、立憲主義は、議会における政党の長〔ボス、ドンなど実質的な支配者〕の権力追求に対抗して、官僚制と支配者〔君主〕を結びつけて利害ゲマインシャフトにする。

しかし、まさにこの理由で、立憲君主は議会で支持を得られなければ、官僚制に対してはまさに無力である。

プロイセンの大臣や最高位の帝国官僚、つまり「帝国の大物」の離反は、一九〇八年一一月にあってもなお、ドイツの君主を、一〇七六年に封建〔レーエン〕国家を地盤として起こった経過とほぼ同じ状況に突き落とした。[4]

しかしながら、これはやはり例外である。

これには理由がある。出世欲の強い志願者はつねに存在する。君主は厄介で独立した官僚を簡単にそうした志願者に取り替えることができる。このため官僚制的官僚に対する君主の権力ポジションは、全体として封建国家や「型に嵌められて固定化された」家産制国家の場合に比べて、はるかに強力である。

他の事情が同じであれば、経済的に独立した官僚、つまり財産を持っている階層に属している官僚だけが〔君主に反対したり諫言したりして〕あえて職を失うリスクを背負うことができる。財産を持たない階層からのリクルートは、昔からそうであったように、今日でも主人の力を増大させる。

そして、君主が一人の人として自分の支えとして期待しなければならないと考えている、社会的に影響力のある階層に属する官僚だけが、継続的に君主の意志を実質的に完全に麻痺させることができる（プロイセンのいわゆる「運河〔法案〕反逆者」[5]など）。

（1）ウェーバーは議会の国政調査権の導入を強く求めていた。国政調査権はワイマール憲法

第三四条に書き込まれた。神学者で政治家のフリードリヒ・ナウマン(Friedrich Naumann, 1860-1919)に宛てた、一九〇八年一二月の手紙(cf. MWG II/5, S. 714)も参照。

(2) ルロワ＝ボーリュー(Leroy-Beaulieu, Henri Jean Baptiste Anatole, 1842-1912)はフランスの歴史家。ロシアに長く滞在し、フランスの親ロシア政策に寄与した。

(3) イギリスの新聞『デイリー・テレグラフ』紙に一九〇八年一〇月に掲載された、ドイツ皇帝ヴィルヘルム二世のインタビュー記事における不見識な発言が炎上した。この責任問題をめぐり、多くの有力者が宰相のビューローの側を支持したため、ヴィルヘルム二世は孤立した。

(4) 一〇七六年、神聖ローマ皇帝ハインリヒ四世が教皇グレゴリウス七世から破門されたことを指す。ドイツ諸侯からの支持を失った皇帝は無力であり、教皇に赦免をこわざるをえなかった(カノッサの屈辱)。

(5) 「運河反逆者」とは、一八九九年に、ライン川とエルベ川を結ぶミッテルラント運河を建設するというヴィルヘルム二世のプロジェクトに反対した、プロイセンの保守的な政治家や官僚のこと。

[53] 民間企業における専門知識と秘密

〔公行政における〕官僚制の専門知識を上回るのは、「経済」の分野における私経済〔民間」の利害関係者の専門知識だけである。

民間の利害関係者にとっては、その分野の事実を正確に把握していることが、直接的に経済の死活問題になるからである。官庁統計の誤りは、間違えた官僚に経済的影響を直接的に与えることはないが、資本主義企業の計算ミスは、その企業に損失を与え、場合によってはその企業の存続をも左右する。

また、権力手段としての「秘密」も、なんといっても企業家の台帳の秘密のほうが、官庁の公文書の秘密よりも確実に隠されている。

すでにこの理由だけでも、資本主義時代には、経済生活に対する官庁の影響力は非常に狭い範囲に限定される。この領域での国家の施策はしばしば予期せず、意図もしないコースに脱線したり、利害関係者の優れた専門知識によって意味を失ったりする。

[54] 専門化と君主の地位、君主の要塞としての官房

専門化された知識が、官職に就いている人の権力ポジションの基礎となる程度がますます増大している。このため、どのように専門的な知識を活用し、しかもそのせいで退位するのではなく、自分が保持している主人の地位(Herrenstellung)を守ることができるか。これが、すでに早い時期から「主人」(君主)の関心事であった。

行政業務が質的に拡大し、これにともなって専門的な知識が不可欠になったことで、非常に典型的な仕方で、次のような現象が起きている。信頼のおける個々の腹心にアドホックに相談すること、あるいは困難な状況に陥ったときに、これらの人たちが不定期に召集される会議でアドホックに相談することでは、主人〔君主〕はもはややっていくことができなくなり、常設で開催される合議制形式の諮問・決定機関で周囲を固める、というのが、その現象である。こうした諮問・決定機関というのは、〔フランスの〕国務院(Conseil d'État)、〔イギリスの〕枢密院(Privy Council)、〔プロイセンの〕総監理府(General-direktorium)、〔イギリスの枢密院の有力者による秘密会議で、後に内閣になる〕キャビネット(Kabinett)、〔トルコ・ペルシアの〕御前会議(Diwan)、〔中国の〕総理衙門(Tsungli-Yamen)、外交部(Waiwupu)などである。「宮廷外顧問官」(Räte von Haus aus)はここに至る特徴的な移行現象である。

これらの合議体の地位は当然のことながら非常に多様である。それ自身が最高の行政官庁になるか、あるいはそれらと並んで、一元支配的な中央機関や複数のそのような機関が存在するかによって、合議体の地位は異なる。また、手続きによっても異なる。完全に発展した類型になると、合議体は、原則上または擬制として主人〔君主〕の司会のもとで開催される。すべての重要案件は、当該分野の専門家の報告と補足によって、そして他のメンバーが理由を述べたうえで意思表示することによって、あらゆる角度からの検討を経て、決議によって決せられる。ただし、その決議は主人の判断で承認されたり、棄却されたりする。

このような種類の合議制の機関は、ますます「素人」〔ディレッタント〕になりつつある支配者が、同時に専門知識を利用し、また、しばしば気づかれないことだが、専門知識の優位性が高まるのに対して自分の身を守り、それに対して自分が保持している主人の地位を主張しようとする、典型的な形式である。

支配者〔君主〕は一人の専門家を他の専門家で牽制する。そしてすでに述べた煩雑な手続きを経て、支配者は自ら全体像を把握し、自分に恣意的な決定が囁かれることはないという確実性を調達しようとする。

支配者〔君主〕はこの場合しばしば、自分が個人として議長を務めることによってではなく、彼の自由になる書面の所見によって、自分の影響力を最大限に発揮する基盤を確保しようとする。

フリードリヒ・ヴィルヘルム一世(1)は、行政に対して実際に非常に大きな影響力を持っていたが、彼は厳密に合議制の形式で組織された閣僚会議に臨席することはほとんどなかった。上申書に対する彼の決定通知は欄外のメモか勅令によって与えられた。この決定の通知は、「官房」(Kabinett)に所属し、君主と一心同体の臣下と相談したうえで、「官房」から〔プロイセンで伝令の役割を果たしていた〕猟騎兵を通じて大臣たちに伝えられた。[2]

官房には専門官僚の憎悪が向けられ、失敗した場合には、支配される側の人たちからの不信も向けられた。しかし官房は、ロシアでもプロイセンでもその他の国でも、専門的な知識や行政の「物象化」に直面した支配者が逃げ込む、いわば個人の要塞として発展していった。

(1) フリードリヒ・ヴィルヘルム一世(Friedrich Wilhelm I, 1688-1740)は、官僚制を整備し、軍事力を強化し、絶対王政の基礎を築いたプロイセン王。

(2) フリードリヒ・ヴィルヘルム一世は基本的にポツダムに引きこもり、文書の形式で決定を伝えた。これらの文書は、プロイセン史の歴史的基礎資料であるアクタ・ボルシカ(Acta Borussica)に収められている。

〔55〕絶対君主制と合議制

さらに、合議制の原理によって主人〔君主〕が試みるのは、専門家を集合的なユニットにまとめようとする、ある種の総合である。

この試みがどれくらい成功を収めるかは、一般的な仕方では確定できない。

この現象そのものは、家産制国家や封建制国家から初期の官僚制まで、実にさまざまな国家形式に共通している。

しかし合議制という現象はとりわけ絶対君主制の成立期に典型的である。

合議制は、行政の「ザッハリヒカイト」〔事柄に即すること〕を高めるための最強の教育手段の一つであった。

また合議制は、社会的に影響力のある民間人を引き入れることで、名望家の権威と私経済〔民間〕の実務知識とを、ある程度まで職業官僚の専門知識と融合させることを可能にした。

「官庁」は人(Person)から独立した持続性のある構成体である。合議制の機関は、この「官庁」という近代的な概念を発展させた最初の制度の一つであった。

【56】長老会議、監査役会、等族会議

行政案件の専門知識がもっぱら長年の経験によって培われた訓練の産物であり、行政の規範が〔行政機関が作成した〕規定ではなく伝統の構成要素であるかぎり、典型的には長老会議が、こうした諮問機関の最適の形式であった。長老会議には、しばしば聖職者、「ベテランの政治家」、および名望家が参加した。この諮問機関は、当初はただ主人に助

言するだけであったが、その後、支配者は交代しても、この機関は長く持続する構成体であったので、しばしば実権を握ることになった。

例えば、ローマの元老院、ヴェネツィアの評議会、そして「デマゴーグ」の支配に屈して敗北するまでのアテネのアレオパゴス会議[1]である。

しかしもちろん、合理的な専門化と専門知識の支配を地盤にして出現した、ここで問題にしている団体(Körperschaft)は、これらの機関とは異なる。多くの移行形態が存在するものの、それでも類型としては明確に区別されるべきである。

他方で、ここで問題にしている団体は、近代国家に頻繁にみられる、民間の利害関係者のサークルから選ばれた諮問団体とも区別されなければならない。民間の利害関係者の諮問団体では、官僚や元官僚は中核ではないからである。

最後に、ここで問題にしている団体は、社会学的な観点からすると、今日の民間の官僚制的な構成体(株式会社)にある合議制の統制機関(監査役会)からも区別される。ただし、これらの統制機関も、専門知識のためであれ、あるいは体裁や宣伝の手段としてであれ、利害関係のない名望家を招聘して補完することも少なくない。

それでも区別されるべきなのは、これらの〔監査役会などの〕構成体は普通は、特別な専門知識を持った人たちではなく、決定権を持つ経済的に重要な利害関係者、つまり企業に資金を提供する銀行を束ねており、決してたんなる諮問的な立場ではなく、少なくとも統制する立場、それどころか実際には支配的な立場にあることが非常に多いからである。

これらの統制機関は、むしろ〔強引でないわけではないが〕家産制ないし封建制の政治的構成体における独立した大規模なレーエン〔封土〕保有者や官職保有者、その他の社会的に有力な利害関係者の集会に匹敵する。この機関はたしかに、場合によっては、行政の集約性が増大した結果として成立した「協議会」[2]（Räte）の前身であることもあるが、それ以上に身分制団体〔等族会議〕の前身であることが多かった。

（1）アレオパゴス会議は古代アテネの貴族会議。ローマの元老院に相当する。アクロポリスの西の「アレスの丘」で開かれたことから、この名称で呼ばれた。

（2）Rat（複数形 Räte）は対等な参加者による合議体であり、革命評議会などが典型である。ただし、この言葉に対応する日本語はいくつもあり、「理事会」「顧問会議」「参事会」「委員会」などが文脈に応じて使い分けられている。ここでは「協議会」と訳しておく。

［57］合議制的行政の転用と消滅

この官僚制的な合議制の原理は、中央官庁からさまざまな下位官庁に非常に整然と移転された。

ローカルな閉鎖的ユニット、とくに都市のユニットでは、〔すでに〕導入的に述べたように[1]、合議制的な行政は名望家支配の形式として、もともと存在していた（当初は選挙で選ばれたが、その後はほとんどの場合で、少なくとも部分的には互選で選ばれた「評議会」、つまり「政務官」「参事」「陪審員」といった合議体による名望家支配の形式であった）。

したがって合議制的な行政は「自治」（Selbstverwaltung）組織の通常の構成要素である。ここで「自治」というのは、地元の利害関係者によって行政業務を処理するということである。

ヴェネツィアの評議会や、それ以上にローマの元老院といったすでに述べた例[2]は、普通であればローカルな政治団体の地盤でお馴染みの名望家支配の形態を、広い海上帝国に移転したものである。

交通手段の進歩と行政に対する技術的要求の増大にともなって、迅速ではっきりした決議の必要が生まれ、そしてすでに述べた完全な官僚制と一元支配を促すその他の動機が圧倒的になると、官僚制的国家内の合議制の行政はふたたび消滅する。

しかし合議制の行政が消滅するのはなによりも、議会制度が発展し、多くの場合はこれと同時に、外部からの批判が増加し公開的になることによって、主人〔君主〕の利益の観点からして、決議を準備する過程での〔合議制での検討の〕徹底性と比較して、行政の運営における閉鎖的な統一性が、より重要な要素であると思えてくるときである。

フランスの徹底的に合理化された専門大臣のシステムと知事のシステムは、このような現代の状況下では、いたるところで、古い形式を抑制する大きなチャンスを持っている。フランスのシステムは、おそらくはすでに述べたような、③ 経済的・社会的に最も影響力のある層からなる利害関係者の諮問委員会を引き入れることによって補完されている。この諮問委員会の招集はますます頻繁になっており、徐々に形式的に整えられつつある。

とくに後者〔諮問委員会〕の発展は、利害関係者の具体的な専門知識を、専門的な訓練を受けた官僚の合理的な行政のために役立てようとするものであり、将来性は確実に大きく、官僚制の権力をいっそう増大させている。

よく知られていることであるが、ビスマルクは議会に対抗する権力の手段として、「国民経済協議会」④ の計画を利用しようとした。その際、ビスマルクはイギリス議会のような国政調査権を決して認めなかったであろうが、それにもかかわらず自分の側では、「国民経済協議会」の計画を拒否した〔議会の〕多数派を非難した。その非難は、議会の多数派が、議会の権力のために、官僚が「賢くなりすぎ」ないようにしている、というものであった。

ところで今後、このような道程にあって、利害関係者の団体それ自体に、行政の内部でどのような地位が与えられることになるのかについては、この〔段落〕関連で論じられることではない。

(1) **支[8]**を参照。
(2) **官[56]**を参照。
(3) **官[54]**を参照。
(4) 「国民経済協議会」(Volkswirtschaftsrat)は、ビスマルク主導で、一八八〇年に創設された。この協議会は産業界、地主、労働関係などの代表である七五人で構成されていた。

[58] 公私の分離

個人の「主観的」な権利は「客観的」な法秩序によって保障される。「客観的」な法秩序と「主観的」な権利を概念的に鋭く分離する最終的な可能性は、一般的には、国家および法の官僚制化によってはじめて与えられる。官庁の相互関係と官庁と「臣民」との関係を対象とする「公」法と、支配される側の個人の相互関係を規制する「私」法との分離も同じである。

この分離は、支配者の権利の抽象的な担い手であり、「法規範」の創造者である「国家」を、いっさいの個人のパーソナルな「権益」から概念的に分離することを前提としている。このような観念形式は、官僚制以前の、とくに家産制や封建制の支配構造の本質からは間違いなく遠く離れていた。

この観念が最初に実現可能になり、実行されたのは、都市ゲマインデの地盤であった。都市ゲマインデは官職の担い手を定期的な選挙によって任命するようになり、いまやそのときに支配を「行使」している権力の担い手も、その人が最高の支配の担い手であったとしても、「所有権」として支配権を持つ人ではもはやないことは明らかであった。

この分離をはじめて原理的に遂行したのは、官僚制における職務遂行の完全な脱個人化と、法の合理的な体系化であった。

[59] 支配構造と教育・教養、新しい身分、民主主義と試験

合理的な官僚制的支配構造の浸透は、それ自体として、またそれが掌握する分野とはまったく無関係に、広範囲にわたる一般的な文化的影響をもたらす。ただ、ここでそれを分析することはできない。

官僚制的な支配構造は、当然ながら、生活形態の「合理主義」の前進に貢献する。しかしこの合理主義という概念は実にさまざまな内容を含む。ごく一般的に述べることができるのは、合理的な「ザッハリヒカイト」〔事柄に即すること〕、「仕事〔ベルーフ〕に適合的な人間」や「専門人」への発展は、この発展にともなう多岐にわたる影響とともに、いずれの支配であっても、その官僚制化によって非常に強く促進される、ということぐらいである。

ここでは、支配の官僚制化のプロセスの重要な構成要素の一つだけを簡単に論じることしかできない。それは教育と教養のあり方への影響である[1]。

私たちの大陸的・西洋的な教育機関、とくに高等教育機関〔大学、工科大学、商科大学、ギムナジウム、その他の中等教育機関〕は、近代官僚制（Bürokratismus）にとってますます不可欠となりつつある専門試験制度を発展させるような「教養」、つまりは専門的訓練のニーズという強い圧力を受けている。

今日の意味での「専門試験」は、本来的な官僚制的構成体の外にも存在したし、現在も存在している。医師や弁護士といった「自由」業やツンフト〔同業者組合〕内で組織された産業では、いまもそうである。

専門試験も、官僚制化に不可避の随伴現象ではない。フランス、イギリス、アメリカの官僚制では、かなりの程度で、あるいはまったく専門試験がない。政党の組織内での訓練と業績がその代用になっている。

「民主主義」は、それ自身が推進している官僚制化のあらゆる現象と同様に、専門試験に対しても分裂的な立場にある。一方で民主主義は、名望家支配の代わりに、すべての社会階層から資質のある者を「選抜」することを意味し、またそれを意味すると思われている。

他方で民主主義は、試験や学歴〔卒業証書〕によって特権的な「カースト」が生まれることを危惧し、したがってこれに抗う。

そして最後に、官僚制以前の時代や半官僚制の時代にも、専門試験はすでに存在していた。

専門試験が定期的に行われていた最初の歴史的な場所は、プレベンデ〔俸禄〕を基礎にして組織された支配である。

最初はイスラーム的オリエントや西洋の中世で、聖職者のプフリュンデ〔俸禄〕の継承権があり、その後とくに中国で、世俗的なプフリュンデの継承権が成立した。プフリュンデの継承権は、勉強し、試験を受ける典型的なご褒美である。

しかし、もちろんこれらの試験は、部分的にしか、本当の意味での「専門」の性格を有していない。

完全な官僚制化が進むことではじめて、合理的で専門的な試験制度が止むことなく展開するようになる。

公務員制度改革で、[2]専門的な訓練や専門試験が徐々にアメリカに輸入された。（ヨーロッパにおける）主要な発祥の地であるドイツから他のどの国にも、専門的な訓練や専門試験が浸透している。

行政の官僚制化が進むことで、イギリスでは専門的な訓練や専門試験の重要性が増している。半家産制的な古い官僚制を近代的なものに置き換えようとする試みが、（まったく異なる古い試験制度に代わって）専門的な訓練や専門試験を中国に導入させた。資本主義の官僚制化と、専門的に訓練された技術者や事務員などを資本主義が必要とするという事情が、専門的な訓練や専門試験を全世界に広げている。

このような発展は、とりわけ専門試験によって得られた学歴の社会的な威信によって強力に促進されている。さらにその威信が、今度はまた経済的な利益に結びつくのでなおさらである。

かつては家系の証明が、格が同じであることの前提条件であり、財団の参事会員になる前提条件であり、そして貴族が社会的に力を持ち続けているところでは、官職に就く資格を得るための前提条件であった。今日ではこれが学歴になっている。

大学、工科大学、商科大学で学位が発達し、およそすべての分野で卒業証書の作成が要求されている。こうした傾向は、役所や〔民間の〕営業所での特権層の形成に寄与している。

名望家との婚姻の要求（営業所でも、ボスの娘との優先的な交際の機会が期待できるのは、当然のことながら学歴を持っているからである）、「名誉のコード」があるサークルへの入場許可の要求、業績に応じた報酬ではなく「地位に応じた」支払いの要求、確実な昇進と年金の要求、これらの要求の拠り所になるのが、学歴の所有である。

あらゆる分野で、ルールで定められた教育課程や専門試験の導入を求める声が高まっているのを、私たちが耳にするとすれば、その理由はもちろん、突然目覚めた「教育熱」ではなく、ポストの供給を制限し、学歴の保有者のためにそれを独占したいという思いである。

今日、ポストを独占するための普遍的な手段は「試験」であり、それゆえその進出はとどまるところを知らない。

そして、学歴を取得するために必要な教育プロセスには、かなりのコストと無給の時間が求められる。このため、教育免状の保有者でポストを独占したいという思いは同時に、財産〔を持っている人〕を優先して才能（「カリスマ」）を抑圧することを意味する。というのも、学歴を取るための「精神的」なコストはつねに低く、しかも大衆化にともなって増加するわけではなく、むしろ減少するからである。

かつてはレーエン〔封土〕の資格として騎士道的な生き方が要求された。この必要要件は、私たちのところ〔ドイツ〕では卒業証書を授与する大学の学生組合③という、騎士道的な生き方が形を変えて今日も残っているところへの参加によって置き換えられた。アングロサクソン諸国ではこの要件は、スポーツやクラブの制度によって置き換えられている。

他方で、官僚制はどこでも、規定による懲戒手続きを作成し、官僚に対する「上司」の完全に恣意的な処分を排除することで、一種の「職権」の発展に努め、官僚の地位、秩序ある昇進、老後の生活保障を、官僚のために確保しようとする。官僚制はこの点では、支配のミニマム〔最小〕化を求める、支配される側の人たちの「民主的」なムードに支えられている。こうした「民主的」なムードは、官僚に対する主人の恣意的な処分権が弱まるごとに、主人の権力そのものの弱体化が確認できると信じている。

したがってこのかぎりで官僚制は、過去のまったく異なる種類の官職保持者と同じで、特殊な「身分」の発展の担い手である。しかも商人の営業所でも公務でも、そうである。

こうした身分的な資格が、官僚に特有の任務に対する技術的な有用性のために、彼らなりに利用される傾向があることは、すでに先に指摘したとおりである。[4]

しかしまさにこの不可避的な「身分的」性格に対して、またもや「民主主義」への志向がリアクションをとる。「民主主義」への志向は、任命された官僚に代えて短い任期の役職者選挙を、規定による懲罰手続きに代えて住民投票による役職者の解任を据えようとし、したがって階層において上位にいる「主人」の恣意的な処分権を、支配される側の人たちや彼らを支配する政党の長の、同じく恣意的な処分権によって置き換えようとする。

（1）「教養」は Bildung の訳。この言葉は「形づくる」「形成する」という意味の動詞 bilden の名詞形であり、「陶冶」「人間形成」などと訳されることもある。これはたんに知識があるという意味ではない。ドイツでは一八世紀半ば以降、教育を受けた市民層が社会的な影響力を持つようになる。彼らは「教養市民層」(Bildungsbürgertum) と呼ばれた。ウェーバーが論じるドイツの官僚は、この階層から供給されていた。西村稔『文士と官僚——ドイツ教養官僚の淵源』木鐸社、一九九八年を参照。

（2）一八八三年のペンドルトン法を指す。専門試験ではなく、選挙での貢献によって、官職の配分をすること、つまり猟官制（スポイルズ・システム）が初期のアメリカの特徴であった。この公務員制度改革 (Civil Service Reform) によって、猟官制から資格任用制（メリット・システム)への転換がなされた。

(3) ここでの組合(Verbindungswesen)は、いわゆるブルシェンシャフトのこと。ウェーバー自身もハイデルベルク大学時代に、この一つであるアレマニアに入会し、決闘もしている。

(4) 官[13]を参照。

[60] 専門人と教養人

一定の教育と教養を享受することによる社会的威信は、それ自体では官僚制(Bürokratismus)に特有のものではない。

事態は反対である。

ただ、社会的威信は他の支配構造では、本質的に異なる内容を基礎にして成り立っている。封建制的、神政政治的、家産制的な支配構造でも、イギリスの名望家行政でも、古代中国の家産官僚制でも、ヘレニズム的な、いわゆる民主主義におけるデマゴーグ支配[1]でも、これらの事例の間には相互に大きな違いがあるにもかかわらず、教育の目標と社会的評価の基礎は、「専門人」(Fachmensch)ではなく、(標語的な言い方をすれば)「教養人」(陶冶された人)(kultivierter Mensch)であった。

「教養人」という表現は、ここでは完全に価値から自由に[2](wertfrei)使われる。この表現が使われるのは、「教養がある」〔陶冶されている〕とみなされている生き方の特質〔の習得〕が教育の目標であって、特殊な専門訓練が目標ではないという意味にすぎない。

騎士的教養あるいは禁欲的教養、（中国のように）文人的教養、（ギリシアのように）体操・音楽的教養、あるいはアングロサクソンの慣習的なジェントルマンを目指した教養など、それぞれに応じた教養を身につけた人格が、教育の理想であった。この理想は、支配の構造ならびに支配層に属するための社会的条件によって特徴づけられていた。

支配層が支配層であるための資格の根拠は、専門知識ではなく、より多くの「文化的な特質」であった（ここで「文化的な特質」という概念に付与された意味は〔時代と場所によって〕非常に変化しやすく、価値自由的である）。

もちろんこの場合にも、軍事的、神学的、法学的な専門能力は十分に養われていた。しかし、ヘレニズムや中世、中国の教育課程では、専門的に「役に立つ」ものとはまったく異なる教育の要素に重点が置かれていた。

教育制度の基礎をめぐるすべての現代の議論の背後には、なんらかの決定的な箇所で、古い「文化人」に対する「専門人」という類型の闘争が潜んでいる。この闘争は、すべての公私の支配関係で官僚制化がとどまることなく拡大し、専門知識の重要性がますます増することによって引き起こされており、身近な文化問題のすべてに浸透している。

（1）デマゴーグは、通常は悪い意味で用いられるが、ウェーバーはむしろその積極的な意味に目を向ける。**組［15］**および MWG I/17, S. 191.「仕事としての政治」一三五〜一三六頁／『職業としての政治』四八頁を参照。

（2）価値自由（Wertfreiheit）はウェーバーの方法論のキーワードであり、事実と価値を混同しないことを求める要請である。ウェーバーが『経済と社会』の旧稿を執筆していた時期は、社会政策学会などで「価値自由」をめぐって議論がなされていた時期と重なる。一九一七年に発表された論文「社会学・経済学の「価値自由」の意味」は、もともとは一九一三年に社会政策学会に提出された意見書であった（MWG I/12, S. 445-512.『社会学・経済学の「価値自由」の意味』木本幸造監訳、日本評論社、一九七二年）。ただここでは「教養」についての特定の評価、ないしさまざまな「教養」を序列化する価値的な観点を想定していないというくらいの意味で、「価値（から）自由」という表現が用いられている。この表現はカリスマ概念についても用いられている（**カ［1］［2］**、**組［1］**、**純［18］**）。

［61］官僚制的な組織とは異質な構造原理

官僚制的な組織は、それが進出する過程で、すでに何度か論じてきたように[1]、官僚制的な組織にとって必要な平準化に対する本質的に否定的な阻害要因を克服しなければならなかった。

しかしそれだけではなく、これまでも部分的に論じてきたが、[2]官僚制的な組織とは異質な原理に基づく行政構造の形式が官僚制的な組織と交錯してきたし、今も交錯している。

ここでは、これらの異質な形式について、実際に存在するすべての類型を説明することはできない（これをするとなると、あまりに膨大になってしまうだろう）。そうではなく、とくに重要な構造原理を、できるだけシンプルな図式で簡潔に説明すべきである。このとき次の問題設定で考察する。この問題設定だけということではないが、この問題設定はいつも考えるようにしたい。**1**官僚制的な組織とは異質の構造原理は、どの程度まで経済的な条件に規定されるのか。あるいは他の、例えば純粋に政治的な事情、あるいは最終的には、その技術的構造における「固有法則性」によって、この構造原理にはどの程度の発展のチャンスが生み出されるのか。**2**この構造原理はその構造原理からして特有の経済的な作用を及ぼすのか。もし及ぼすとすれば、いかなる経済的な作用か。

この場合には当然のことながら、これらすべての組織原理の流動性と相互移行性を最初から念頭に置いておかなければならない。

それらの「純粋」類型は、もちろんもっぱら分析のためだけに特別に重要で、かつ不可欠である極端なケースとして理解されるべきである。歴史的現実はほとんどつねに混じり合った形式で出てくる。そして歴史的現実は、このような極端なケースの間を動いてきたし、現在も動いている。

（1） **官[45][50]**を参照。
（2） **官[23]**を参照。

[62] 革命的な作用と合理主義の進展

官僚制的な構造は、どこでも遅ればせの発展の所産である。私たちが発展を遡れば遡るほど、官僚制や官僚層の欠如が支配形式の特徴になる。官僚制は「合理的」な性格を持っている。ルール、目的、手段、パーソナルなものを「事柄に即して」〔ザッハリヒに〕排除することが、官僚制の行動を支配する。したがってどこでも、官僚制の出現と普及は、なお議論されるべき、あの特別な意味で「革命的」に作用した。合理主義の進展は一般的にどの分野でもしばしばそうであるが、この場合もそうである。

このとき官僚制の出現と普及が否定したのは、このような特殊な意味で合理的な性格を持っていなかった、支配の構造形式であった。

こうした特殊な意味で合理的な性格を持っていなかった支配の構造形式とはどのようなものだったのか。私たちが問うのはこれである。

家産制①

(1) 家産制(Patrimonialismus)は『経済と社会』初版の章タイトルである。第四版・第五版では編者によって「家父長制的支配と家産制的支配」と変更されている。この章のテクストは、ほぼ同時期、つまり一九一一年から一三年に執筆された『儒教と道教』(MWG I/19)と内容的な重複が多い。エジプトについての記述は、『古代農業事情』(第三版、一九〇九年)にもあるが、ここでは家産制という表現は一度も用いられていない(cf. MWG I/6, S. 402-438. 『古代社会経済史——古代農業事情』一一一～一五七頁)。

[1] 家父長制的支配構造、日常的性格、パーソナルな服従

官僚制以前の構造原理のうち、圧倒的に最も重要なのは家父長制的支配構造である。この支配構造は、その本質からして、事柄に即した〔ザッハリヒな〕、パーソナルではない「目的」に向かう義務や抽象的な規範への服従ではなく、その逆、つまり非常にパーソナルな恭順(1)関係に基づいている。

家父長制的な支配構造の萌芽は、家ゲマインシャフトにおける家長の権威にある。家長のパーソナルな〔個人として有している〕権威主義的地位には、事柄に即した目的に仕える官僚制的な支配と共通する点がある。それは、存続が恒常的であり、「日常的性格」を持っていることである。

さらに、どちらも最終的には、権力に服従する人たちが「規範」に対して従順であることをその内面的な支えにしている。

ところが、官僚制的な支配の場合の規範は、合理的に作られ、抽象的な合法性(Legalität)の感覚に訴えるもので、技術的な訓練に基づいている。これに対して、家父長制の場合の規範は、「伝統」に、つまり過去にずっとそうであったものはずっとそうであっ

たのだから不壊であるという信仰に基づいている。

そして、規範の意味も両者では根本的に異なっている。

官僚制的支配の場合には、具体的な権力者が具体的な命令を出すためのレジティメーション〔正当化〕を生み出すのは〔法として〕制定された規範である。

〔これに対して〕家父長制的支配では、主人が設定したルールがレジティメイトであることを保障するのは、ほかでもない主人に対するパーソナルな服従である。主人が主人の権力(Herrengewalt)を持っているというその事実と限界も「規範」に由来する。ただしその規範は、〔法という形式で〕制定されていない、伝統によって神聖化された規範である。

ところで、この具体的な主人がまさに「主人」であるという事実は、服従する者の意識では、つねに他のすべてに優先する。そして、主人の権力が伝統や競合する権力によって制限されないかぎり、主人はその権力を無制限に、気ままに、とりわけルールに縛られることなく行使する。

これに対して、官僚制的な官僚の場合には、原則として次の命題が妥当する。官僚の具体的な命令が及ぶのは、官僚がそのために「ルール」によって確定された特別の「権限」を拠り所にすることができる範囲にとどまる、というのがその命題である。

官僚制的な権力の客観的な基礎は、特殊な専門知識に根拠づけられた官僚制の技術的な不可欠性である。

家の権威の場合には、太古からの自然発生的な状況が、恭順の念に基づく信仰の源泉になっている。

家に従属するすべての人にとって、自然発生的な状況というのは、特別に親密で、パーソナルで、持続的な、家での共同生活である。内外の共同体がこの共同生活に結びついている。

家に従属している女性にとっての自然発生的な状況は、男性の肉体的・精神的な力が普通は優越しているという事実である。

成長期の子どもにとってそれは、客観的に扶養を必要とするという事情である。

成年に達した子どもの場合は、習慣、その後も作用を及ぼす教育の影響、しっかりと根付いた若き日の思い出がそれである。

奉仕者〔使用人〕にとって自然発生的状況というのは、主人の権力が及ぶ範囲の外では、だれからも守ってもらえない状態にあるということである。子どもの頃から人生の事実を通じて、奉仕者は主人の権力に服するという考えを持つ。

父の権力や子の恭順は、主として現実の血縁関係を基礎にしているというわけではない。いくら血縁関係の存在が彼らにとって普通のことであっても、そうではない。

むしろ、まさに原始的な家父長制の考え方は、生殖と出産の関係が認識されたあとでも(これは決して「原始的」ではない)、家権力を徹底的に自分の財産のように扱う。つまり、妻としてでも、奴隷としてでも、ある男性の家権力に服している、すべての女性の子どもは、肉体的に父であることとは関係なく、彼が望めばすぐに「彼の」子どもとみなされる。彼の家畜が産んだものは彼の家畜とみなされるのと同様である。

子どもを、さらには妻をも、貸したり(奴隷(mancipium)にしたり)、質入れしたりすることもある。それ以外にも、他人の子どもを買ったり、自分の子どもを売ったりすることもある。こうした売買は、発展した文化でもなおよくある現象である。

これは、さまざまな家ゲマインシャフトの間で、労働力と労働のニーズをバランスよく調整するための、まさに原初的な形式である。

バビロニアの契約書にはなおも、自由な独立した人の側から「労働契約」を結ぶ形で、一時的に自分を奴隷として売り渡すというような記録が残っているほどである。

このほか、子どもの購入は、「養子縁組」の前の段階として、他の、特殊宗教的な目的(死者のための供物を確保する)にも使われている。

（1）【用語】「恭順」を参照。

［2］家長の権力、家の子どもと奴隷の子ども

もっとも、奴隷制度が正規の制度として成立し、血のつながりが現実的意味を増してくると、家の内部での社会的な分化が進んでいった。いまや子どもは、〔父の〕権力に服従するが、自由な存在[1](liberi)として、奴隷とは区別されるようになった。もちろん権力保有者の恣意に対しては、この線引きにはほとんど意味がなかった。だれを自分の子どもにすべきかを決めるのは、権力保有者自身であった。有史時代のローマ法では、権力保有者は原則として、遺言によって奴隷を相続人とし[2](liber et heres esto)、自分の子どもを奴隷として売ることができた。しかし、こうしたことがないかぎり、家の子どもは自分で家長になるチャンスを持っており、このチャンスが家の子どもと奴隷の違いであった。しかし、ほとんどの場合で、家長がこの権力を行使することは、禁止されるか制限されていた。

さらに、〔意のままに〕処分〔する〕権力(Verfügungsgewalt)に対しては、宗教的な制限が存在した。また政治権力によって、さしあたりは軍事的な利害関心のために作られた制限が存在した。このような場合には、この制限は子どもだけに適用されるか、少なくと

もより強く子どもに適用された。

しかし、この制限は非常にゆっくりと徐々に確立された。

（1）ローマ法で liberi は自由民で、servi（奴隷）と区別される。

（2）liber et heres esto は遺言で相続者を指定する際の定型句。「自由民にして相続人になれ」という意味。

〔3〕風習、伝統、恭順

一緒にいることの客観的な基礎は、どこでも、例えば〔イスラームの開祖〕ムハンマド以前のアラブでも、有史時代の多くのヘレニズムの法律の用語法[1]からしても、また一般的には途切れることなく続くほとんどの家父長制の法秩序からみても、住居、食事、飲み物、日用品を純粋に事実として長期にわたって共にすること〔ゲマインシャフトであること〕である。

家権力を持つ者は女性でもよいのか、それとも長男か、あるいは（ロシアの大家族でときおりそうであるように）経済的に最も能力のある息子がそれになるべきか。この問題は実にさまざまな仕方で処理されてきたし、多様な経済的、政治的、宗教的条件に依存していた。家権力が他律的な規定によって制限を受けているのか。そしてそれはどのような制限であったのか。あるいはローマや中国のように原則として制限はなかったのか。こうした問題も同様である。

このような他律的な制限が存在する場合の家権力は、今日ではつねにそうであるように、刑法および私法によって制裁を受けることもあれば、ローマのように宗教法によってのみ制裁を受けることもあり、あるいは原初的にはどこでもそうであったように、「風習」という事実によってのみ制裁を受けることもある。「風習」については、理由なしにこれに違反すると、それに従っている人たちの間に不満が生じ、社会的な否認を引き起こす。

これもまた有効な保護となった。

というのも、この〔家父長制的支配の〕構造にあるすべてのものは、最終的には「伝統」、つまり「永遠の昨日」が壊れずに続くことに対する信仰という一つの基本的な力によって、つねに固定されているからである。

タルムードに「風習を変えてはならない」という文章がある。[2] この文章が実際的な影響力を持つのは、内的な「態度」によって生み出される、習慣(Gewohnheit)が純粋に習慣であることによって持っている力を基礎にしてのことである。そしてこれとは別に、原初的には、不確かな魔術的な災いへの恐怖を、この文章は基礎にしている。ここで災いというのは、その利益がなんらかの形で侵食された精霊によって、革新者自身とその行いを承認する社会的ゲマインシャフトにもたらされるかもしれない災いのことである。やがてその後の神概念の発展にともなって、この災いへの恐怖は、次のような信仰によって置き換えられる。神々は古くからのものを規範として設定し、したがってそれを神聖なものとして庇護するであろう、というのがその信仰である。伝統に対する恭順と、主人その人に対する恭順が、権威の基本的な二つの要素であった。

前者のモチーフは、主人をも縛った。そしてこのモチーフの力は、形式的には法のない状態に置かれた権力に服従する者、例えば奴隷の利益にもなった。カルタゴやローマのプランテーションのように、もはやそうした制限に拘束されない、合理的な搾取の対象となった場合よりも、伝統に縛られたオリエントの家父長制の奴隷の状況のほうが、はるかに保護されていた。

（1）アリストテレス『政治学』1270a を参照。
（2）タルムードのミシュナ（VII, 1）に対する注釈（ゲマーラー）。

〔4〕名望家支配と家父長制の違い、名誉と恭順

伝統の神聖さに基づく権威は家父長制的支配だけではない。

これと並んでとくに名望家支配がある。名望家支配は普通は伝統的な権威の独立した形式である。この支配の固有の特性については、これまでもすでに機会があるごとに言及してきたし、これからも頻繁に言及することになるであろう①。

名望家支配は、サークル内での社会的名誉（「威信」）が、権威主義的な命令権力をともなった支配的地位の基礎になるところではどこにでも存在する。ただし、社会的名誉があれば、すべてが名望家支配になるわけでは決してない。

名望家支配を家父長制から区別するのは、〔名望家支配には〕パーソナルな性質を持つ、あの特殊な恭順、つまり子どもや奉仕者の恭順関係が存在しないことである。ここでの恭順関係というのは、家という団体に帰属していること、荘園領主的であったり、体僕領主②的であったり、家産制的であったりする団体に帰属していることと結びついており、またこの帰属によって動機づけられているようなそれである。

これに対して名望家に特有の権威は、まさに子どもや奉仕者の恭順ではなく、「名誉」を基礎にしている。名望家というのは、とくに資産、教養、生き方という点で隣人たちのサークルで際立っている人を指す。

もちろんいつものようにここでも、〔家父長制的支配から名望家支配への〕移行は完全に流動的であるが、私たちはこの区別を原則的に維持したいと考えている。「名望家」の権威の基礎、特質、範囲は、相互に大きく異なっている。これについては、より適切な機会に述べることにしたい。(3)

私たちにとっていま問題なのは、伝統の神聖さに基づく権威の、形式的に最も首尾一貫した構造である家父長制的支配のみである。

（1） **支［8］**、**官［56］［57］**、**家［60］［61］**などを参照。

（2）「体僕」は肉体を意味するドイツ語の Leib の訳である。荘園領主が土地の領主権を持つのに対して、体僕領主は隷従民の人身を直接的に支配する。【用語】「体僕領主」も参照。

（3） **家［53］**を参照。

［5］経済と女性、性的役割分業、インディアンのサシェム

完全に純粋な形態をとる場合には、家の支配は少なくとも法的には無制限である。それまでの家長が死亡またはその他の形でいなくなると、家の支配は新しい家長に同様に無制限に引き継がれる。例えば、新しい家長の前任者（もちろん父親のこともある）の女性の性的利用も、新しい家長はそのまま併せて獲得する。

複数の家権力の保有者が競合する権威を持って同時に並存することは、前例がないわ

けではないが、当然ながら稀である。

家権力が部分に分割されること、例えば、普通であれば上位にある権威と並んで〔家父ならぬ〕家母（Hausmutter）が独立した権威を持つ地位を持つこともある。

家母が存在するとき、家母は最も古い典型的な分業である男女という両性間の〔役割〕分業に関連していた。

女性の酋長は、例えばインディアンのサシェム(1)に存在するし、その領域で独立した権威を持つ女性の副酋長（例えば、ムワタ・ヤンボ〔王国〕のルコケスチヤ(2)）が出現することも稀ではない。こうした女性の地位は、歴史的には（かならずしもいつもというわけではないが）多くの場合で、本来の「経済」の最古の担い手として女性が果たしていた機能にまで遡ることができる。ここでの「経済」とは、土の耕作と食料の準備に基づいた不断の生計のケアのことである。あるいはこのような女性の地位は、ある種の軍事組織〔が整備されること〕によって武装能力のある男性が家庭から完全に切り離された結果でもある。

（1）サシェム（Sachem）は、アメリカ合衆国北東部に住んでいた先住民のイロコイ族の氏族の代表。白人と接触する前の一六世紀からアメリカ独立革命期まで、政治的連合であるイロコイ同盟が形成され、ここでの政治的実践は、合衆国憲法の起草にも一定の影響を与えた。

（2）ムワタ・ヤンボ王国とは、ムワタ・ヤンボという称号を持つ支配者に統治されていた、中部アフリカ（現在のコンゴ民主共和国の南部）に存在していたルンダ族の王国。ルコケスチャはこの王国の女性の最高位。

［6］オイコスと家産制的支配

私たちは以前に、家ゲマインシャフトについて論じた。[1] そのとき確認したのは、家ゲマインシャフトの素朴なコミュニズムが性の面でも経済の面でもますます大きな制限を受けていること、「内への閉鎖性〔完結性〕」がますます広まっていること、合理的な「経営」が家の資本主義的な営利ゲマインシャフトから分離して、「計算」の原理と明確な分け前の原理がますます広まっていること、女性や子どもや奴隷が個人としての、そして財産についての適正な固有の権利を獲得していること、であった。これらはすべて同じように、壊れていない〔完全な〕家権力を大いに制限する。

さらに私たちは、家の営利経済から生まれ、そこから分離しつつある資本主義的な「経営」の発展の対極として、家の一つの内部編成であるゲマインシャフト経済の形式についても学んだ。「オイコス」[2] がそれである。

ここでいまや私たちは、オイコスを基盤にして、そしてこれとともに編成された家権力を基盤にして成長してきた支配構造の形式を考察しなければならない。それは家産制的支配である。

（1） Cf. MWG I/22-1, S. 114-161.「経済と社会集団」『世界の名著』五五四～五九八頁。

（2） オイコスはギリシア語で「家」を意味する。日本語では「家政」と訳されることが多い。古代ギリシアでは政治（ポリス）と家政（オイコス）は明確に区別されていた。前者が複数の自由な市民の活動の領域であるとすれば、後者は一人の家長が支配する経済的なユニットを意味した。

[7] 家産制的支配における主人（家長）と服従する者の関係

広大な敷地内にあって、非自由民（家子も含む）が、自分の住居と自分の家族とともに区切られた土地に放置され、家畜の所有（したがって peculium）(1)と動産を供与される場合には、これはさしあたり、家ゲマインシャフトの脱中心化〔分散化〕にすぎない。しかし、まさにこの最も単純な形式のオイコスの発展が、不可避的に、完全な家権力を内的に弱体化させる。

拘束力のある契約によるゲゼルシャフト化というのは、家の主人と構成員との間では、もともと行われない。父権の法的内容を契約によって変更することは、どの文化国家でも、今日に至るまでなおも法的に不可能である。このため、主人と服従する者たちの内的・外的な関係は、この場合でも、もっぱら主人の利害関心と権力関係の内部構造によって規制される。

この依存関係自体は、恭順関係と忠誠関係のままである。

しかし、このような基礎に立脚する関係は、たとえ最初は純粋に一方的な支配であったとしても、その内側から、権力に服従する者たちによる相互性の要求を生み出し、この要求は、「事物の本性」によって、「風習」として社会的な承認を獲得するようになる。

これには理由がある。宿舎に収容された奴隷にとっては肉体的な鞭が、「自由」な労働者にとっては賃金と失業の脅威という鞭が、彼らのパフォーマンスを確実にする。購入された奴隷は交換するのに比較的安価でなければならないが(そうでなければ奴隷の使用はまったく利益にならない)、「自由」な労働者の交換は、働く意志のある他の労働者がいるかぎり、まったくコストがかからない。これに対して、家に隷従している者を分散的に利用する場合には、主人は彼らの善意による義務の履行に大幅に頼り、つねに彼らの遂行能力が維持されることに依存する。これが理由である。

したがって、主人〔家長〕も法的にではないが習俗に基づいて、服従する者たちになんらかの義務を「負う」。

すでに自身の利益のためにも、とりわけ外部からの保護と困ったときの援助、そして「人道的」な扱い、とくに彼らのパフォーマンス能力の搾取を「通例」に合わせて制限することが必要である。

金銭の獲得を目的とするのではなく、主人自身のニーズの充足を目的とする支配を基盤としている場合には、主人の利益を侵害することなしに、搾取は制限できる。なぜなら、原理的に無制限に拡大可能な、質的なニーズの発展がないところでは、主人の要求が服従する者たちの要求と異なるのは、ただ量だけだからである。

また、このような制限は、主人にとっても積極的な意味を持つ。主人の支配の安定性だけでなく、その支配の収益も、臣民の信条や気分に大きく依存しているためである。習俗によれば、服従する者は、自分に可能なあらゆる手段で、主人を助ける義務がある。

特別の場合には、この義務は経済的に無制限である。例えば、債務からの解放、娘の嫁入り支度、捕虜の解放などの場合である。戦争やフェーデ〔私闘〕の場合には、服従する者が〔主人を〕援助する義務は、個人ができる範囲で無制限である。

中世の騎士軍や古代の重装備の重装歩兵軍でそうであったように、服従する者は、小姓として、御者として、鎧持ちとして、輜重隊の人夫として従軍する。そうでなければ、服従する者は主人に仕える私的な完全装備の戦士として従軍する。

おそらくローマのクリエンテス〔被護民〕も私的な完全装備の戦士であった。彼らが据えられたのはプレカリウム(precarium)[2]、つまりいつでも撤回できる、機能的にはおそらく家人レーエン〔封土〕に似た状況であった。

すでに内戦時代の区画地小作人もそうであった。

もちろん、中世の荘園領主や修道院の隷従者も同様である。

しかし、それとまったく同じように、ファラオの軍隊や、オリエントの王や大規模な荘園領主の軍隊も、その少なくない部分が、彼らの小作農民から家産制の論理によってリクルートされ、主人の家計から装備や食料を提供された。

場合によっては、とくに船隊業務のために(その業務のためだけではないが)、奴隷が招集されることもある。古代オリエントでは、こうした奴隷に主人の所有印が押された。

このほかに隷従民は、法に従って主人のニーズと裁量に応じて、実際には慣れ親しんだ風習によって、賦役と奉仕を行い、名誉の贈与を捧げ、貢租を差し出し、援助を行う。

法によれば当然のことながら、主人は自分の判断で隷従民から財産を奪うことができた。習俗でも〔隷属民の死後に〕遺された人や物を自分の判断で好きなように処分することは、もともと自明のこととされていた。

私たちは、このような家父長制的な支配構造の特殊ケースを「家産制的」支配と呼びたい。それは、家子やその他の独立していない家隷従民に土地や、場合によっては動産を支給することによって、分散化された家権力のことである。

（1）peculium は子どもや奴隷に与えられた「財産」を意味するラテン語。もともと家畜(pecus)に由来する。

（2）プレカリウムは、法的な契約に基礎を持たず、このため随時取り消し可能な、私人間の土地貸与の形態。

［8］伝統によって断片化される家父長制、荘園領主制の成立

継続性ならびに主人の恣意の制限(さしあたりは純粋に実際上の制限)に関して、しだいに家産制的な関係に入ってくるものはどれも、さしあたりは実践が純粋に事実として行使する影響によって成立する。

その後になって、伝統が持つ「神聖化する」力が、この実践と結びつく。馴染みのないものは馴染みがないというだけで、純粋に実際上の摩擦を生み出す。この摩擦はどこにでもあり、そして非常に強い。これに加えて、家の主人がなにか新しいことを企てると、家の主人の周囲からこの新しいことへの拒否反応が出てくるし、宗教

的な諸力に対する家の主人の恐れも生じる。宗教的な諸力はいつでも、伝統と恭順関係を支える。

最後に、そしてとりわけ主人の、根拠のある恐怖心も生まれる。伝統的な義務や権利の分配に、不正と感じられるような理由のない介入をすると、伝統的な恭順の感情が強く揺らぐ。この動揺がどんなものであっても、主人自身の利益、とくに経済的な利益が深刻な報いを受けるのではないか、というのがその恐怖心である。

というのも、ここでもまた、個々の従属者に対する〔家の主人の〕全能には、従属する者の全体に対する無力が並存しているからである。

このようにして、ほとんどすべての場所で、法的には不安定ながら、事実上は非常に安定した秩序(Ordnung)が形成された。この秩序は、伝統によって拘束される領域の味方となり、主人の自由な恣意と恩恵の領域を後退させた。

主人は、工場での近代的な労働規則(Ordnung)のような仕方で、この伝統的な秩序を、宮廷規則や服務規則の形式に変えなければならないと感じる。ただし、近代的な労働規則というのは合理的な目的のために合理的に作られた構成体である。これに対して宮廷規則や服務規則は、まさに、将来の目的を尋ねるのではなく、太古の昔から存在していたものを尋ねることから、その〔規範的な〕拘束力を手に入れる。

もちろん発布された規則は、主人には法的義務を課さない。

しかし、家の隷従者に任せた自分の財産が見渡せないほどの規模であるためか、あるいは財産が広く分散している状態にあるためか、あるいは継続的な政治的・軍事的な仕事で忙殺されているためか、ともかくもこのような事情で、主人が自分の収入源になっている人たちの善意に強く依存することがある。このような場合には、発布された規則に関連して、ゲノッセンシャフト[1]〔組合〕的法形成が行われる可能性がある。このゲノッセンシャフト的な法形成は、主人その人の処分権への事実上の拘束を非常に強く発展させる。

というのも、このような規則はどれも、規則に服する人びとをたんなる利害関係のある仲間〔ゲノッセン〕から法仲間[2]〔レヒツ・ゲノッセン〕（法学的な意味であるかどうかはともかく）に変え、こうして自分たちの利害の共通性についての知識を深め、それによって自分たちの利害を守ろうとする傾向と能力を高めるからである。そしてこうした規則の結果として、いまや服従する人たちの全体が最初はたまに、その後は定期的に、一塊のユニットになって主人に立ち向かうようになるからである。

とくにハドリアヌス帝[3]の時代に皇帝領に発布された「法」(leges)（これは「法令」であって「法律」ではない）の帰結がこれであり、中世の「荘園法」(Hofrechte)の帰結も同じであった。

首尾一貫して発展すると、荘園に服従するメンバーが参加する「荘園裁判所」の「判告」[4]〔ヴァイストゥーム〕が、規則についての真正の解釈の源となる。いまや一種の「憲法」(Konstitution)が存在する。ただし、近代的な意味での憲法は、社会関係を目的に合わせて規制するために、たえず新しい法律を作り、官僚制と議会の間で権力を配分することに貢献する。これに対して判告は、伝統を伝統として解釈することに貢献する。

このような局地的にのみ実現された発展だけでなく、伝統によって家産制的関係を型に嵌めて固定化する初期段階がすでに、純粋な家父長制を粉々に断片化することを意味した。

厳格に伝統に縛られた特殊な支配の構成体である荘園領主制が成立する。荘園領主制は、主人〔領主〕と農奴を、一方的に解消できない、強固な紐帯によって相互に結びつける。

世界中に普及している、この根本的に重要な制度〔荘園領主制〕の運命については、ここではこれ以上追求しない。

(1) ゲノッセンシャフト(Genossenschaft)は、対等な立場の一般の構成員〔仲間〕の合意によって形成される組合、ないし協同体のこと。【用語】「ゲノッセンシャフト」も参照。

（2）法仲間については**家【28】**を参照。

（3）ハドリアヌス(Publius Aelius Hadrianus, 76–138)は古代ローマ皇帝(在位期間は一一七〜一三八年)。五賢帝の一人。辺境防衛に努め、官僚制と軍制を整えた。

（4）ヴァイストゥームについては**支【8】**を参照。

【9】家産制支配の権力範囲

家産制的な支配関係は、政治的構成体の基礎として、尋常ではないほどの広がりを持っている。

後述するように、[1] エジプトは、実質的にはほとんど単一の、途方もない、家産制の論理で統治されている、ファラオのオイコスのようにみえる。エジプトの行政はつねにオイコス経済の特徴を保持していた。この国は基本的に、ローマ人によって広大な皇帝領のように扱われた。ましてやインカ国家や、とくにパラグアイのイエズス会[2]の国家に至っては、際立った領主直営地的な構成体であった。

君主[3]［フュルスト］(Fürst)の領地は荘園制という形式で直接的に管理されていた。しかし、この君主の領地は通常では、その政治的な権力範囲の一部を形成しているにすぎない。君主の政治的な権力範囲は、このほかにも、君主の直轄地(Domäne)とは直接的にはみなされておらず、たんに政治的にその人によって支配されているにすぎない他の地域をも含む。

それでも、オリエントのスルタン[4]、中世の諸侯(Fürst)、極東の支配者たちの現実の政治権力も、やはりこれらの家産制の論理で管理された大規模な直轄地を核として結集していた。

これらのケースでは、全体としての政治的構成体は、実質的には、君主の巨大な荘園とほぼ同じである。

(1) **家【53】**を参照。
(2) 一七世紀の初頭、キリスト教の布教のためにイエズス会の宣教師が南米に派遣された。彼らは大規模な先住民教化集落(レドゥクシオン)を設立した。ラ・サンティシマ・トリニダード・デ・パラナとヘスース・デ・タバランゲのイエズス会伝道施設群は、一九九三年に世界遺産に登録されている。
(3) **【用語】**「フュルスト」を参照。
(4) **【用語】**「スルタン制」を参照。

［10］直轄地

とくにカロリング朝時代の規定[1]と、それに次いでローマ皇帝領の、現在もまだ存続している規則[2]が、これらの領地の行政を鮮明に伝えている。中近東やヘレニズムの支配構成体の直轄地が壮大なスケールで含んでいたのは、住民が君主の農奴または個人的な隷従者とみなされ、直轄地の様式で君主の家計で管理される地域であった。

（1）カール大帝（Karl der Große, 747/748-814）が発布した「御料地令」（Capitulare de villis）のこと。

（2）ハドリアヌス帝が発布した Lex Hadriana のこと。**家［8］**も参照。

［11］家産制国家的構成体の定義

君主の政治権力というのは、領域に限定されず、支配される人たちに対して物理的強制力を行使する支配である。君主がこうした支配を家産制の外部の領域や人、つまり政治的臣民にも、自分の家権力の行使と同じ仕方で組織するとき、私たちはこれを家産制国家的構成体と呼ぶ。

大陸の大国家の大半は、近代の入り口まで、そして近代になってもなお、かなり強く家産制的性格を持っていた。

[12] 政治的支配と家産制的支配の区別とその消失

もともと家産制的行政は、主人の純粋にパーソナルな、とりわけ私的な家計のニーズに合わせて作られている。

「政治的」支配とは、ある家の主人が家権力に従わない他の家の主人を支配することである。政治的支配を獲得するというのは、さまざまな支配関係を家権力に組み込むことを意味する。ただし、社会学的にいえば、さまざまな支配関係とはいっても程度と内容だけのことであり、構造のことではない。

政治権力の内容がどうなるかは、とてもさまざまな条件によって決定される。

私たちの観念では、特殊な二つの政治権力がある。軍事高権と裁判権力がそれである。主人はこの二つの権力を家権力の一部として、家産制において自分に従属している人びとに対して、まったく制限なしに行使する。

これに対して、家に従属していない者に対する首長の「裁判権力」は、農民の村落経済の時代であればいつでも、本質的には仲裁裁判的な地位でしかなかった。強制手段を用いる、独断的な権威が欠如している点に、この領域における「たんなる」政治的支配と家の支配との最も認識しやすい違いがある。

しかし、権力ポジションが強化されるにつれて、裁判領主(Gerichtsherr)は、「禁令」権力を簒奪することによって、ますますはっきりとした主人の地位を目指し、原理的に無制限の権力を持つ家裁判権力と、実際的にみて、しばしば完全に対等の地位を獲得するに至る。

家に従属しない者に対する、あるいは(氏族〔ジッペ〕のフェーデ〔私闘〕の場合は)氏族のメンバーに対する、特別な政治的「軍事高権」は、初期には、略奪行為のために、そしてそのような略奪に対する防御のために、アドホックな〔臨時の〕ゲゼルシャフト化という形でしか存在しなかった。やがてある一人のリーダー〔導く人〕がこのために特別に選出されるか立ち上がるかして、普通はそのリーダーに服従する形になる。このようなリーダーの支配権力の構造については、私たちは後に論じる[1]。

政治的な家産制君主の軍事高権が長期化すると、そのとき軍事高権も同じように、政治的に支配される者に対する召集権になる。この召集権が家産制的な従軍義務と異なるのは程度の差だけである。

ところで、家産制の論理によって管理されている政治的構成体も、とりわけ政治的主人に対する純粋に物質的な供給を、この主人から支配される者の最も重要な義務と心得ていた。家産制的な支配も同様であり、それとの違いは程度の差でしかない。

さしあたりは、断続的に行われる政治的な「臨時の行為」に対応して、この供給は特別な場合の名誉の贈り物や援助という形で行われた。

しかし、政治的な主人の権力が継続的かつ合理的になるにつれて、範囲はますます包括的になり、家産制的な義務にますます同質化していく。このため中世では、政治権力から生じる義務と家産制的権力から生じる義務を区別することは、しばしば非常に難しかった。

自然経済〔現物経済〕に依存する古代、アジア、中世の領域国家であればどこでも、こうした主人への供給は、古典的な形式で次のように行われた。主人と宮廷が必要とする食事、衣服、鎧、その他のニーズは、現物を提供する形で、支配領域の個々の部門に割り当てられ、宮廷はそのときそのときに滞在しているところで、臣民によって扶養されなければならなかった。供給はこのような具合であった。

現物提供と現物貢租を基本とした共通経済が、家産制的な政治的構成体のニーズを充足する主要な形式である。

私たちに伝えられているペルシアとヘレニズムの相違は、経済的な作用をよく物語っている。ペルシアの宮廷の維持は、国王が居住する都市にとって重い負担になったが、貨幣経済の性質を有していたヘレニズムの宮廷の維持は都市にとって収入源となった。

　商業と貨幣経済の発展にともない、家産制的な支配者による、すでに述べてきたようなオイコス的なニーズの充足から、営利経済の独占主義が生まれてくることがある。最も規模が大きかったのはエジプトであった。すでに初期の自然経済時代のファラオは独自の商売を営んでいた。ところが、プトレマイオス時代〔前三〇四〜前三〇年〕、さらにはローマの支配〔前三〇〜三九五年〕になると、貨幣による無数の税に加えて、実にさまざまな独占のシステムが導入された。自然経済が優勢であった時代の古いライトゥルギー②〔公的奉仕義務〕によるニーズ充足に、このシステムが取って代わった。

　というのも、財政の合理化にともなって、家産制は気づかぬうちに、整然とした貨幣税制度を備えた、合理的な官僚制的行政の経路に入っていったからである。

　「自由」であることのかつての標識は、もっぱら家産制的関係から導き出される定期的な貢租義務がなく、支配者に対するパフォーマンスが自発的な性格を持っていることであった。ところが、主人の権力が完全に発展をとげると、主人の家産制的な権力に服従していない、つまり「自由」な臣民も、主人のフェーデ〔私闘〕や相応の体裁を保つコストを賄うのに、ライトゥルギーないし納税のようなパフォーマンスで貢献しなければならなくなる。

こうなると〔自由と非自由という〕この二つのカテゴリーの違いは、「自由」な臣民、つまりただ政治的な臣民についてはしばしば、すでに述べたパフォーマンスがより少なく、より固定的に限定されるとともに、若干の法的保障が与えられるというだけになる。

（1）**カ【6】**を参照。
（2）**【用語】**「ライトゥルギー」を参照。

【13】君主と軍隊

家産制の外の、つまり政治的に支配されている人びとに、君主(Fürst)はどのようなパフォーマンスを要求できるのか。要求の程度は、彼らに対する君主の権力、つまり君主の地位の威信と君主の装置のパフォーマンス能力によるが、しかしつねに大幅に伝統に拘束されている。

有利な状況下でしか、君主は通常とは異なる、新規のパフォーマンスを要求できない。有利な状況というのはとりわけ、臣民の善意を当てにしないで、君主が意のままにできる軍隊が君主の側についている場合である。

【14】 小作人、手の離せなさ、軍事力としての不適格性

このような〔君主が意のままにできる〕軍隊は **1** 家産制下で支配されている奴隷、現物給付を受ける者、小作人から構成される。

実際に、すでにファラオやメソポタミア王だけでなく、同じく古代の私的で、大規模な家産制的な主人(ローマの貴族)や中世の私的で、大規模な家産制的な主人①(seniores)も、小作人を個人の軍隊として利用していた。そしてオリエントでは、所有のマークを押された体僕奴隷も〔主人の〕個人的な部隊として利用されていた。

しかし、少なくとも土地に定住して農耕に従事する小作人は、いつも使える軍事力としては、すでに次の理由からして適していなかった。小作人は自分と主人を経済的に支えなければならないため、したがって普通は手が離せないからである。また、彼らの忠誠心は伝統にのみ縛られている。過剰な要求、つまり伝統を超える要求は、こうした忠誠心を揺るがしかねないからである。

したがって、家産制君主②(Patrimonialfürst)はしばしば、政治的臣民に対する自分の権力を、特別にそのために作られた、自分と完全に一致した利害関心を持つ部隊によって支えようとした。

(1) seniores はラテン語 senior の複数形。もともとは年長者、長老の意味ではあるが、ウェ

ーバーは軍隊やレーエン（封土）の主人という意味でこの語を用いている。

（2）【用語】「フェルスト」を参照。

【15】奴隷部隊

軍隊は[2]土地の耕作から完全に切り離された奴隷部隊の可能性もあった。

偉大な征服を担ったのは、部族ごとに分けられたアラブの神政政治的な召集軍の略奪欲と宗教的熱狂であった。この軍隊が八三三年に最終的に解散してから、カリフ帝国とオリエントにおけるカリフ帝国が分裂してできた体制のほとんどは、実際に何世紀にもわたって購入された奴隷軍に依存した。

アッバース朝[1]はトルコ人奴隷を購入して軍事的に訓練した。トルコ人奴隷は種族が異なり、主人の支配にその存在全体が結びついているように思われた。トルコ人奴隷は民族軍とは独立しており、そして平和時にはゆるむ民族軍の規律とも無関係であった。このようにしてアッバース朝は自分たちのための規律ある軍隊を作り上げた。

〔アラビア半島北西部の〕ヒジャーズの有力なファミリー、とくに都市メッカをめぐって互いに戦った門閥は、購入してきた黒人から編制される奴隷部隊を有していた。これがどのくらい古いのかは定かではない。

これに対して確実だと思われるのは、この黒人兵士が、ここ、つまりメッカで、兵士の部隊や兵士として存在した解放奴隷とは対照的に、全人格的に主人とそのファミリーに結びついた軍隊として働くことを目的とし、実際にその目的を果たしたということである。その一方で、これとは異なるカテゴリーの軍隊は、その都度〔主人を護衛する〕近衛兵の役割を果たしたり、主人を取り替えたり、複数の王位要求者を天秤にかけたりした。

互いに競合するファミリーにあって、黒人部隊の数は収入の多さに依存し、直接的には所有する土地の広さに、間接的には巡礼者からの搾取に関与しているかどうかに左右された。巡礼者からの搾取は貨幣の収入源であり、メッカに居住する門閥によって独占され、彼らのなかで配分された。

これに対して、アッバース朝のトルコ人奴隷と、エジプトの購入奴隷部隊であるマムルーク[2]の使い方はまったく異なっていた。

これらの部隊の将校は、名目上の支配者から支配権を簒奪することに成功した。これらの部隊は、とくにエジプトでは公式的には奴隷部隊のままであり、身分の相続に加えて購入によって補われていたが、実質的に、そしてついには法的にも、プフリュンデ〔俸禄〕保有者になった。最初は給料の質権者、やがては荘園領主としてそうなった。最終的にすべての土地が彼らに与えられた。ムハンマド・アリー[3]の虐殺で殲滅させられるまで、彼らの軍司令官[4](Emir)は全行政を支配した。

購入奴隷軍が成り立つ前提は、購入のために君主が多額の現金資本を持っていることであった。さらに購入奴隷軍のやる気は、給料の支払い、つまり君主の貨幣収入に依存していた。

これに対して、セルジューク[5]やマムルークの部隊がたどった発展、つまり土地や臣民からの税収に頼ること、そして最終的にこれらの土地が兵役用地として部隊に移され、この部隊が荘園領主になること、以上のことは、経済の封建化を促進する手助けとなった。

課税権を与えられた軍隊の恣意に直面して、納税者である住民は法的に並外れて不安定であった。こうした事情は、取引を、ひいては貨幣経済を妨げることがありえたし、実際に、セルジューク時代以降のオリエントの交換経済の衰退や停滞は、相当な程度においてこのような事情によって引き起こされた。

(1) アッバース朝(七五〇〜一二五八年)は、ウマイヤ朝を倒して成立したイスラーム帝国。第五代ハールーン・ラシードの時代にイスラーム文化の黄金時代を迎えた。一〇世紀以降は地方分権化が進み、モンゴル軍によって滅ぼされた。

（2）マムルークはトルコ人などの白人奴隷兵を指す。もともとはアラビア語で「所有された者」。
（3）ムハンマド・アリー(Muhammad 'Ali, 1769–1849)は、エジプト、ムハンマド・アリー朝の創設者。アルバニア系といわれる。オスマン帝国から、傭兵隊将校としてエジプトに派遣され、その後、エジプト総督に任命された。
（4）ドイツ語の Emir はアラビア語で司令官を意味する amir の訳語。この語は軍司令官を意味したが、今日では「首長」という意味で用いられる。英語の emirate は首長の身分・権限を意味し、アラブ首長国連邦(UAE; United Arab Emirates)でもこれが用いられている。ドバイを本拠地とする「エミレーツ航空」の名称もここに由来する。
（5）セルジュークは族長の名前。セルジューク朝（一〇三八～一一九四年）は、彼の孫トゥグリル・ベクによって建国されたトルコ系の王朝。

[16] イェニチェリ

3 オスマン帝国①の支配者を支えていたのは、一四世紀に入るまで、基本的にアナトリア②軍だけであった。しかしアナトリア軍の規律と同じく、トルクメン人③の傭兵の規律も、大規模なヨーロッパ征服を行うには十分でなかった。このため一四世紀には（最初は一三三〇年）、新たに編制された職業軍団「イェニチェリ」(jeni cheri は新しい兵士の意味)のために、異種族で、異信仰の征服した民族(ブルガリア人、ベドウィン[4]、アルバニア人、ギリシア人)から少年徴集(デヴシルメ)を行うという有名な方式に切り替えられた。

一〇歳から一五歳の少年たちが、五年ごとに、最初は千人単位で、その後はしだいに人数を増やしながら(目標戦力は最後には一三万五千人)、約五年間にわたって訓練と信仰教育を受け(ただし、信仰を直接強制することはなかった)、そのうえで部隊に配備された。

イェニチェリは、本来のルールでは、創始者を守護聖人とするベクターシュ教団[5]の庇護のもと、独身で禁欲的な生活を送り、兵舎で生活し、商業には関与しないことになっていた。彼らが服するのは自分たちの将校の裁判権だけで、その他の点でも大きな特権が与えられ、在職年数による将校への昇進、老齢年金があり、自前で武装して応召すれば戦時には日当で報酬が支払われた。ただ、これに対して平時には、彼らは共同で管理された一定の収入に頼らなければならなかった。

大きな特権はこのポストを魅力的にした。トルコ人も自分の子どもを加入させようとした。

他方でイェニチェリはこのポストを自分の家族のために独占しようとした。

その結果として、加入できるのは、最初はイェニチェリの親族に限定され、その後は彼らの子どもに限定されるようになり、一七世紀末にはデヴシルメ〔少年徴集〕は事実上なくなった（最後の〔徴集〕命令は一七〇三年であったが、これは実施されなかった）。

イェニチェリの部隊は、コンスタンティノープル征服〔一四五三年〕からウィーン包囲〔一五二九年〕まで、ヨーロッパへの大規模な拡張の、最も重要な担い手であった。しかし、このような冷酷な暴力を振るう部隊は、スルタン自身にとってもしばしば危険であった。このため一八二五年には、信仰者が軍務を学ぶべきだ、というシェイク・ウル・イスラーム[6]の公式の判断〔ファトワー〕に基づいて、ムスリムの中から召集される部隊が設立され、反乱を起こしたイェニチェリは凄まじい殺戮で根絶された。

（1）オスマン帝国は、一二九九年に、オスマン一世によって建国されたトルコ系イスラーム国家。アッバース朝（七五〇〜一二五八年）滅亡後のイスラーム世界を支配した。

（2）アナトリアは、地中海と黒海の間に位置する半島を指す古代地方名。「小アジア」とも呼ばれる。現在ではトルコ共和国のアジア側の部分にあたる。

（3）トルクメン人は、中央アジアに位置するトルクメニスタンおよびその近隣国に居住。

（4）ベドウィンは、砂漠を中心にラクダで遊牧生活を営むアラブの遊牧民。

（5）ベクターシュ教団は、トルコの神秘主義教団。開祖はハーッジー・ベクターシュ。一五世紀後半から、イェニチェリ軍団と結びついた。

（6）シェイク・ウル・イスラームは、イスラーム法の権威であるムフティーの最高ランクの者。

[17] 傭兵

4 傭兵の利用。

たしかに、傭兵の利用はそれ自体では、貨幣による給料の形式に必然的に結びついているわけではない。

古代の初期には、自然経済〔現物経済〕の報酬が圧倒的なところでも、傭兵が存在した。しかしそれでも、魅力的であったのは、いつも給料の一定部分が貴金属で支払われていたことであった。

そのために君主は、購入奴隷軍の場合に、これを購入するための財宝を意のままにできなければならなかったのと同じで、傭兵の場合も、貨幣収入という形で経常的な経営手段を意のままにできなければならなかった。独自の取引か販売のための生産を行うか、あるいは傭兵を頼りにして臣民に貨幣による貢租を課して、これで傭兵に給料を払うか、君主はそのいずれかによってこの必要を満たした。

どちらの場合も、とくに後者の場合には、貨幣経済が成立していなければならなかった。

オリエントでも、そして近代に入ってからは西洋でも、私たちが目にするのは、貨幣経済の発展にともなって、傭兵に依拠した専制君主の軍事王政が成立するチャンスが大幅に高まる、という特徴的な現象である。

それ以来、オリエントでは、この軍事王政がまさに国民的な支配形式であり続けた。西洋では、イタリアの都市のシニョーレ(1)が、古代の僭主や、大部分の「レジティメイト」な君主と同様に、彼らの権力ポジションを傭兵部隊に頼った。

傭兵部隊が完全に異質な種族として臣民と対峙し、このため臣民との間に相互関係を求めることも、相互関係を獲得することもできない場合には、当然のことながら、傭兵部隊は利害関心の連帯(Interessensolidarität)によって君主の支配と最も密接に結びついた。実際、ダヴィデ王のクレティとプレティ(2)(クレタ島人とペリシテ人)からブルボン家のスイス人に至るまで、家産制君主はやはりかならずといってよいほど外国人を好んでボディーガードに勧誘して採用した。

過激な「専制主義」のほとんどすべては、このような土台の上に成立していた。

(1) シニョーレ(signore)はドイツ語の Herr (主人)に対応するイタリア語。ただし、ここでは歴史的に限定的な意味で用いられている。中世イタリアのコムーネ(都市国家)は、一三世紀になると、党派対立、都市間の抗争によって不安定な状態に陥った。こうした危機を克服するために、コムーネの全権を掌握した権力者が「シニョーレ」と呼ばれた。シニョリーア制とはこのような体制のことである。

（2）旧約聖書『サムエル記下』八・一八、一五・一八、二〇・七、二〇・二三。

〔18〕割当地保有兵

あるいは**5**家産制君主が頼りにするのは、荘民とまったく同様に、割当地を貸与されているが、経済的な奉仕の代わりに軍事的な奉仕のみを果たす必要があり、それ以外には経済的あるいはその他の種類の特権を享受していた人たちである。

古代オリエントの君主の軍隊は、一部はこのような性格を持っていた。とりわけエジプトのいわゆる戦士カースト、メソポタミアの受封戦士、ヘレニズムのクレーロス[1]〔割当地〕保有兵、そして近代ではコサック騎兵などである。

このようにしてパーソナルな軍事力を調達する手段は、もちろん君主以外の、他の家産制的主人にも開かれており、実際に彼らによっても利用されていた。これについては、このあとで封建制の「平民的」変種について論じる際に言及する。[2]

このような軍隊がとくに信頼されて利用されたのは、種族が異なるために周囲と対立しており、したがって全存在で君主の支配と結合している場合であった。このため土地をわざわざ異国人に貸すこともしばしばであった。しかし、種族が異なることが絶対に必要というわけでもなかった。

(1) クレーロスは古代ギリシアのポリスで、戦闘能力のある市民に割当てられた、世襲の土地を指す。【用語】「クレーロス」も参照。

(2) **封[1][5]**を参照。

[19] 徴兵された軍隊

というのも、**6** 職業戦士として、つまり「兵士」として君主に仕える階層が君主と分かち合う利害関心の連帯は、種族を異にするという条件がなくても十分に強く、イェニチェリの場合のように部隊の選別方法によって、あるいは臣民に比べて特権的な法的地位を付与することによって、相当に高めることができたからである。

家産制君主が自らの軍隊を種族の異なる者やパーリア〔賤民〕カーストからではなく、臣民から、つまり「徴兵」によってリクルートする場合には、君主は社会的性格による相当に一般的な特定の原則に従った。

社会的・経済的な権力を握る財産を有している階層は、ほとんど例外なく、「常備軍」

への徴兵を免除されるか、あるいはカネを払って常備軍から解放される可能性が与えられ、これによってカネを払って解放されるインセンティブが与えられた。そしてしばしばそのようにした。

このかぎりで、家産制君主は軍事力を、財産を持たない、あるいは少なくとも非特権階級である農村の大衆に依拠することが多かった。

このようにして家産制君主は、支配権をめぐって競争する潜在的な可能性があるライバルを武装解除した。これとは反対に、名望家の軍隊はしばしば、それが都市市民の軍隊であれ、完全な自由民から構成された種族団体の軍隊であれ、武器を持つ義務、ひいては武器を持つ名誉を支配階層の特権とした。

マイナスの特権を持つ者、とくに経済的にマイナスの特権階層からのこのような選別には、軍事技術の発展と結びつきつつ、経済的事情が基礎として存在することがよくあった。

一方では、経済的営利の集約性が増大し、合理化が進むことで、人びとは経済的にますます手が離せなくなる。他方では、軍事訓練の重要性が増大することで、戦争活動がますます継続的な「職業」へと転換する。以上がその経済的事情であった。

一定の経済的・社会的条件のもとでは、この二つの事情から、訓練された戦士が名望家身分に発展することもあった。中世の封建的な軍隊や、スパルタの重装歩兵軍が、こうした現象であった。

どちらの場合も最終的には、農民が経済的事情で手が離せないことと、支配階層の戦闘訓練に対応するような種類の戦争技術〔が必要であったこと〕が理由になった。

しかし、家産制君主の軍隊はこれとは逆に、次の前提を基礎にしていた。例えば古代・中世都市の商業・産業の市民層のように、財産を有する階層がそのような境遇にあっても、経済的事情で手が離せなかったか、あるいは〔しだいに忙しくなって〕手が離せない存在になったということ、そしてこの手の離せなさが、軍事技術や常備軍を必要とする主人の政治的ニーズと結びついて、機会があれば臨時に出陣するというのではなく、常勤の「兵士」の徴募を必要にした、という事情である。

したがって、私たちがみるところ、家父長制と軍事君主制の出現は、純粋に政治的な事情の帰結というだけではない。（例えば、ローマ帝国のように）支配地域が拡大し、その結果として継続的な国境防備の必要性が増大した、という政治的事情は存在した。しかし、家父長制と軍事君主制の出現は、むしろ経済的な変化の結果でもあることが非常に多かった。経済的な変化というのは、ますます進む経済の合理化である。この合理化は、「軍人」と「民間人」という臣民の間の仕事内容による専門分化と区別とも結びついていた。古代末期と近代の家産制国家で同じように特色になっていたのが、この専門分化と区別である。

ところがその後、規律正しく訓練された継続的な団体（「部隊」）に集結され、編制された常備軍では、経済的・社会的な特権層によって独占的に占有されるように幹部官僚の地位が用意された。このような形で家産制君主は特権層を家産制君主の利益に引き込むことが多かった。いまやこの上層の軍人の地位は、官僚制的な官僚と同じように、社会的・経済的なチャンスのある、特殊な「職業」〔ベルーフ〕になる。

彼らは〔経済的に自立していて、自らの意志で戦う〕名望家戦士ではなく、職業的「将校」のキャリア・コースに組み込まれ、身分的な特権を与えられる。

〔20〕家産制的な軍隊の経済的基礎

君主の軍隊はどの程度まで「家産制的」な性格を持っているのか。つまり、君主の軍隊はどの程度まで、純粋にパーソナルな軍隊であり、したがって政治的に支配されている自分と同じ種族の仲間を敵に回しても、君主の意のままになるのか。結局、この問いについての決定的な規定根拠は、なによりも純粋に経済的な事情にある。経済的事情というのは、君主の備蓄と収入から軍隊の装備や給食を準備することである。

こうした事情が完全であればあるほど、それだけ軍隊は無条件に君主の手中に収まる。この場合に軍隊は君主なしではなにもできず、軍事的存在のすべてを君主と君主の非軍事的な官僚装置に依存する。この際にもちろんであるが、このような純粋な家産制的軍隊と、自前で装備を整え、自給することを基礎とする軍隊の形式との間には多くの過渡的な形式があった。

後述するように(1)、例えば土地の貸与は、装備や生計の負担を主人から兵士自身に肩代わりさせる一つの形式であった。これはある状況下では、主人の〔意のままに〕処分〔する〕権力を感知できるほど明確に弱めることにもなった。

（1）**封[2]**を参照。

[21] スルタン制とその脆弱さ

ところで、そうはいっても、家産制君主の政治的支配権力がもっぱら君主の家産制的な軍事力の恐怖にのみ基づいているという例は、ほとんどどこにも存在しない。まさに家産制的軍事力への恐怖を基礎にした支配が最も当てはまるところで、事実上これが意味したのは、君主も、まさに君主こそが、この軍隊に非常に依存するようになったということであった(1)。主人の死、不幸な戦争、その他の類似の場合にあって、兵士は単純にいなくなることもあり、直接的にストライキを起こすこともある。彼らは王朝を擁立することもあれば、崩壊させることもある。君主は謝礼金やより高額の報酬の約束によって、兵士をたえず、新たに獲得しなければならず、また兵士に背かれることもあった。このようなことは、ローマ帝国のセウェルス朝(2)のミリタリズムの結果として生じたし、オリエントのスルタン制ではよくある現象であった。

家産制君主の権力は突然崩壊したり、同じように突然新たに成立したりする。このような支配団体の極度の不安定は、以上の結果である。

家産制的軍隊の典型的な地域であり、同時に「スルタン制」の典型的な場でもあった近東オリエントの支配者の運命は、最も高いレベルで、このようなものであった。

（1）有機体的な思考に批判的だったこともあり、ウェーバーがヘーゲルに言及することはほとんどなかった。しかしこの箇所についてはヘーゲル『精神現象学』の自己意識の章に出てくる「主人と奴隷の弁証法」と関連づけて理解してもよいかもしれない。

（2）セウェルス朝は、ローマ皇帝を輩出したセウェルス家の支配を指す。一九三年のセプティミウス・セウェルス帝から二三五年のセウェルス・アレクサンデル帝の殺害まで。セウェルス朝は、軍隊および特権を与えられた兵士を基礎にしていた。

【22】 諒解ゲマインシャフトと政治的臣民

しかし通例では、政治的な家産制君主が支配される側の人たちと結びついているのは、諒解ゲマインシャフト[1]によってである。諒解ゲマインシャフトは自立的な〔家産制君主が自前で保持している〕家産制的軍事力からも独立して存在している。諒解ゲマインシャフトが基礎にしているのは、伝統的に行使されてきた主人の権力はレジティメイトな主人の権利(Recht)である、という信仰である。

家産制君主に、このような意味で「レジティメイト」に支配されている人びとを、ここでは「政治的臣民」(politischer Untertan)と呼ぶ。

政治的臣民は、政治的目的での納税や奉仕の義務を負う。この点で、政治的臣民の地位は、自由な裁判・軍隊仲間〔ゲノッセン〕の地位とは区別される。

政治的臣民はまた、とりあえず少なくとも原理的には移動の自由を持っており、これによって、家産制的な体僕領主[2]の隷属民とは区別される。政治的臣民はこの移動の自由を、自由な、したがって体僕領主には従属せず、荘園領主にだけ従属する従属民と共有している。

政治的臣民の奉仕と納税は原則として伝統に準拠している。つまり奉仕と納税の算定は固定されている。これは荘民の場合とまったく同じである。さらにこの点によっても、政治的臣民は、家産制的な体僕領主の隷属民とは区別される。

次の〔二つの〕点によっても、政治的臣民は体僕領主的隷属民と荘園領主的隷属民の双方から区別される。〔一点目として〕政治的臣民は、現行の規則が許す範囲で、自由に自分の財産を処分することができる。しかも自由な荘民とは対照的に、政治的臣民は財産としての土地も含めて自由に処分できる。〔二点目として〕政治的臣民は、一般のルールに準拠して相続することができ、主人の同意なしに結婚することができ、またフェーデ〔私闘〕による自助に訴えない場合には、荘園領主や家役人のところではなく、さまざまな裁判所の一つで裁判を要求する(フェーデについては、一般的なラント平和令(3)がフェーデを禁止していないかぎり、政治的臣民はフェーデによって自らを救済する権利を有するとされていた)。

というのも、政治的臣民は、原則として自ら武装する権利を持っていたからである。そして彼らはこれとともに武装の義務を負っていた。

しかしここで、武装義務は君主の召集に応える義務となる。

最初はレーエン〔封土〕的な軍隊が、そして後には傭兵軍が圧倒的に重要であったにもかかわらず、イギリス王は政治的臣民に対して、財産に応じて段階的に、自分の武器を所有する義務と装備を整える義務を強く求めた。

また、一六世紀に蜂起したドイツの農民たちの場合〔ドイツ農民戦争〕も、伝統的に引き継がれてきた、自前での武器所有が依然として一定の役割を果たした。しかし、たんなる政治的臣民にすぎない「民兵」は、原則として伝統的な目的、つまり土地の防衛力としてのみ利用され、家産制君主の任意のフェーデには用いられなかった。

職業的または家産制的である君主の軍隊も、形式的には傭兵軍であっても、実際のところ臣民からリクルートされていれば、実質的には民兵の性格を持つことがあった。他方で、臣民の民兵軍も場合によっては職業的軍隊に近くなることもあった。

百年戦争〔一三三七～一四五三年〕の戦闘では、騎士だけでなく、イギリスの自由農民のヨーマンリーも激しく戦った。多くの家産制君主の軍隊は、家産制的軍隊と召集軍の中間的な位置を占めていた。

しかし、そのような戦闘力がますます召集軍になるほど、そしてそれが家産制に特有の性格を持つ、君主の自前の軍隊でなくなればなくなるほど、君主は軍隊の利用方法をより強固に制限され、なによりも間接的に、君主は臣民に対する政治力の点で伝統に縛られるようになる。そして伝統に抵触する場合には、召集軍はかならずしも君主を助けない、ということにもなる。

したがって、イギリスの民兵が王の家産制的な軍隊とはいくぶん異なり、むしろ自由民の武装権を基礎にしていたということは、歴史的に決してどうでもよいことではなかった。

民兵のかなりの部分が、スチュアート朝の伝統に違反する課税要求に反対する大革命の軍事的担い手であった。チャールズ一世[4]と勝利した議会との交渉は最終的に、この民兵の支配権をめぐるものであり、この点で妥協は難しかった。

（1）諒解(Einverständnis)については【用語】「諒解」を参照。

（2）体僕領主については家【4】も参照。

（3）中世ドイツでは一二世紀以後、皇帝、諸侯によって帝国や領邦の治安のために、数度にわたりラント平和令(Landfriede)が公布された。最後の平和令はマクシミリアン一世(Maximilian I, 1459-1519)の永久平和令(一四九五年)で、これによってフェーデ(私闘)が全面的かつ永久的に禁止された。

（4）チャールズ一世(Charles I, 1600–1649)はスチュアート朝の国王。一六四〇年に彼が召集した長期議会はピューリタン革命の主要な舞台となった。この内乱で敗北し、チャールズ一世は処刑された。

[23]　臣民の義務

臣民の納税義務や賦役義務は、政治的支配によって規定される。このような臣民の義務は、荘園領主や体僕領主の義務とは対照的に、量の点で通常は伝統によってより明確かつ強く制限されていた。それればかりでなく、臣民の義務は法的にも荘園領主や体僕領主の義務とは区別されていた。

例えばイングランドでは、**1** 要塞の建設、**2** 道路や橋の建設、**3** 軍役の負担という「三つの結び目の義務」(trinoda necessitas)が、隷従民ではなく、自由民自身の財産に重くのしかかっていた。

南ドイツと西ドイツでは、一八世紀になっても裁判領主によって命じられた賦役は、体僕支配から生じる義務とは区別されていた。そこでは、体僕支配がレンテ請求権に変わって以後は、裁判領主によって命じられた賦役が唯一存在するパーソナルな賦役義務であった。

しかし、自由民の負担は伝統によって規定されていた。これはどこでもそうであった。伝統に反する租税は、主人が特別な命令を出すことによって課された。臣民はこの命令に服したが、主人との特別な協定があることもあれば、ないこともあった。このような租税は、しばしば不当なカネ(Ungeld)や悪しき徴収(Malatolta)といった名称に、その由来が本来であれば普通ではないことの印をとどめている。

しかし、当然のことながら、家産制的支配は、家産制の外の政治的臣民を、家産制の臣民と同様に、主人の権力に無制限に服従させる傾向があり、家産制およびその他すべての支配関係と同じく、家権力および家産に属する主人の個人的な所有物として政治的臣民を扱う傾向がある。

これがどこまで成功したかは、全体としては、力関係(Machtlage)の問題であった。そして自らの軍事力だけでなく、後述するように、(1)なによりも特定の宗教的影響力の性質と力の問題でもあった。

この点で極端なケース(Grenzfall)となったのは、エジプト新王国であり、またプトレマイオス王国であった。ここでは王の小作人と自由な土地所有者の区別、王の領地とその他の土地の違いは、実際のところほとんど消滅していた。

(1) **教[23]**を参照。

[24] ライトゥルギー(公的奉仕義務)によるニーズの充足

家産制君主が臣民のパフォーマンスを確保する仕方には、他の支配形式と似た特徴もあるが、同時に独特なものもある。

とくに主人の政治的・経済的ニーズをライトゥルギー〔公的奉仕義務〕によって充足する仕方は、もっぱら家産制君主に特有ではないが、それでも家産制君主の場合に最も高度に発達した。

ライトゥルギーによるニーズの充足の形式と効果にはさまざまなものがありえる。ここで私たちが関心を持つのは、ライトゥルギーによるニーズの充足を源泉として生じる臣民のゲゼルシャフト化〔目的合理的な秩序や命令に準拠した関係の形成〕である。ニーズ充足のためのライトゥルギー組織は、主人にとってはいつも、主人が担っている義務を、それに責任を負う他律的で、しばしば他首的①である団体を設立することによって果たすことを意味する。

氏族が仲間の罪責・負債（Schuld）に責任を持つように、いまやこれらの団体が、すべての個々人の義務について君主に責任を負う。

実際、例えばアングロサクソンで、主人が頼った最も古い団体は氏族であった。氏族は主人に対してメンバーの服従を保証する義務を負った。

これと並んで、村落住民の政治的・経済的な義務に対する、村落仲間〔ゲノッセン〕の連帯責任も登場した。

どのようにして、ここから、その結果として、村落に対する農民の世襲的な結びつきが生まれたのか。またどのようにして、土地を所有する個人の権利が、それによって、土地から収穫を生み出す義務となり、その結果として領主〔主人〕に納めるべき貢租を増

やすことにもなりえたのか。これらについては以前に論じたとおりである。(2)

（1）組織の内部の論理やその構成員の意思とは異質な「首」を持つ体制。**支［2］**も参照。

（2）Cf. MWG I/22-1, S. 100.「経済と社会集団」『世界の名著』五四七頁。

［25］ツンフトと名望家行政

農民は世襲によって自分の機能に縛られている。ライトゥルギー〔公的奉仕義務〕による安全保障の最も徹底した形式は、これを他の職業団体に持ち込むことである。つまり、主人によってこの目的のために創設された、あるいは正当に存在することが承認され、そして強制的に実現されたツンフト、ギルド、その他の職業団体に、所属する構成員の特殊な賦役や貢租の責任を負わせるのである。

主人は、その見返りとして、またなによりも実行能力を維持するという自らの利益のために、これらの団体のメンバーに当該の産業経営を独占させ、メンバーである個人とその相続人を人と財産も含めて、団体のメンバーの地位に結びつけることが多かった。この方法で履行を保証された義務は、当該の特殊な産業の範囲内にあるパフォーマンス、例えば軍需品の調達や修理のこともあり、例えば通常の軍事的または財政的などの、その他のパフォーマンスのこともあった。

インドのカーストも、少なくとも部分的にはライトゥルギーを起源とすると推測されることがあった。しかしさしあたり、これを裏付ける十分な資料はない。

同様に、軍事やその他の政治的パフォーマンスあるいは特定のパフォーマンスが中世初期のツンフトに課され、それらの貢献が役職(Offiziat)として構成されたとしても、それがツンフト制度のきわめて普遍的な普及に、どの程度まで本当に本質的な要因であったかについては、非常に不確かである。

前者〔カースト〕ではいずれにしても、人種的な違いに加えて、呪術的・宗教的、および身分的な違いが第一義的であり、後者〔ツンフト〕では、自由な盟約(1)(Einung)が第一義的であった。

ところでこれに対して、強制的なライトゥルギー団体は非常に一般的に普及した現象であった。

たしかにライトゥルギー団体は、決して家産制的支配の場合だけではないが、まさに家産制的支配の場合にこそ、最も冷酷な一貫性をもって貫徹されることが多かった。臣民は主人のために存在し、主人のニーズを充足する存在であるという考え方は、家産制的支配に特別に近い。したがって、臣民の経済的な職業活動は主人にライトゥルギー的に奉仕する、それに対応する能力のゆえに意味があり、これこそが臣民の存在理由であるという考え方もまた、家産制的支配に近い。以上がライトゥルギー団体と家産制的支配の親和性の理由であった。

このためとくにオリエントで、つまりエジプトや部分的にはヘレニズムで、そしてさらに後期ローマ帝国やビザンツ帝国で、ライトゥルギーによるニーズの充足が支配的であった。

しかし西洋でも、あまり一貫性は高くないが、実現された例がある。例えばイギリスの行政史では、ライトゥルギーによるニーズの充足がかなりの役割を果たしている。〔ただし〕西洋では、ライトゥルギーによる結合は、人を対象にして厳しく縛るのではなく、本質的には財産、とくに土地への縛りであることが多かった。

しかし、こうした西洋の結合も、オリエントのライトゥルギーと共通している点があった。一方では、すべての個人の義務を確実にするために連帯責任をともなう強制団体が存在することであり、他方では、少なくとも事実としては、一定の独占状態と結びついていることである。

これにはさしあたり治安維持の制度が含まれる。例えば、イギリスの「十人組」(frank-pledge)である。十人組は隣人それぞれの警察的・政治的な善き態度を強制的に集団で保証する。

こうした制度は、イギリスだけでなく、東アジア(中国、日本)にもある。警察的な意味で平和を確保するために、隣人は日本では五人組に、中国では十人組に分けられて登録され、相互に連帯責任を負わされた。

これに当たる組織の萌芽は、ノルマン征服以前のイングランドでもすでに存在していた。

しかしノルマン人の行政はそれ以上に、このような強制団体を形成するという手段を包括的に用いた。

被告の法廷への出頭、刑事責任の有無に関する近隣住民の情報提供(陪審員はここから発展したものである)、判決者として法廷に出頭し、判決そのものも下すこと、民兵の組織化、軍事的な三つの結び目の義務(trinoda necessitas)、そして後にはさまざまなその他の公的な負担が、参加者の共同刑事責任のもとで、強制団体に課せられた。この強制団体は、少なくとも部分的には、この目的のために特別に結成された。また強制団体の内部で、課せられた義務に対して責任を負わされたのは、とりわけ土地所有者であった。

国王は、誤った判断のゆえに(pro falso iudicio)、また、団体の集団的責任による公的義務の違反を理由として、団体を処罰した。

団体の方でもまた、メンバーの人と財産に固執した。そのため政治的な負担は、ほぼかならず、それぞれの個人の最も具体的な財産である土地と結びついていると考えられた。

この機能から、ライトゥルギーの強制団体は、後にイギリスの地方〔公共〕団体の、したがって自治(selfgovernment)の源泉となった。②この展開は主として二つのルートで行われた。**1** 主人から要求された義務の割り当てが、団体の内部で自律的に処理される案件になった。**2** 団体に課せられたある種の義務は、財産を持つメンバーだけが果たすべきものであり、したがって財産を持つメンバーに移された。この義務は、それが与える影響力のために、当該階層の身分的な権利となり、彼らはその権利を自分たちのために独占した。

このようにして、治安判事③の職も生まれた。

しかし、それ以外では〔身分的な権利にならない場合は〕家産制的な行政の内部での政治的義務はすべて、具体的な財産の対象、とりわけ土地、それだけでなく例えば作業場や店舗などにも課される固定的な履行義務になる、という自然な傾向があった。この履行義務は義務を負う者の人(Person)からは完全に切り離された。

ライトゥルギー集団の義務が人それ自体を世襲として拘束していないところでは、義務を課された対象が譲渡可能であるか、譲渡可能になるかすれば、この傾向はどこにでも生じた。

というのもこのとき、主人は一般的に、主人の要求を実現させるのに、継続的に目でみることができ、手で触って確認できるものに依拠するよりほかに選択の余地がなかったからである。つまりイギリスでいわれるところの「目にみえる収益財産」(visible profitable property)がこれであり、基本的にはまさに土地のことであった。

義務を負う人を人のレベルでその都度、直接的に把握するためには、主人が所有する格別の強制装置が必要になる。まさにこの理由から、任務を彼らに押し付ける強制団体のシステムが構築された。

しかし、強制団体にしても、主人の強制装置が彼らの味方になってくれなければ、同じような困難を抱えた。

ライトゥルギーによるニーズの充足は、結果的に実にさまざまな形態をとることがありえた。一つの極端なケース(Grenzfall)では、ライトゥルギーによるニーズの充足は、主人に対して広い範囲で自立している、ローカルな名望家による行政にたどり着いた。この場合には、財産の量と種類に応じて伝統によって定められた、特有の財産対象に負わされた、特別な負担のシステムがセットになっていた。

もう一つの極端なケースでは、ライトゥルギーによるニーズの充足は、個々人を世襲によって土地、職業、ツンフト、強制団体に結びつける、臣民の普遍的で、パーソナルな家産制的従属にたどり着いた。この場合に臣民は、ある制限の範囲で、主人の完全に恣意的な要求にさらされた。この制限の範囲はきわめて不安定で、最終的にこの範囲を決めるのは、臣民の持続的な義務遂行能力への配慮だけであった。

主人の独自の権力ポジションが技術的に発展していればしているほど、とりわけ、場合によっては政治的臣民に対立してさえも、主人が自信を持つことができる家産制的軍事力が発展していればしているほど、それだけますます第二の類型である普遍的な臣民関係が貫徹された。

当然のことながら大部分の事例は、この二つの類型の中間に位置する。

主人の軍事力、したがって家産制的軍隊の意義と種類については後述する。④

しかし、主人が技術的に貫徹することができる臣民に対する要求の種類と程度にとって重要なのは、軍隊だけではなくそれに加えて、主人が意のままにできる、官職的な強制装置の発展の仕方と度合いであった。

しかもつねに主人が必要とする一切のサービスに、集団責任によって担保されたライトゥルギーの形式を持たせることは、可能でもなかったし、主人が最大限のパーソナルな権力ポジションを獲得しようとするならば、それは好都合でもなかった。
どんな状況下でも、主人は官僚層を必要としていた。

(1) 盟約〔アイヌンク〕は、本書ではここにしか出てこないが、これはウェーバーの都市論のキーワードである(cf. MWG I/22-5.『都市の類型学』)。

(2) ライトゥルギー〔公的奉仕義務〕は、エジプトなどでの賦役労働という意味で使われることが多い。こうした狭い意味で考えると、ライトゥルギーとイギリスの自治の関連はわかりにくい。しかし、ウェーバーの用語法では、名誉職として無償で引き受けられる公的な奉仕義務も、ライトゥルギーに含まれる。【用語】「ライトゥルギー」も参照。

(3)【用語】「治安判事」を参照。

(4)「後述」がどこを指すかについては、ここでも確定できないが、軍隊についてはすでに**家** **[13]**〜**[21]**で論じられている。

[26] 家産制的官職

すでに大規模な直轄地の構成体、つまり諸侯の直轄地の構成体には、最も単純なケースでは、領主〔主人〕の屋敷の家計と、これに付随する荘園領主に依存する領地および持続的にこの領地に属する荘民の家計の複合体が含まれる。こうした主人の宮廷の家計は、組織された「行政」を必要とする。このため、直轄地の範囲が大きくなればなるほど、それだけより目的に適った機能の分割が行われる。ましてや、これにともなう政治的行政ともなればなおさらである。

ここから家産制的官職が成立する。

家計の行政〔管理〕に由来する宮廷官職は、似たようなあり方で、世界中どこにでも存在した。家専属の祭司や、場合によっては侍医がおり、なによりも経済的な行政部門の長としては次のものがいた。食糧貯蔵と台所の監督者〔司厨長〕、地下室の監督者〔酒蔵主任と献酌侍従〕、厩舎の監督者〔主馬頭〕(Marschall, Connetable = comes stabuli)[1]、召使と封臣の監督者〔宮宰〕、賦役義務者の監督者〔賦役監視役人〕、衣服と鎧の貯蔵の監督者〔管理官〕、宝庫と収入の監督者〔収入役〕、全体としての宮廷行政の迅速な進行の監督者〔執事長〕、このほか家の管理のニーズから分化したすべての機能について、長が置かれた。旧トルコの宮廷では今世紀になっても、グロテスクなレベルでこのような具合であった[2]。

直接的な家経済の業務を超えたものは、さしあたりすべて、こうした家行政の部門のうちで、対象に最も近い部門に編入された。

例えば、騎兵隊の指揮は厩舎の監督者、つまりマーシャルに任された。どの官僚も、本来の行政〔業務〕のほかに、〔主人に対する〕パーソナルな奉仕や体裁の保持も担っており、官僚制的な行政とは対照的に、業務に合わせた専門への特化が欠けていた。

官僚制的な官僚と同様に、家産制的な官僚も、支配される側の人たちに対して身分として分化〔自立化〕する傾向にあった。

荘園領主、あるいは体僕領主のもとで支配されている人たちの「卑俗な業務」(sordida munera)や「奴隷の仕事」(opera servilia)はどこでも、古代末期でも中世でも、右のような比較的高位の、宮廷的な、行政の公務やライトゥルギー〔公的奉仕義務〕からは区別されている。後者の仕事は、「家人」〔ミニステリアーレ〕に割り当てられ、その後は、少なくとも大領主に仕えていた場合には、自由民にとっても不名誉とはみなされなくなる。

(1)　英語の marshal（ドイツ語では Marschall）は「司令官」「元帥」を意味するが、もともとは marah（馬）の scalh（召使）である。また英語の constable（ドイツ語の Konstabler）は「巡査」「保安官」を意味し、中世では軍総司令官のことであったが、これもラテン語の comes stabuli（厩舎の伯爵）に由来する。

(2)　一九〇八年に青年トルコ革命が起きた。旧トルコとは、おそらくこの革命以前を指すものと思われる。なお、オスマン帝国の滅亡は一九二二年なので、このテクストの執筆時点ではまだ帝国は存続している。

[27] 家人（ミニステリアーレ）

たしかに、領主〔主人〕はさしあたり、そして第一には、体僕領主的な権力ゆえに主人にパーソナルに服従している人たち、つまり奴隷や隷従民から官僚をリクルートする。彼らが服従することを、主人は絶対的に確信しているからである。

しかし、政治的行政となると、彼らだけでやりくりすることは非常に稀である。不自由民が権力や地位の点で他のすべての人の上に立つのをみて、臣民は不快感を抱く。それだけでなく、直接的なニーズや、家産制以前の行政形式との結びつきから、ほとんどの場合に政治的な主人は、官僚層を家産制以外の方法でもリクルートせざるをえなかった。

他方で、主人への奉仕には、自由民にとって非常に大きなメリットがあった。このため最初は主人の個人の力に身を委ねることも、自由民はやむをえず受け入れた。というのも、主人は可能なかぎり、家産制外の出身の〔自由民の〕官僚も、非自由民から採用された官僚と同じように、主人に対する個人的な従属関係に入ることを重視したからである。

中世を通じて、家産制に特有の構造を持った政治的構成体では、官僚は君主の「家人・使用人」(familiaris)にならなければならなかった（例えば、南イタリアのアンジュー家[1]の家産制国家でもそうであった。最高の専門家[2]がこれが正しいことを認めてくれた)。

ドイツで家人〔ミニステリアーレ〕になる自由民は、自分の土地を領主〔主人〕に献上し、相応に増やしてもらった土地を家人領として再受領した。

家人の由来については広範に検討されてきた。この検討によって、家人の歴史的起源が非自由民であることは、今日ではもはや疑う余地がないように思われる。他方で、この階層が一つの「身分」として持っている特有の性格は、まさに騎士的な生き方を送っている自由な人びとが大量参入することで生み出されたということも確実である。西洋ではどこでも、イギリスではとくに早くから、家人は「騎士」の階層に、「騎士」と対等な構成要素として吸収された。

このような騎士への同化が実際に意味したのは、家人の地位が広範囲に型に嵌められて固定化され、主人の要求が明確に制限されることであった。というのも、その後、自ずから明らかになったように、主人が彼らに要求できるのは、身分的・慣習的な騎士としての務めだけであり、その他のものはなにも要求できず、そもそも彼らとのやり取りも騎士的な身分の慣習の形式で行われなければならなかったからである。

(1) アンジュー家は、一〇世紀以降、フランス西部のロアール川沿いのアンジュー地方を支配した伯家の家系。ルイ九世の弟のシャルル(Karl I. von Anjou; Charles d'Anjou; Carlo d'Angiò, 1226/27-1285)は、教皇庁の支持を受け、カルロ一世として一二六六年にシチリア王になった。しかし、一二八二年に起こった現地の住民の反乱事件(シチリアの晩禱)以降、彼は拠点をナポリに移した。ナポリのアンジュー家支配は一四三五年まで続いた。

(2) ここで「最高の専門家」といわれているのは、ハイデルベルク大学で教授資格を取得した歴史家のオットー・カルテッリエリ(Otto Cartellieri, 1872-1930)であると思われる。彼の教授資格論文はシチリアにおけるフランスのアンジュー家の支配を扱っている(Cartellieri, *Peter von Aragon und die sizilianische Vesper*, Heidelberg: Carl Winter, 1904)。

[28] 法仲間(レヒツ・ゲノッセン)

家人〔ミニステリアーレ〕の地位は、主人が「服務規程」を発布し、それによって一つの「服務法」を作るときに、さらに型に嵌められて固定化された。服務法は、中世のそれがそうであったように、主人に対して彼らを法仲間として結合させた。

そして、仲間〔ゲノッセン〕たちは官職を独占し、明確な原則、とくに余所者を家人の団体に入れる際には、彼らの同意が必要であるという明確な原則を定め、務めと報酬を確定し、あらゆる点で身分として完結した一つの団体を形成した。主人はこの団体と協定を結ばなければならなかった。

主人は、判決なしに、つまり西洋では家人（Dienstmann）によって構成された裁判所の判決で、その家人の落ち度による損失が認められなければ、もはや家人から家人レーエン〔封土〕を没収することはできない。

主人は他の官僚の提案や権威ある所見のみに基づいて、有力な高官を選ぶべきだ、との要求を、官僚または官僚の一部、例えば宮廷の高官が主張するとき、官僚の権力はついに頂点に達する。

実際にときおり、こうした要求を貫徹しようとする試みがなされた。

もっとも、主人が最高位の官僚の選出に関して、実際に彼の顧問からの権威ある所見を押し付けられ、それが貫徹される場合には、これらの顧問は官僚ではないことがほとんどであった（そして、とくに家人ではなかった）。集められた「顧問」（Rat）は、実際には、主人の大物の封臣、あるいは地域の名望家、とくに身分の代表者であった。

しかし、中国の古典的な伝統によれば、理想的な皇帝は、宮廷にいる大官にだれが最も有能かを尋ねたうえで、宰相を任命する。しかしその場合に、大官が独立した名望家や封臣を意味するのか、官僚を意味するのかについては疑問が残る。これに対して、中世に同じ要求をくり返していたイギリスのバロン〔封建貴族〕は、官僚であったのはほんのわずかで、また官僚という資格でこうした要求をしたわけでもなかった。

[29] 官職(利権)の独占

主人はどこでも、官職がこのように身分制的に独占されることや、職務遂行が型に嵌められて固定化されることを可能なかぎり避けようとする。独占と固定化の回避は、体僕領主の形態で自分に依存している者か、あるいは逆に、主人との関係だけを全存在の基礎にしている、まったくの余所者を登用することによって実現される。

官職や官職義務が型に嵌められて固定化されればされるほど、新たな官職任務が出現したり、そのための官職が創設されたりする場合には、先ほど述べた独占から脱却しようとする試みがそれだけいっそう行われやすい。実際にとくにそのような機会には、脱却の試みがなされ、ときには実現された。

しかし、このとき当然のことながら、主人は国内の官職候補者や、場合によっては臣民からも、つねに激しい抵抗を受ける。

この際に、ローカルな官職の独占をめぐるローカルな名望家の闘争がどの程度まで問題になるのかについては後述する(1)。

しかし、主人が型通りの、稼ぎのよい官職を作ると、どこでもその官職を特定の階層で独占しようとする試みに遭遇する。主人がこうした根深い利権からどこまで逃れられるかは、力〔関係〕の問題(Machtfrage)である。

(1) **家[57]～[60]**を参照。

〔30〕独占的な法仲間、日本(江戸時代)の藩、より一貫した西洋

家人(Dienstleute)の独占的な法仲間、そしてこれによる主人と家人のゲノッセンシャフト〔組合〕的結合は、たしかにとりわけ西洋の法で知られていた。

しかし、その痕跡は他の場所にもある。(ラートゲン[1]によれば)日本でも、「藩」(＝「垣根[2]」(Zaun))は大名とその自由なアントゥルスチオ〔フランク王国の貴族的従士〕と家人〔ミニステリアーレ〕(サムライ)との共同体であった。藩は主人〔大名〕に帰属する、収益を生む領主権(Herrenrechte)の所有主体と考えられていた。

しかし、先に述べた理由により[3]、仲間権〔ゲノッセン・レヒト〕の形成が、西洋ほど一貫して行われたところはなかった。

(1) カール・ラートゲン(Karl Rathgen, 1855–1921)はドイツの国民経済学者、ハンブルク大学初代学長。一八八二年から一八九〇年まで日本に滞在し、東京帝国大学で教えた。ウェーバーとはハイデルベルク大学での同僚でもあった。ウェーバーによる日本についての記述の

多くは、ラートゲンの著作に依拠している。

(2) 藩という言葉は「藩屛」(防御のための覆い)に由来する。「藩」をZaun (垣根)とドイツ語訳したのは、ラートゲンである。Cf. Rathgen, *Japans Volkswirtschaft und Staatshaushalt*, Leipzig: Duncker & Humblot, 1891, S. XVII.

(3) Cf. MWG I/22-3, S. 422-423.『法社会学』二三六〜二三七頁。

[31] 家産制における身分

法仲間である官職保有者によって、官職権力は型に嵌めて固定化され、独占的に専有される。この固定化と独占的専有が、家産制の「身分制的」類型を作り出す。

[32] 西洋とオリエントの違い

家人〔ミニステリアーレ〕が宮廷の官職を独占することは、宮廷勤務のプレベンデ〔俸禄〕の分野での一例である。政治的官職の領域に属すものに、イギリスの弁護士(bar)による裁判官職(bench)の独占がある。最後に、教会の仕事では、カーディ〔イスラームの裁判官〕、ムフティー〔イスラームの法学の権威〕、イマーム〔イスラームの共同体(ウンマ)の指導者〕の地位をウラマー〔学識者〕が独占し、西洋では同様の学位取得者が聖職プフリュンデ〔俸禄〕の多くを独占するようになった。

しかし、西洋では、家人が官職地位を型に嵌めて固定化することが、同時に、特別にその人に与えられた官職に就いている個々人のかなり確固とした身分的な仲間権とセットになっていた。これに対して、オリエントでは全体的にこのような事例は少なかった。

オリエントでは、たしかに官職の構成はかなり型に嵌められて固定化されていたが、官職を保有する個人はかなり自由に解任可能であった。これは後述するように、(1) 西洋の発展にとって不可欠であった、ある種の身分的前提条件が欠如していたことと、オリエントの支配者の軍事的な権力ポジションが西洋のそれとは異なっていたことの結果である。西洋の支配者の権力ポジションは、一部は政治的に、一部は経済的に異なる仕方で条件づけられていた。

（1）**封［2］［3］**を参照。

［33］家産制的官職と官僚制的官職

家産制的官僚は、機能の分割と合理化が進むことで、とくに事務処理能力の向上と秩序ある所轄部局のシステムの構築によって、〔狭義の〕官僚制的な特徴を持つこともある。

しかし、社会学的な本質の点では、両者のそれぞれの型が純粋に形づくられるほど、純粋な家産制的官職は、官僚制的官職と、ますます異なってくる。

[34] 不明確な権限、役得利益、利権争い

家産制的官職には、なによりも「私的」な領域と「官職的」な領域との間の、官僚制に特有の区別が欠けている。というのも、政治的な行政は、主人の純粋に個人的な案件として扱われ、政治的な権力の所有と行使は、貢租や役得によって利益を得ることができる主人の個人的な財産の一部として扱われるからである。

それゆえ、主人がどのように権力を行使するかは、完全に主人の自由な恣意の対象である。あらゆる場所で介在してくる伝統の神聖さが、主人の恣意に対して多かれ少なかれ強固な、あるいは弾力的な制約を加えないかぎり、そうであった。伝統によって型に嵌められて固定化された機能の問題ではないかぎり、つまり実際に政治的な案件であればどれでも、純粋に個人的なそのときその主人の判断が、官僚の「権限」の境界をも決定する。

そもそも権限という官僚制に特有の概念をここで使うことが許されるならば、という条件付きではあるが、ここでの権限はさしあたり完全に流動的である。

もちろん、官職にはなんらかの実質的な目的や任務が含まれている。

しかし、他の官僚に対する限界づけが相当に不明確であることが非常に多い。

もっともこのこと自体は、家産制的な官僚だけではなく、主人の権利（Herrenrechte）の保有者のほとんどが、元来そういうものである。

ただ競合する主人の権利があるところでのみ、さしあたり固定化された限界づけができ、その結果「明確な権限」に似たものが生まれる。

しかし、家産制的官僚の場合の「明確な権限」は、官僚が個人的な権利として官職を取り扱った結果であり、官僚制的国家のように、専門分化と、加えて支配される側の人たちの権利保障のための努力という、事柄に即した〔ザッハリヒな〕関心の結果ではない。

したがって、この「権限」に似た、官職権力の明確な限界づけを生み出しているのは、なによりもさまざまな官僚たちの競合する経済的利害関心である。

神聖な伝統が主人や奉仕者に特定の職務行為を要求しないかぎり、職務行為は自由意志の結果であり、それゆえ主人や官僚はその行為のたびごとに対価を支払えばよかった。

対価の支払いはケース・バイ・ケースのこともあれば、一般的な料金表によることもあった。

こうなると、これらの役得源の分配が原動力になって、官職の権能がしだいに明確に限定づけられていく。家産制国家ではこのような限定づけは、政治的目的のために、もともとほとんど存在していなかった。

イギリスの弁護士は、自分たちの役得利益のために、裁判官の採用を自分たちの仲間内に限定して行うこと、そして弁護士自体の採用も自分たちが訓練した研修生に限定することを強要し、これによって他の国とは対照的に、大学でローマ法を学んで学位を取得した人たちを排除し、それゆえローマ法の受容そのものを排除した。

役得利益をめぐって、世俗の裁判所は教会裁判所と闘い、コモンロー裁判所は大法官裁判所(1)と闘い、三つの大きな裁判所、つまり財務裁判所(Exchequer)、民訴裁判所(Common Pleas)、王座裁判所(Kings Bench)はお互いに、そしてすべての地方裁判所と闘った。ほとんどの場合で、管轄領域を決めたのは、主として合理的で事柄に即した〔ザッハリヒな〕考量ではなかった。ましてや、もっぱらこうした合理的でザッハリヒな考量によって決まったわけではなかった。管轄領域を決めたのは、役得利益の妥協であった。したがって管轄権は同じ問題について競合することが非常に多かった。このような場合に、裁判所は、あらゆる種類の誘惑の手段、とくに都合のよい裁判上のフィクション、より安い料金などによって、権利を求める一般市民の好意を求めて互いに競い合った。

(1) 大法官裁判所(Kanzleigericht; Court of Chancery)はコモンローの厳格さや欠陥を補う均

衡法の裁判所。一四世紀のエドワード三世(Edward III, 1312-1377)の時代から始まった。

[35] アドホックな(その都度の)行政と主人の恣意

すでにこれだけでも、官職の持続的な性格と型に嵌まった固定化が非常に進んだ状態である。こうした状態は大規模で、持続的な政治体制でも、徐々にしか実現しなかった。始まりは間違いなく「アドホックに(その都度)任命される」官僚①の状態であり、具体的な事柄に即した(ザッハリヒな)目的によって制限された全権委任という状態であり、そして事柄に即した資格ではなく個人的な信頼に基づいた選出という状態である。

大規模な政治的構成体の行政が家産制の論理によって組織化されている場合には、「権限」を確定しようとするいかなる試みも、ほとんどまったく恣意的に意味を変えてしまう役職名の洪水で底なし沼に沈む。例えば、なおも拡張の最盛期にあったアッシリアでは、この現象が特徴的な仕方で現れた②。

というのも、主人の政治的な業務が純粋に経済的な業務と結びつくことで、政治的業務は、ニーズと機会に応じてのみ利用される、外部的なきっかけのような外観を呈したからである。政治的な行政とは、さしあたりは「アドホックな行政」である。主人はこの仕事の実行をその都度、具体的な事例ごとに、個人的に資格があると思われ、そしてなによりも個人的に最も近いと思われる人に委ねる。だいたいの場合で、そうした人は宮廷内官僚や食卓仲間である。

主人の完全に個人的な好みと個人的な恩恵の有無が、事実上の基準になるというだけではない。こうしたことはもちろんどこにでもある。それだけでなく、主人の好き嫌いが、原理としてすべての究極の基準になるからこのようなことになる。

支配される側の人たちと官僚の関係についてもそうである。官僚は、伝統の力や、臣民の従順さやパフォーマンス能力を維持するという主人の利害関心を考慮に入れて、そのうえで「できること」をすることが「許される」。

ここには、官僚制的な行政におけるような明確で、拘束力のある規範や規定が欠如している。

通常業務に含まれない任務や事柄に即して〔ザッハリヒに〕重要な任務がケース・バイ・ケースで決定されるだけではない。個々人の固定された権利に制限される領域以外の、主人の権力が掌握するすべての領域で、ものごとはケース・バイ・ケースで決められる。

官僚による主人の権力行使の全体は、二つの、しばしば無媒介に並存する領域で作動する。主人の権力が、拘束力のある神聖な伝統や個々人の固定された権利によって縛られたルートを進む領域と、主人の自由な個人的恣意の領域という二つである。

このため官僚は、事情によっては対立する。

もしかしたら危ないかもしれない諸力というものがある。古い風慣に違反することは、こうした諸力に対する冒瀆行為になりかねない。また、主人の命令に従わないことは、主人の罰令権の冒瀆的な侵害である。冒瀆行為を犯した者は、英語の用語によれば、主人の慈悲(misericordia)、つまり恣意的な罰の権利の対象とされる。

伝統と主人の罰令権は、いたるところで調停困難な境界争いを演じる。

固定された管轄権を持つ典型的な政治的官職権力が長期にわたって存在していたところでも、主人は原理的には自由気ままに職務を停止し、管轄から排除し、職務の修正をする。例えば、ノルマン時代のイギリスの州知事(Sheriff)がそうであった。

(1)「「アドホックに〔その都度〕任命される」官僚」と訳しているのは „Gelegenheits"-Beamte である。Gelegenheit は「専業」と対立する意味で用いられている。講演「仕事としての政治」でウェーバーは「「臨時」の政治家」(„Gelegenheits" politiker)について論じている。Cf. MWG I/17, S. 167.「仕事としての政治」一〇八頁／『職業としての政治』二一頁。

(2) Ernst Klauber, *Assyrisches Beamtentum nach Briefen aus der Sargonidenzeit*, Leipzig: J. C. Hinrichs'sche Buchhandlung, 1910, S. 73 f.

[36] 官僚制的ではない家産制的官僚

このように、家産制的官僚の地位の全体は、官僚制〔的官僚〕とは対照的に、主人に従属するという純粋にパーソナルな服従関係の結果であり、臣民に対する主人の地位は、この服従関係が外に向けられた一面にすぎない。

政治的官僚が個人としては宮廷隷従者ではない場合も、主人は無制限の職務への服従を政治的官僚に求める。

というのも、家産制的な官僚が官職に対して持つ忠誠は、事柄に即した〔ザッハリヒな〕任務に対する事柄に即した忠誠ではないからである。ザッハリヒな任務はルールによってその範囲と内容を限定する。これに対して家産制的な官僚の官職への忠誠は、奉仕者の忠誠であり、厳密なまでにパーソナルに主人に関係づけられており、原理として普遍的な、官僚の恭順・忠誠義務の構成要素である。

ゲルマン人の諸国家で国王は、自由民である官僚であっても、服従しない場合には、不名誉、目潰し、殺害によって、彼らを脅している。

官僚は個人として主人の権力に服しているので、そしてそのかぎりで、他者に対しては、国王の尊厳を分有する。

ゲルマン人の王国では、どんな身分であれ、国王の官僚だけは人命金〔殺人に対する贖罪金）が高かった。自由民である人民裁判官はそうではなかった。また、宮廷に従属する官僚は、非自由民であっても、どこでも簡単に自由な臣民の地位に上昇した。

現代の私たちの概念では「規定」（Reglement）と呼ばれているすべての服務規則は、したがって、家産制の論理で統治されている国家のすべての公的秩序がそうであるように、最終的には、純粋に主観的な個人の権利と特権のシステムを形成する。この権利と特権のシステムの源は、主人の授与と恩恵である。

ここでは、客観的な秩序は欠如しており、官僚制的な国家生活における、パーソナルでない目的に向けられたザッハリヒカイト（事柄に即していること）も欠如している。官職と公権力の行使は、一方では主人個人のために、他方では官職に恵まれた官僚のために行われるものであり、「ザッハリヒ」な任務のために行われるものではない。

［37］食卓ゲマインシャフト

もともと家産官僚は、家の構成員（ゲノッセン）がみなそうであるように、主人の食卓や主人の財宝庫から特別な物質的供給を受ける。

食卓ゲマインシャフト（食事を共にすることで形成される共同体）は家ゲマインシャフトの原初的な構成要素であったが、そこから広範囲にわたる象徴的な意味を獲得し、それが生まれた領域の範囲をはるかに超えていた。しかしここでは、これ以上の関心を引くものではない。

いずれにしても家産官僚、とくに最高位の地位にいる者は、主人の食卓が官僚の生計の維持に決定的な役割を果たさなくなってからも、宮廷に滞在した場合には、主人の食卓で食事をする権利をどこでも非常に長期にわたり保持した。

〔38〕プフリュンデ（俸禄）、官職の専有

当然のことながら、官僚がこの親密なゲマインシャフトから離れるときはいつでも、それが意味するのは直接的な主人の権力の弱体化である。

たしかに、主人は経済的報酬の点で官僚を完全に自分の恩恵と恣意に依存させ、したがって相当に不安定な状態に置くことができた。

しかし、官僚装置がそれなりに大きくなると、それを実行することもできなくなり、ひとたび標準化された経済的報酬の規定を破ることはリスクになる。

このため、家産官僚が自分自身の世帯を持つ場合には、当然ながら早くから、〔主人が〕家計内で生活の糧を供給する方式から、「プフリュンデ」〔俸禄〕や「レーエン」〔封土〕を与えるという方式に発展していった。

さしあたり、私たちはプフリュンデを検討する。

プフリュンデという重要な制度は、通例では同時に、明確な「官職への権利」の容認、したがって専有を意味する。この制度は実に多様な運命を経験した。

プフリュンデは、さしあたりは、エジプト、アッシリア、中国でそうであったように、主人〔国王あるいは神〕の財宝庫や貯蔵庫を頼りにした、通例では一生涯にわたる現物給付であった。

例えば、古代オリエントでは、神殿祭司たちの共同の食卓が崩壊することで、神殿の蓄えを頼りにした現物給付が成立した。

その後、これらの現物給付は譲渡可能となり、また、その一部〔例えば、毎月何日の現物給付の請求権〕も取引の対象になった。こうなると近代の国家債務の利子〔レンテ〕の、自然経済〔現物経済〕における先行形態のようなものであった。

私たちはこのようなプフリュンデを現物給付プフリュンデと呼びたい。

第二の種類のプフリュンデは「役得プフリュンデ」である。主人やその代理人が〔官僚による〕官職の遂行と引き換えに覚悟しなければならない、一定の役得の割り当てがこれである。

プフリュンデは、官僚を主人の家計からさらに引き離す。なぜなら、このプフリュンデはよりいっそう、家産制の外部に起源を持つ収入に依存するからである。

この種のプフリュンデは、古代にはすでに、純粋に取引に利用される対象であった。例えば、「官職」としての性格を持つ祭司職の大部分は、古代のポリスでは、競売によってポストが埋められた。祭司職は自由な職業でもなく、逆に門閥の世襲財産でもなかった。

エジプトや古代オリエントで、事実上のプフリュンデの取引がどれほど発展していたかは不明である。

しかし、官職といえば「飯の種」という見方が支配的になっていることから、そこでもプフリュンデ取引の発展それ自体は存在したと考えるのが自然である。

最終的には、自分自身が使用するために、官職地や家人領を土地プフリュンデとして割り当てるという形式で、プフリュンデが存在することもあった。こうなるとプフリュンデは「レーエン」(封土)に最も接近した。こうした形もこれまでと同様に、プフリュンデ受領者の立場が主人から独立する方向に、非常に顕著に推移することを意味した。

主人の官僚や「従士」(Degen)は、食卓ゲマインシャフトからの離脱をつねに歓迎していたわけでは決してない。食卓ゲマインシャフトからの離脱は、自身の経済と自身の経済的リスクを彼らに負わせたからである。

しかし、家庭を築いて自立したいという彼らの側の願望が、圧倒的な力で彼らをこの方向に向かわせた①。また主人の家計の側でも、自らの経済の負担軽減の必要性が、確実にこの方向に進むことを強いた。食卓仲間〔ゲノッセン〕の人数がしだいに増大するにしたがって、主人自身の経済は支出の面で膨大になり、統制不可能になり、あらゆる収入の変動という浮き沈みにさらされていた。

もっとも、明らかであったのは、家族を持つ世俗的な官僚の場合には、主人の食卓からの離脱は直ちに、たんにプフリュンデを一生涯にわたって専有することを超えて、世襲的な専有に向かったということである。

世襲的な専有がレーエンの形式で行われた場合については、私たちは別の文脈でこの過程について論じる②。

プフリュンデを地盤として、この過程が展開されたのは、家産官僚制的な近代国家の最初の時期であった。

しかも、この過程は当時、世界中で展開されていた。なかでも教皇庁、フランス、そしてイギリスで最も盛んであった。もっともイギリスの場合には官僚の数が少なかったので、規模は小さかった。

このときの問題は終始、役得プフリュンデであった。実際の仕事を行う、多かれ少なかれプロレタリア的な代理人の任命許可とともに、個人的な腹心やお気に入りに、役得プフリュンデが与えられるか、あるいは一定の賃貸料や一括金と引き換えに、役得プフリュンデが、申込み者に与えられた。

後者の場合には、プフリュンデは請負人や購入者の家産制的財産になった。世襲や譲渡可能性に至るまで、これには実に多様な移行形態が存在する。

さしあたり、官僚は申込み者からの補償金と引き換えにプフリュンデを放棄する。しかしこのとき、主人に対して後継者を推薦する権利を主張することになる。なぜなら、この官僚はプフリュンデを有償で借りたり買ったりしているからである。あるいは、官僚の同業組合の全体、例えば裁判官団が、この推薦の権利を要求することもある。この場合には、彼らは同僚の共通の利益のために、別の人への譲渡条件を規制する。

しかし、主人はプフリュンデを与えはしたが、プフリュンデはもともと終身制ではなかった。当然のことながら主人は、官職の譲渡の利益になんらかの形で関与し続けることを願い、主人の側でも官職譲渡のための原則を確立しようとした。

この結果は実にさまざまであった。

官職の取引、つまり職務義務のない教会禄の役得プフリュンデを大量に生み出すことで、役得チャンスを資本化することは、教皇庁にとっても君主たちにとっても、非常のときに必要を賄う最も重要な財政操作となった。

教会国家では、「縁故者」[3]の財産のかなりの部分が役得プフリュンデの搾取の結果であった。

フランスでは、事実上の世襲とプフリュンデの取引は、パルルマン(最高法院)[4]から、財務官や行政官、プレヴォやバイイ[5]に至るまで、すべての等級の官僚に及んだ。

退職する官僚は、自分のプフリュンデを後継者に売った。

亡くなった官僚の相続人は、官職が資産となっていたため、同じ権利(官職世襲権)を要求した。

この弊害を取り除くためのさまざまな試みが行われた。しかし無駄に終わった。その後一五六七年に、国王の国庫も、官職の後継者に一定の金額(官職移転税)を支払わせることで、財政としてこの事業に参加した。一六〇四年にはなんと、「ポーレット」(発明者のシャルル・ポーレ[6]にちなんでそのように呼ばれる)の形で、全体が一つのシステムに統一された。

官職世襲権が認められ、国王の官職移転税は大幅に削減された。これに対して官僚は毎年、官職の購入価格の一と三分の二〔$1\frac{2}{3}$〕パーセントを国王に納めなければならず、この収益はこの収益で国王によって毎年貸し出された（最初はポーレに、であった）。

官僚の役得チャンスが増えることは、プフリュンデの購入額の上昇をもたらし、それは請負人と国王の利益を増大させた。

しかし、このような官職の専有の結果として、当該の官僚（とりわけパルルマンのメンバー）は事実上、罷免不可能になった。というのも、官僚を罷免するためには、国王は官僚にプフリュンデの購入額を返還しなければならず、このため国王はそれを簡単に決めることができなかったからである。一七八九年八月四日に、ようやく革命が官職の専有を根本的に廃止した。しかしそのために一〇億フランの三分の一以上のカネを払わなければならなかった。

これに対して国王は、自分の意志をパルルマンに押し付けようとして、パルルマンによって、身動きが取れなくさせられることもあった。極端な場合はゼネスト、つまり集団辞職である。こうなると該当するプフリュンデの購入額の全額の返金を、国王は強要されることにもなりかねなかった。こうしたことが革命までくり返し生じた。

（1）マックス・ウェーバーは経済的に実家に依存していた修学時代に、父親の「支配」を脱して、早く自立することを強く願っていた。この頃の彼の経験が、本書の記述につながっているのかもしれない。

（2）封［3］［6］を参照。

（3）ドイツ語の原語は Nepote である。いわゆるネポティズム（縁故主義、身内びいき）はここに由来する。

（4）パルルマンは、一四世紀以降整備された、フランスの旧体制における最高司法機関。フランス革命で廃止された。

（5）プレヴォはフランスの世襲の国王官僚。王領の管理行政権を保有していた。バイイはフランスの地方（北部・東部）に派遣された官僚で、その地で国王の行政を代表した。

（6）シャルル・ポーレ（Charles Paulet, 生没年不明）はアンリ四世（Henri IV, 1553-1610）に仕えた官僚。詳細は知られていない。彼が発案した「ポーレット」（Paulett）は、官職保有者が自分の相続人にその官職を確保するために毎年支払う手数料。

［39］法服貴族

専有されたプフリュンデ〔俸禄〕は、フランスで非常に重要であった「法服貴族①」の最も重要な基礎の一つであった。法服貴族は、国王や土地貴族や宮廷貴族に対抗する「第三身分」のリーダーたちが属していた身分集団である。

（1）高等法院などの司法官僚は貴族に列せられたことから、法服貴族（Noblesse de robe）と呼ばれた。彼らは王権と協調しつつ、王権に歯止めをかける役割を果たすことで、フランス近代政治思想の発展において重要な位置を占めた。忙しく働く必要がなく、俸禄〔「プフリュンデ」〕によって生活の安定が保障されることから、法服貴族には多くの知識人が含まれていた。モンテスキュー(Charles de Secondat, baron de La Brède et de Montesquieu, 1689-1755)もその一人である。モンテスキューについては、**封[8]**も参照。

[40] 聖職者のプフリュンデ(俸禄)、分権化、文化闘争

中世のキリスト教の聖職者の生活の糧は、このようにして主として土地プフリュンデ〔俸禄〕と役得プフリュンデによって調達されていた。

そもそも教会の奉仕のための経済的な保障を「職業」〔ベルーフ〕のような仕方で確保することが必要になって以来、原初的な形態は、信徒が犠牲を払って提供したゲマインデの財から聖職者を扶養するという方式であった。この方式にともなって、聖職者はそれらの財を自由に使える司教に個人として完全に従属した。

当時のキリスト教の担い手である都市の地盤における古代教会の標準的な姿はこうしたものであった。

つまり、他の特徴もあるが、家父長制的に変形された官僚制の形式である。

西洋では、宗教の都市的性格が消滅し、キリスト教は自然経済〔現物経済〕の状態にあ

る平地〔農村〕の田舎にも広がっていった。

司教たちが都市に居住することも、すべてではないが北方で停止した。

教会はかなりの部分が、農民ゲマインデのものであれ、荘園領主のものであれ、〔私人が所有権・支配権を持つ〕「私有教会」(Eigenkirche)になり、聖職者が荘園領主の隷属民になることも珍しくなかった。

また、世俗の人である教会の設立者や所有者が、それでも教会に安定したレンテ〔地代〕や教区フーフェ〔保有地とそれに付随する諸権利〕を与えるという配慮のある形式の体制を整えることもあった。これによって、教会の設立者や所有者は小教区の司祭の任命権、さらには罷免権を要求するようになった。こうして当然のことながら、司教が有した主人の権力は深刻に弱まり、聖職者自身の宗教的関心も著しく低下した。

すでにフランク王国では、司教たちは共同生活を確立することで、少なくとも聖堂参事会[1]所属の聖職者たちだけにはプフリュンデを支給しないようにしようとした。しかしほとんどが徒労に終わった。

修道士のコミュニズムに代わって、修道士をプフリュンデ受給者(しばしば院外に生活する)に変え、修道院自体を貴族の扶養施設に転換するという試みは、東方教会ではかなり典型的なことであった。修道院改革はこの転換と、いつも新たに闘わなければならなかった。

それでも、聖職者の地位がプレベンデ〔俸禄〕化することを、司教は防ぐことができなかった。

多数の都市があり、それぞれに司教がいた南部とは対照的に、北部の司教区は、とくに都市居住が堅持されていたところでは、規模が非常に大きく、分割する必要があった。教会とその収入源が私有教会として成立したことにより、生計の手段を司教の手中にある自由な官職財産として扱うことは妨げられた。たとえ教会法に即した形式を徐々にでも実現しようという試みがなされたとしても、それはできなかった。

教区とともに、プフリュンデが生まれた。

司教が授与したプフリュンデは一部にすぎなかった。

西洋が新たに布教した地域では、プフリュンデの設定およびプフリュンデの財産は、世俗の有力な寄進者によって準備された。こうした寄進者は実質的に土地を自分の手に残しておこうとした。

同じことは、中央権力の優位性という要求に直面する司教の立場にも当てはまった。教会を受け入れるとともに秩序を形成する世俗の支配者によって、司教はさしあたりほぼ自由に任命され、重要な腹心として政治的権利を授与された。

教会の階層秩序の発展はこうして、脱中心化の軌道を進むことになった。これは同時に、聖職叙任権を専有化し、これとともに教会の官僚が世俗の主人の権力に服従するという軌道に入ることでもあった。教会の官僚たちは、世俗の主人からプレベンデを受ける家の司祭や、世俗の主人の封建的な従士になり始めた。

聖典を学び、氏族のしがらみから切り離された聖職者を、官職が世襲的に専有される心配のない、安価で有能な労働力として求めたのは、決して封建諸侯だけではなかった。

例えば、ヴェネツィアの海外行政も、叙任権争いが起こるまでは、教会や修道院の手に委ねられていた。都市官僚制を形成するうえで、叙任権争いが新しい時代を開いた。なぜなら、国家と教会の分離の結果として、いまや聖職者の忠誠の誓いは存在しなくなり、またドージェ〔ヴェネツィア、ジェノヴァなどの最高執政官〕による選挙のイニシアティブ、選挙の管理、選挙の確認、叙任などもなくなったからである。

それまでは、教会や修道院が直接、植民地を借りて管理するか、あるいは少なくとも事実上、開拓と定住の中心となり、対内的には仲裁裁判官として、対外的に利益代表として活動していた。

ザーリアー朝[2]皇帝のドイツ国内行政とその政治的な権力ポジションは、教会財産の処分権と、とりわけ司教の服従に大きく依存していた。

グレゴリウス〔七世〕の時代のよく知られた反動[3]も同様に、聖職者のプフリュンデがこのように世俗的な目的で利用されることに向けられた。

その成果は著しかったが、ごく限定的にすぎなかった。たしかに教皇は、空位のプフリュンデ〔俸禄〕を自分の意のままにする権利をしだいに獲得していった。このプロセスは一四世紀の初めに最高潮に達した。当時、プフリュンデは一四世紀から一五世紀にかけての「文化闘争」[4]の対象の一つとなった。

というのも、聖職者のプフリュンデは、中世では、およそ「精神文化」の目的に奉仕した、とくに中世後期から宗教改革・反宗教改革に至るまで、聖職者のプフリュンデは、諸々の財の基礎になっていたからである。「精神文化」の担い手である階級の存在を支える、物質的な基礎として発展した。

というのも、教皇は、大学にプフリュンデを自由にする権利を与えるだけでなく、個人的に気に入った人、とくに学者に、官職義務をその人が引き受けることを免除しつつ、大量のプフリュンデを与え、これによって教皇は、中世独特の知識人階層の成立を可能にしたからである。この知識人階層は、修道士とともに、学問研究の維持と発展に最も重要な貢献をした。

しかし、教皇は同時に、プフリュンデの授与に際して、国民的な差異を徹底して無視することで、知識人の、なかでも北方諸国の知識人の、ローマに対するナショナリスティックな抵抗を生み出した。公会議主義⑤の運動にかくも大きな影響を与えたのは、このナショナリスティックな抵抗であった。

なによりも、教会法で禁止されているにもかかわらず、国王やバロン〔封建貴族〕は、聖職者プフリュンデの処分権を再三にわたって手に入れた。

これを最も大規模に行ったのは、一三世紀以降のイギリス国王であった。

とりわけ、国王の役所で働く安価で信頼できる労働力を確保し、家人〔ミニステリアーレ〕への依存から解放されるために、このような措置がとられた。家人の勤務は、世襲によって専有された家人領に付随していて、型に嵌めて固定化されており、合理的な中央行政には役に立たなかった。

結婚しない聖職者は、家族を養わなければならない官僚よりも安上がりであった。

さらに、結婚しない聖職者は自分のプフリュンデの世襲的な専有を求める立場にはない。国王は教会に対して暴力(Gewalt)を持っていた。これはここではとても物質的な意味であった。こうした暴力を背景にして、国王は聖職者に教会所有の財産から年金(corrodia)を提供した。古いタイプの官僚の代わりに、聖職者が大挙して押し寄せた。今日でも常勤の官僚の名称は〔聖職者を意味する〕clercである。このことは官僚の由来を私たちに思い出させる。

大バロンの権力は、自分たち自身の、あるいは国王から奪い取った、大量のプフリュンデを意のままに処分する権利を彼らのものにした。

こうしてプフリュンデの大規模な取引(brocage)が始まった。

このため公会議至上主義の時代には、プフリュンデをめぐる、教皇庁、国王、バロンといった関係者の闘争の戦線が拡大した。

ときに国王と議会は、自国の処分権保持者や候補者のためにプフリュンデを独占しようとして、教皇と対立した。ときに国王は、双方の利益のために、自国の利害関係者を犠牲にして教皇と折り合いをつけた。

しかし、なによりも聖職者の官職のプレベンデ化自体には、教皇は手をつけなかった。トリエント公会議の改革でさえも、大量の聖職者の地位、とくに正規の教区聖職者のプレベンデ化を揺るがすことはできなかった。つまり、聖職者の側にある限定的ではあるが、具体的な「官職への権利」は揺らぐことはなかった。

そして、近代の世俗化(6)(Säkularisation)〔教会領の還俗〕には、教会とその官僚の経済的負担を国家予算に移すことがセットになっていた。これによって聖職者の地位はますます確かなものになった。

ようやく「文化闘争」と、とくに「国家と教会の分離」が、「官職への権利」を排除し、プレベンデ化を命令によって解任できる(ad nutum amovible)教会官僚によって置き換える努力を、全世界でますます実現していく可能性と機会を、階層構造の〔教会〕権力に与えた。これはなんの騒ぎもなく行われたが、教会の体制の最も重要な変化の一つであった。

(1) 聖堂参事会(Kapitel)はローマ・カトリック教会の機関で、それぞれの聖堂に所属する聖職者によって構成される合議体の団体。ラテン語では capitulum、英語では chapter にあたる。

(2) ザーリアー朝は、ザクセン朝に続くドイツの王朝(一〇二四〜一一二五年)。コンラート二世からハインリヒ五世まで。ハインリヒ四世のとき、聖職者の叙任権をめぐって教皇グレゴリウス七世と対立し、ドイツは内乱状態に陥った。

(3) グレゴリウス七世は聖職売買や信徒の叙任権を厳禁した。ハインリヒ四世はこれを皇帝の行政権を侵害するものであるとし、ヴォルムスの会議を開いて教皇の廃位を宣言するが、逆に教皇から破門され、カノッサで許しを乞うことになった。

(4) 一般的に「文化闘争」(Kulturkampf)は、普仏戦争後にビスマルクが行ったカトリック教徒への抑圧政策のことである。しかしここでは、フランス国王が教皇庁をアヴィニョンに移し、教皇を支配下に置いた、いわゆる「アヴィニョンの捕囚」(一三〇九～一三七七年)など、国民国家(世俗権力)による教会に対する一連の闘争を指して、この語が用いられている。

(5) 公会議は、教会全体の教義や規律について審議するために、教皇が枢機卿や司教らを召集して開催する会議。公会議主義は、この公会議が教皇よりも上位であるという考え方であり、教会分裂の解決策として支持を集めた。コンスタンツ公会議(一四一四～一四一八年)は教会の大分裂(シスマ)を終わらせた。

(6) この文脈での世俗化(Säkularisation)は、教会の許可なしに、教会の財産を没収したり、使用したりすることを指す。

[41] プフリュンデ(俸禄)の取引、貨幣経済、勉強する目的

プフリュンデ(俸禄)の取引は、基本的には役得プフリュンデに限定されていた。したがってそれは浸透しつつあった貨幣経済の所産であった。これにともなう帰結として、貨幣での役得が増大し、この役得を財産投資対象とする可能性と傾向が高まった。これをもたらしたのは、貨幣資産の形成であった。

中世末期、とくに近代の始まりである一六世紀から一八世紀に存在したような範囲と性質のプフリュンデ取引の発展は、他の時代には存在していなかった。

しかし、原理的に同様の経過はおそらく非常に広く展開されていた。

ともかく古代にも重要な萌芽があったことは、すでに述べた(1)。中国では、官職の制度が後述するような特徴を有していた結果として(2)、官職プフリュンデは専有されず、したがって正式には購入することはできなかった。その中国でも、官職を手に入れることができるのは、もちろんカネによる場合が多かった。それも賄賂という形である。実際には、正式に許可されたプフリュンデ取引という例外もあった。ただその他の点では、プフリュンデは普遍的な現象であった。

原理的には西洋と同じで、中国やオリエントでも、プフリュンデによる生活保障は、勉強をし、学位その他を取得する目的となっている。

中国には、政治的に悪い行動に対する特徴的な罰がある。ある省の試験を停止し、その省の知識人層を一時的に官職プフリュンデから排除するという罰である。この罰は、右のことを最も顕著に表現している。

また、プフリュンデを専有する傾向もどこにでも存在した。異なるのは結果だけである。

とくに、資格のある候補者の私的利害関心が効果的にこの傾向を妨げることも少なくない。

例えば、イスラームの「ウラマー」〔学識者〕、つまりカーディ〔裁判官〕、ムフティー〔「ファトワー」〔意見書〕によって応答する法学の権威者〕、イマーム〔祭司〕の官職を目指す、試験を通過した候補者の地位にある者のプフリュンデは、しばしば短期間〔一年から一年半〕しか授けられなかった。候補者の間で順々にプフリュンデの所有を行き渡らせることを可能にするためであり、また個人の所有欲を優先して共同精神を損なわないようにするためであった。

（1）家[38]を参照。
（2）家[55]を参照。

[42] 貴金属

常設的で、標準的な家産制的官僚の報酬は、現物給付、場合によっては地代、役得である。これに加えて、その性質からして不安定ではあるが、特別な功績があった場合、あるいは主人の機嫌がよい場合には、主人からの贈り物がある。

主人の宝庫、財宝、宝物、現物で貯蔵されている貴金属・装飾・武器の貯蔵物、場合によっては主人の馬がそのための元手である。

しかし、なによりも大切なのは貴金属である。

官僚の善き意志は、彼らの具体的な功績が報われる可能性に左右される。このためどこにおいても「財宝」の所有が家産制的支配権力の不可欠の基礎であった。スカルド[1]の雅語の隠語では、王は「指輪を壊す人」[2]という別名で呼ばれている。王位要求者の戦争に決着をつけるのは、しばしば、財宝を得るか失うかである。というのも、まさに自然経済〔現物経済〕が支配している只中では、貴金属という宝物はそれだけより大きな力を持つからである。

このことによって引き起こされる経済的な連関については、あとで説明しなければならない[3]。

(1) スカルドは、主として九世紀から一三世紀に活躍したノルウェー、アイスランドの詩人。
(2) 王は金の指輪を壊し、その破片で報酬を出したことから、「指輪を壊す人」と呼ばれた。
(3) **封[16]**を参照。

[43] パルルマン(高等法院)

家産制的行政をプレベンデ〔俸禄〕の授与によって分権化すること、競争者間の役得チャンスの分配によって権限を固定化すること、ましてやプフリュンデ〔俸禄〕が専有されること、家産制の場合にこれらはどれも、合理化ではなく、型に嵌めて固定化することを意味する。

すでに論じたように、(1) とくにプフリュンデの専有は、官僚の罷免をしばしば事実上、不可能にした。効果の点でこの専有は、裁判官の「独立性」という近代的な法的保障と同じように機能することがある。しかしプフリュンデの専有は、その意味するところについては〔近代的な法的保障とは〕ほぼまったく異なる。この専有は官職への官僚の権利の保護を意味する。これに対して、近代的な公務員法では、官僚の「独立性」によって、つまり判決によらなければ官僚を罷免できなくすることによって、官僚のザッハリヒカイト〔事柄に即していること〕を法的に保障しようとする。官僚のザッハリヒカイトは〔官僚の利益のためではなく〕支配される側の人たちの利益のためである。(2)

法的に、あるいは事実上、プフリュンデを専有している官僚は、主人の統治権を著しく明白に制限することがあった。とりわけ、彼らは厳格に規律化された官僚制を導入して行政を合理化しようとする一切の試みを阻止し、政治的な権力配分を伝統主義的に型に嵌めて固定化し続けることができた。

フランスの「パルルマン」〔高等法院〕は官職プフリュンデの保有者の仲間集団であり、王の命令を公式に合法であると認めるとともに、部分的には執行する権利をも手中に収めていた。彼らは何世紀にもわたって、つねにくり返し国王を牽制し、彼らの伝統的な権利に不利な、あらゆる改革の実現を阻止した。

たしかに、官僚は主人に逆らってはならない、という家産制的な原則は、原理的にはここでも妥当していた。

国王本人が官職プフリュンデ保有者のところに赴くならば(lit de justice)〔親臨〕、国王はあらゆる任意の命令の合法化をも形式手続き的には押し付けることができた。というのも、国王の前では、どんな反論も押し殺さなければならなかったからである。同じことを国王は、書面による直接の命令(lettre de justice)〔勅令状〕でも試みた。

しかしこうした場合に、パルルマンは、彼らの専有された自分たちの官職保有権の力によって、伝統に反する〔国王による〕処分の有効性を、直後に「建白書」を提出することによって、ふたたび問題にすることがしばしばであり、自分たちが独立した主人の権力の担い手であるとの要求を貫徹することも珍しくなかった。

このような状況の基礎がプフリュンデの専有である。プフリュンデの専有が実際にどれくらい妥当するかは、当然ながら不安定で、主人とプフリュンデ保有者の間の権力状況に依存していた。

とくに、主人が専有されたプフリュンデの権利を引き剝がし、それに代えて主人に個人として全面的に依存する官僚制を作り出すだけの財政的な余裕があるかどうかに、これはかかっていた。

一七七一年になってもなおルイ一五世[3]は、「パルルマン」の座にいる官職プフリュンデ保有者のお気に入りの手段であるゼネストを、クーデタによって打ち破ろうとした。ゼネスト、つまり集団辞任の告知は、こうすることでいまや返還すべき官職購入金を工面できない国王を意のままにするための手段であった。

官僚の辞任は受け入れられたが、官職購入金は返済されなかった。官僚は不服従者として収容され、パルルマンは解散された。これに代わる機関が新規に作られ、官職の専有は将来にわたって廃止された。

しかし、このような恣意的な家産制の確立、つまりは主人が自由に罷免できる官僚制を確立する試みは失敗に終わった。

利害関係者の〔批判の〕嵐を前にして、ルイ一六世[4]は一七七四年に勅令を撤回した。国王とパルルマンの間の古い闘争が復活した。そして一七八九年に三部会が召集されることでようやく、まったく新しい状況が生み出された。国王と官職プフリュンデ保有者という争い合う二つの権力の特権は同様に、急速に無視されるようになった。

（1）**家[38]**を参照。

（2）官僚のザッハリヒな、事柄に即した事務的な態度は、しばしば「杓子定規」などと呼ばれて、嘲笑の対象にされる。しかしウェーバーがここで述べているのは、この「杓子定規」が支配される側の人たちの利益になるということである。「杓子定規」であることによってこそ、権力の濫用が抑制されるからである。役所の窓口で生活保護の申請が門前払いされることが問題なのは、その対応が「杓子定規」だからではなく、むしろその逆だからである。

(3) ルイ一五世はフランス国王(在位期間は一七一五～一七七四年)。ブルボン朝最盛期のルイ一四世の曽孫。

(4) ルイ一六世はフランス革命が勃発したときの国王(在位期間は一七七四～一七九二年)。一七九三年に処刑された。

[44] 脱中心化と型に嵌めて固定化すること、地方の名望家

行政区はもともと、ほとんどが裁判集会団体から引き継がれたもので、ときには個々の大規模な直轄地を引き継ぐ形で形成された。このような個々の行政区のローカルな行政のために、主人は官僚を用いた。こうした官僚については、とりわけ特殊な状況が生じた。この状況については、あとで詳しく決疑論的な考察がなされるべきである①。

ここ(つまりフランス)でも、購入によるプフリュンデ〔俸禄〕の専有が頻繁に行われた。これが主人の権力とは独立の権力が型に嵌められて固定化され、分離していく動因となった。これに加えてここでは、次のような不可避的な考慮が、脱中心化と、型に嵌めて

固定化する方向に作用した。個人としての主人の権力の支えから遠く離れた、それ自身剝き出しにされた官僚の権威の一般的な条件についての考慮がそれである。

経済的にも社会的にも主人の寵愛に完全に依存している純粋な官僚は、よい条件下でのみ、個人的な権威を獲得することができた。

個人としての官僚の権威は、少なくとも一般的には、経済的・交通技術的な前提条件をすべて備えた近代官僚制のように、精確に機能する合理的な装置を基礎にしてのみ持続的に存続することが可能であった。なぜなら、このような状況下では、専門知識こそが力を発揮するからである。

これに対して家産制は、「経験」と、せいぜい具体的な「技能」(書くこと)に結びついてはいるが、条件として合理的な「専門知識」には結びついていない行政である。こうした家産制の一般的な条件下で、地方官僚の地位にとって決定的であったのは、ローカルな管轄内における当人の社会的権威の重みであった。この社会的権威の重みは、どこの国でも第一には、生き方のレベルの身分的な優位性に基づいていることが多い。

そのため、支配されている階層における富裕層、とくに土地所有者層は、容易に地方の官職を独占することができる。

このことについては、まもなくより詳しく論じなければならない(2)。

特別に有能な主人が非常に厳格な親政を行う場合にのみ、主人はまったく正反対の原理を保持することに成功する。経済的にも社会的にも完全に主人に依存している、財産を持たない者が統治する、というのがその原理である。このときにはいつも、家産制国家のほぼ全歴史を通じて、〔主人と〕地元の名望家たちとの闘争が展開された。

官職を保有する名望家層は利害関係者のサークルとして強固に結束した。この名望家層は長期的にはほとんどの場合で、主人に対して優位に立った。

主人が急に官僚を必要とするときに、主人に官僚の終身在職を約束させ、自分の死後は子孫にも官職を約束させるという事態は、メロヴィング朝だけではなく、世界中でくり返された。

（1）家［56］～［62］を参照。
（2）家［59］を参照。

［45］個人の支配権の束、主人の恣意、西洋とオリエント

官職の専有が進むにしたがって、主人の権力(Herrengewalt)、とくに政治的な主人の権力は、一方では、特殊な特権によって個人的に専有された個人の支配権の束に分解される。個人の支配権は、実にさまざまな境界線に囲まれている。しかしいったん境界線

が引かれると、官職の利害関係者の側からの危険な抵抗を覚悟しなければ、主人といえども手を出せない。つまり、個人の支配権の束は、硬直化していて、新しい任務には適応できない、抽象的な規定化を寄せ付けない構成体である。目的に応じて抽象的に秩序づけられ、必要であればいつでも新たに秩序づけが可能な官僚制的構造の「権限」とは、これはまさに特徴的なまでに対極にある。

しかし他方で、このような官職の専有が行われていない領域にあるのは、主人の恣意である。この恣意は原理的に完全に自由である。とくに、占有された権能に含まれていない、新しい行政任務や権力ポジションは、この恣意によって君主の個人的なお気に入りに自由に譲り渡される。

政治的な「家産制団体」は、全体として、より型に嵌められて固定化されたパターンに向かう可能性もあり、より恣意的なパターンに傾いていく可能性もある。

前者は西洋で多く、後者はかなりの程度でオリエントのものであった。オリエントでは、権力はつねに新しい征服者によって簒奪された。そうした権力の神政政治的で、家産軍事的な基礎が、本来ならば自然に行われるはずの脱中心化と専有化のプロセスを広範囲に妨げた。

[46] 働かない高貴な人

型に嵌められて固定化されていく過程で、かつての宮廷官僚は、純粋にそれらしく振舞うだけの要人やプフリュンデ〔俸禄〕を享受するが実際はなにもしない閑職になる。とりわけなんといっても、最も有力な主人に仕える官僚の場合にそうであった。主人は、しだいにもはや自由民ではなく、高貴な人を宮廷官僚として雇うようになる。しかし当然のことながら、こうした高貴な人は日常業務に従事することを拒否する。

[47] 権限・官庁の不在

家産制的な政治的構成体では、今日の意味での「権限」や「官庁」の概念は存在しない。専有が増えれば増えるほど、とくにそうなっていく。

官僚の職務上の仕事と私的な仕事、職務上の財産と私有財産および支配の権能の区別が、ある程度でも貫かれていたのは、恣意的な類型の場合だけであった。プレベンデ〔俸禄〕化と専有が進むにつれて、この区別は消滅する。

たしかに中世の教会は、プフリュンデ〔俸禄〕の収入を自由に処分する権利を、少なくとも〔聖職者が〕死亡した場合には阻止しようとした。

その一方で、世俗権力は、死んだ聖職者の私有財産にまで「剥奪する権利」(jus spolii)

を拡張することもあった。

しかし、少なくとも完全な専有の場合には、官職上の財産と私有財産は実質的にきれいに一致していた。

[48] 事柄に即した(ザッハリヒな)官職義務の欠如

一般的に、純粋に個人的な服従関係に基づく官職には、事柄に即した〔ザッハリヒな〕官職義務という思想が欠如している。

ましてや官職がプフリュンデ〔俸禄〕ないし専有された財産として扱われることで、この思想によって成り立っているものは完全に消える。

権力(Gewalt)の行使は、なによりもまず、官僚が個人として有している主人の権利である。神聖な伝統の明確な制限の外では、官僚もまたケース・バイ・ケースで、つまり個人的な恣意と恩恵にしたがって決定する。〔官僚の〕主人とまったく同じである。

その結果として、家産制国家は、法形成の領域では、次の二つの特徴を典型的に表出する。一つは、壊れることのない〔複数の〕伝統的な拘束が並存していることであり、もう一つは合理的なルールの支配が主人と官僚の「官房裁判」(Kabinettsjustiz)によって代替されることである。

官僚制的な「ザッハリヒカイト」〔事柄に即していること〕や、平等な客観的法の抽象的妥当に基づく「人を顧慮しない」[1] 行政の理想ではなく、まさに正反対の原理が当てはまる。端的にすべてが「人がだれか」にかかっている。具体的な申請者とその人の具体的な関心事に対する態度決定、そして純粋な個人的関係、恩恵の表出、約束、特権によって、すべてが左右される。

しばしば、主人から与えられた特権や専有は、「忘恩」とされる場合には、取り消し可能とみなされた。しかもこの「忘恩」は非常に変動的に判断された。さらに、すべての関係が個人的なものとして解釈されることにより、主人が死去すると、特権や専有の有効性は不確かになる。とくに土地の贈与の場合は、それがどんなに明確なものであってもそうであった。

このため、人びとは特権や専有を主人の後継者に提示して、確認を取ろうとする。主人と官僚の間の権力状況はつねに不安定である。この権力状況がどうかによって、右の確認は義務の要求とみなされ、したがって「獲得された特別な権利」として、取り消し可能なものから継続的な専有への道を開くこともある。あるいは逆に、そのような特別な権利を無効にすることで、主人自身の恣意にふたたび自由な道を開くきっかけを、後継者に与える可能性もある。後者のものは、近代における西洋の家産制的・官僚制的国家の形成に、くり返し使われてきた手法である。

（1）新約聖書『ローマの信徒への手紙』一二・一一。

〔49〕「個人の時代」としての中世

主人との関係における官僚の権能や官僚に対する主人の権力は、仲間権〔ゲノッセン・レヒト〕と官職の専有によって、型に嵌められて固定化される。このような場合にあってさえ、〔官僚の権能の〕純粋に事実上の行使が、彼ら相互の権力状況に最大の意味を持つことには変わりはない。したがって、偶然的で、比較的長期にわたる、純粋に個人的な事情に左右される中央権力の弱さは、それがどのようなものであっても、中央権力にとって不都合な新しい習慣の出現によって、権力の崩壊のきっかけになる。

このため、こうした行政構造の地盤では、特別に高いレベルで自分の意志を実現する、主人が有する純粋にパーソナルな能力が、主人の名目上の権力の（つねに不安定である）実際の内容を定めるのに、絶対的なまでに決定的である。このかぎりで、「中世」を「個人の時代」と呼ぶのは正しい[1]。

（1）ヤーコプ・ブルクハルト（Jakob Burckhardt, 1818-1897）がイタリア・ルネサンスについての有名な本で「個人の発展」を論じたことはよく知られている（『イタリア・ルネサンスの文化』上、柴田治三郎訳、中公文庫、一九七四年、第Ⅱ章）。しかし、これには反論もあった。歴史家のカール・ランプレヒト（Karl Lamprecht, 1856–1915）やディートリヒ・シェーファー（Dietrich Schäfer, 1845–1929）によれば、ルネサンスではなく、むしろ中世にこそ、豊かな個体性が存在していた。ここでウェーバーが言及しているのは、この後者の議論である。

［50］支配の統一性の維持——巡回、参勤交代、外国人や平民の登用

主人は、ありとあらゆる方法で、自分の支配の統一性を確保しようとする。官僚やその相続人の側からの官職の専有に対しても、また官僚の手による他の方法による主人から独立した支配権力の出現に対しても、主人はこの統一性を擁護しようとする。

さしあたり、定期的に自分が勢力を保持している領域を訪問することによって、主人はこれを実現しようとした。

とくに中世のドイツの君主たちは、ほとんどつねに移動していた。輸送手段が十分でないために、生活の糧を順番に直轄地の蓄えから、その場で消費しなければならなかった、という理由もあったが、それだけではなかった。

この動機はかならずしも切実ではなかった。英仏の王も、彼らの中央官庁も、事実上

は、早くから固定された居所を有していた。もちろん重要なのは、中央官庁だけであった。もっとも「朕がイングランドのどこにいようとも」(ubicunque fuerimus in Anglia)という表現が示すように、固定された居所が法的に確定するのはすぐにではなかった。さらに、ペルシアの国王も同様に固定された居所を持っていた。

むしろ〔君主がつねに移動するときに〕決定的なことは、君主がつねにくり返し個人としての存在感を示すことだけが、君主の権威を臣民に対して生き生きと保持するという点であった(1)。

通例では、主人が自ら個人として旅をして回ることは、その後、「巡察」制度によって補完されるか置き換えられるかした。「巡察」制度というのは、主人から派遣された特別な官僚(カロリング朝の巡察使(Missi dominici)やイギリスの巡回裁判官)が全土を組織的に巡回するものである。彼らは定期的に人民たちの裁判集会や彼らの不平を聞く集会を開催した。

さらに、主人がいつでも統制できるわけではない外部のポストに配置された官僚については、主人はあらゆる手段を使って、個人が服従する裏付けを調達しようとする。最も粗野な形は、人質の提供である。より巧妙な形は、宮廷を定期的に訪問させることである。この一例が日本である。日本の大名は一年ごとに将軍の宮廷〔江戸〕に滞在することを義務づけられた。家族をずっとそこに残しておくことも強要された。また、官僚の息子を強制的に宮廷に雇い入れること（宮廷使用人ないし士官候補生（Pagenkorps））、重要なポストに親戚や姻戚を充てることが行われた（ただし、すでに述べたように[2]、両刃の剣になりかねない手段ではある）。さらには任期を短くすること（もともとフランク王国の伯爵や、イスラームの官職プフリュンデ〔俸禄〕のかなりの部分がそうであった）。官僚が土地や身寄りを持っている管轄区域にはその官僚を赴任させないこと（中国）。一定の重要な官職には、できるかぎり独身者のみを起用すること（この理由で、教会の官僚制化にとって独身が大きな意味を持ち、なによりも国王への奉仕、とくにイギリスの国王への奉仕に、聖職者を起用することが大きな意味を持った）。

さらにまた、秘密のスパイや公式の統制官（中国の「監察御史」など）を使って、官僚を組織的に監視することもあった。このときスパイや統制官は、主人に完全に依存している隷属民や貧乏なプフリュンデ保有者の界隈から好んで連れてこられた。最後に、同じ地区内に競合する官職権力（Amtsgewalt）が作られることもあった（例えば、地方行政官に対するコロナー[3]など）。

とりわけ、社会的に特権を持った階層の出身ではなく、このため自分自身の社会的な権力や名誉を持たず、こうした権力や名誉を主人に負っているような官僚を登用すること、可能であれば外国人を登用することは、彼らの忠誠心を確保するための普遍的な手段であった。

クラウディウス[4]は元老院の貴族に対して、アウグストゥス[5]の身分的な秩序とは反対に、彼の自由な被護民の力を借りて帝国を完全に支配すると脅した。セプティミウス・セウェルス[6]とその後継者たちは、ローマの貴族の代わりに、彼らの軍隊に属する平民の兵士を将校のポストに任命した。オリエントの大宰相[7]や近代の君主の「寵臣」の多くは、とくに技術的に最も成功した君主の権力の道具であり、まさにそのために貴族から最も嫌われた。彼らはしばしば暗闇〔貴族ではない階層〕から引き立てられた。つねに変わらず作用しているのは、まったく同じ君主の利害関心である。

(1) ユルゲン・ハーバーマス『公共性の構造転換』第二版、細谷貞雄・山田正行訳、未来社、一九九四年、第一章第二節「代表的具現の公共性の類型について」を参照。

(2)「すでに」ではなく、これよりあとの箇所になるが、**家[57]**を参照。

(3) コロナー(coroner)は現代では疑いのある死体を調査する「検死官」のことだが、ここでは王室私有財産管理者の意味。

(4) クラウディウス(Tiberius Claudius Nero Germanicus, 10 BC-54AD)は、第四代ローマ皇帝。解放奴隷を登用し、優れた行政手腕を発揮した。

(5) アウグストゥス(Imperator Caesar divi filius Augustus, 63 BC-14AD)はローマ帝国の初

代皇帝。
(6) セプティミウス・セウェルス(Lucius Septimius Severus, 145/146-211)は、北アフリカ生まれのローマ皇帝。在位期間は一九三～二一一年。
(7) 大宰相(Großwesire; Großvezir)については**【用語】**「大宰相」および維**【11】**を参照。

[51] 地方官僚の権限の分割

行政法的な観点からみて、帰結という点で、君主の中央行政が地方の官僚に対して統制を維持するための、最も重要な手段の一つが、地方官僚の権限の分割であった。財政行政だけは特別な官僚に任せるか、あるいは、技術的に考えて当然のことではあるが、それぞれの行政区ごとに文官と武官を並立させるか。このいずれかであった。武官は、自分の行政の経済的手段を調達するために、彼らとは独立した民政に依存し続けることになり、また民政も、権力を維持するためには、武官との協力を必要とした。すでに〔エジプト〕新王国のファラオの行政では、貯蔵の管理と〔軍事的〕指揮権を明確に分離していた。技術的にも、こうするより他の方法はありえなかった。

ヘレニズム時代、とくにプトレマイオス王国では、徴税請負が発展し、官僚制化するなかで、財政を軍事指揮権から切り離して、君主の手中に保持するという方策が生み出された。

ローマの元首政〔プリンキパトゥス〕時代の行政は、皇帝の総司令官と元老院の総督と並んで、皇帝の財務長官を独立した、次席の地方官として併設し、それぞれの行政で異なる昇進制度を設けた（具体的な政治的理由から、特定の地域、つまりはエジプトと一部の国境地域を除いてのことである）。

ディオクレティアヌス[1]の国家秩序では、帝国の全行政が民政と軍政に分割された。宰相である praefecti praetorio と「帝国最高司令官」である magistri militum に始まり、この分割は、一方の「県知事」(praesides)、他方の「部隊長」(duces)にまで至る。

オリエント後期、とくにイスラーム的オリエントでは、軍司令官(Emir)と収税官・徴税請負人(Amil)を分離することが、あらゆる強力な政府の明確な原則となっていた。

この二つの権限の継続的結合は、各行政管区の軍事的権力と経済的権力が一つに結合するということである。こうなると結果として、ほとんどの場合で、当該総督が中央当局の権力から直ちに離脱する傾向が生まれる。彼らは正しくもこのことに気づいていた。

購入奴隷軍の時代に〔イスラーム〕帝国の軍事化が進んだ。それに対応して臣民の租税力に対する要求が増大し、財政破綻が再三にわたりくり返され、〔報酬支払いの〕担保として徴税行政が部隊に移譲されたりそれによって占拠されたりした。こうなると、帝国の軍事化の行き着く先は、帝国が崩壊するか、あるいは恩給制度(Benefizialwesen)〔封建制〕が成立するか、このいずれかであった。

(1) **官[20]**で、最も発展した官僚制の実例の一つとして、ウェーバーはディオクレティアヌスに言及している。

[52] 権力ポジションを維持する方策

私たちが歴史的に重要ないくつかの例を用いて、その帰結とともに説明してみたいと考えているのは、家産制的行政の機能と、とくに主人が官僚の専有傾向に対して自分の権力ポジションを維持しようとして用いてきた方策である。

[53] 古代エジプト

私たちが知っている最初の、最も一貫して実現された家産官僚制の行政は、古代エジプトのそれである。

古代エジプトの行政は、もともとは明らかに、完全に王の被護民から、つまり宮廷に従属する奉仕者の中からファラオが採用したスタッフより発展した。もっともその後になると、技術的には唯一の有用な存在であった書記階級からの昇進という方法によって、官僚のリクルートも必然的に家産制を超えたものにならざるをえなかった。しかしこの場合もやはり、主人への家産制的な依存関係に入ることを意味していた。

〔一方で〕上から体系的に秩序づけられた治水は他を圧倒する重要性を持っていた。〔他方で〕農耕に従事する必要がない期間が長く、このことが他のどこでもありえない範囲で住民を賦役労働に動員することを可能にした。こうした事情と結びつくことで、土木事業が行われた。古王国〔前二七世紀～前二二世紀〕ではすでに、この結果として、全国民が被護民の階層秩序に組み込まれた。この秩序内で主人のいない人間はよい獲物とみなされ、場合によってはファラオの賦役小作人に簡単に組み込まれた。

この国は賦役国家であった。ファラオもとりわけ鞭をシンボルとしていた。〔クルト・〕ゼーテ[1]によってはじめて正確に翻訳された三千年紀からのインムニテート〔公的負担免除〕特権状は、神殿の隷従民や官僚の従属民に対して、賦役奉仕への召集を免除するものであった。

ファラオは自分のオイコス[2]のニーズを、部分的には直営事業、部分的には非自由家内工業労働、部分的には小作人の農業経営、部分的には独占的な独自の取引、そして部分的には租税によって充足した。

交換経済的な現象が存在した。とくに貨幣のような交換財〔ウテンという金属棒〕を使った市場交換が行われていた。

しかし、現存する計算書が証明しているように、ファラオのニーズの充足は主として貯蔵庫と現物経済に頼っていた。またファラオは、資料が示しているように、特例的な土木や輸送の仕事のために何千人もの臣下を召集した。

大規模な荘園領主支配と州執政官（Nomarch）支配は、古王国の資料によってその出現と重要性が証明されている。そしてこの支配は中王国〔前二一世紀～前一八世紀〕では、封建制という中間期④をもたらした。この支配は、タタール人の時代③以降のロシアと同じように、異民族支配を受けて消滅した。その後、大衆の上に立つ特権階層は、基本的には、古王国ですでにインムニテート〔公的負担免除〕特権状を与えられ、ラメセス諸王⑤から莫大な所有地を与えられていた寺院、そして官僚だけになった。

残りの者は、政治的臣民と家産制的臣民であったが、両者の明確な区別は存在しなかった。

まぎれもない家産制下の従属民のなかにも、経済状況や社会的地位が明らかに異なる隷従民や非自由民の呼称が数多く並存しており、さしあたりそれらを区別することは私たちにはできない。またおそらく厳密には区別されていなかった。

賦役に徴用されていないかぎり、臣民の租税は一括して官僚に支払われていたようである。

鞭や類似の手段を用いて、官僚は税の対象となる財産の申告を強要した。このため徴税は、通常は官僚の抜き打ち訪問という形で行われ、義務者は逃亡したり、追跡されたりした。

ファラオの家産制の小作人と自由な政治的臣民の間の区別、ファラオ自身の土地と農民の私有地の間の区別は明らかに存在していた。しかし、この区別は本質的に技術的な意味であり、おそらく不安定な意味しか持っていなかった。というのも、君主の家計のニーズの充足は、ますますライトゥルギー〔公的奉仕義務〕的になっていったと思われるからである。

個々人は、財政的機能に継続的に縛り付けられていた。さらにこの機能を通じて、その個々人の出身、土地所有、事業に応じて、所属し、または割り当てられた地方行政区に彼らは縛り付けられていた(もちろん個別の事情は明らかではない)。

職業の選択は実際には広範に自由であった。しかし君主のニーズの充足のために必要とされる場合には、世襲による拘束〔家業を継ぐこと〕が強制されなかったとは言い切れない。

特有の意味でのカーストは存在しなかった。同じように、政治的臣民も家産制的臣民も、事実上の移動の自由を有していた。しかし君主の家計の必要に応じて、臣民が所属する場所において義務として召集されると、この自由な移動は、法的に非常に不安定になった。

この〔臣民が所属する〕場所は、ヘレニズム後期の用語では「イディア」(idia)と呼ばれ、ローマの用語では個人の「オリゴ」(origo)と呼ばれた。そしてこの法的概念は古代末期に大きな役割を果たした。

土地所有や営利事業はどれも、賦役その他の履行義務を負担することで認められていた。つまり役割を果たす報酬とみなされた。したがって土地所有や営業事業はプフリュンデ〔俸禄〕の性格に接近する傾向があった。

現物給付のプフリュンデや土地プフリュンデは、特定の公務や軍事的義務に対する報酬であった。

軍隊も家産制的であった(これがファラオの権力ポジションにとって決定的に重要であった)。

軍隊には、少なくとも戦争の際には、王の貯蔵庫から装備が提供され、食糧が支給された。

戦士たちには、土地の区画が与えられた。彼らは確実に昔から警察業務にも使われていた。こうした戦士の後身がプトレマイオス時代のマキモイ〔エジプトに移住した戦士のギリシア語名称〕である。

戦士たちには傭兵も加わっていた。傭兵の報酬は王の直営の取引で蓄えられた財宝から賄われた。

大衆は完全に武装解除されていた。大衆の抵抗は、賦役労働で食事の支給が不十分であるといった理由による、反抗的な態度やストライキのような形でしか起こらなかった。このため彼らを支配することは容易な任務であった。

とくに河川の便利な水路があり、統一的な治水政策が客観的〔ザッハリヒ〕に必要であった。こうした地理的条件が、急流や滝に至るまでほとんど途切れることなく、支配の統一性を維持した。

出世のチャンスと王の貯蔵庫への依存は、官僚のプフリュンデが広範囲に専有されるのを防ぐのに十分であったと思われる。実際に一般的にいって、専有が技術的に起こりやすいのは、エジプトで主流であった現物支給プフリュンデの場合よりも、役得プフリュンデや土地プフリュンデの場合である。

インムニテート〔公的負担免除〕特権の独自の理解、不可侵性を頻繁に約束すること、およびそれらに違反する官僚に対する罰による脅しによって、数多くのインムニテート特権が示していたのは、次のことであった。支配者の側は、家産制的な権力に基づいて、これらの特権を不安定なものとして扱うことが実際のところ許されており、このため身分制的な国家への萌芽はここでは完全に欠如し、家父長制が完全に維持され続けていた、というのがそれである。

一方では、現物によるプフリュンデが広く維持されていた。他方では、私的な荘園制が著しく後退していた。新王国では、この二つの点が家産官僚制の維持に有利に働いた。プトレマイオス朝時代には、貨幣経済が完全に浸透した。ただし、この貨幣経済は家産官僚制を揺るがすことなく、むしろ行政を合理化する手段を提供することで、これを強化した。

ライトゥルギー〔公的奉仕義務〕によるニーズの充足、とりわけ賦役は後退し、高度に包括的な課税システムに取って代わられた。しかし、臣民の労働力に対する君主の要求権と、臣民が「イディア」〔所属する場所〕に拘束されることは、決してなくならなかった。この二つはやはり実際、紀元後三世紀に貨幣経済が衰退するとすぐに、ふたたび実用的な意味を持った。

国全体が王のオイコスの唯一の大きな直領地のような様相であった。これと並存して、ほぼ同等のものとして存在していたのは、主として神殿聖職者のオイコスだけであった。

このためこの国は、実際にローマ人によって法的にそのようなものとして扱われた。

(1) クルト・ゼーテ(Kurt Sethe, 1869–1934)はドイツのエジプト学者。ウェーバーはゼーテによる古代エジプト語の翻訳に依拠している。

(2) **家[6]**を参照。

(3) いわゆる「タタールのくびき」のこと。一三世紀前半から一四八〇年まで続いたモンゴル帝国によるロシア支配の時代を指す。

(4) 異民族とはヒクソスのこと。ヒクソスは古代オリエントの遊牧民で、前一七三〇年頃に外国人王朝として古代エジプトの第一五、一六王朝を形成し、エジプトを支配した。

(5) 古代エジプト第一九王朝の王ラメセス二世(在位期間は前一三〇四～前一二三七年)、第二〇王朝のラメセス三世(在位期間は前一一九八～前一一六六年)のこと。アビドス神殿ほか、多くの神殿を建造した。

[54] 中国

本質的にこれとはまったく異なる類型が中国の帝国であった。治水、とくに運河の建設(ただし、ここでは、少なくとも中国北部と中部では、主として交通のために建設された)、巨大な軍事施設の建設(もちろんここでも、これが可能になったのは、もっぱら臣民の賦役を利用し尽くすことによってであった)、租税を貯蔵するための貯蔵庫(そこから官僚はプフリュンデ〔俸禄〕を得て、軍隊は装備と食料を調達した〕、さらに社会階層ではエジプトよりもさらに完全な荘園領主制の欠如。これらの事情が家産官僚制の権力の基礎となった。

伝統の若干の示唆や若干の痕跡がそう推論させるだけではあるが、ライトゥルギー〔公的奉仕義務〕的な拘束は〔中国でも〕おそらく過去には存在していたか、あるいは導入されようとしていた。しかし、有史に入ってからは、ライトゥルギーの拘束はなかった。移動の自由も職業選択の自由も、どちらも公式にはないことになっていたが、実際には存在した。いずれにしても有史時代には、これらの自由は長期にわたって侵害されてはいなかったようである。

事実上、世襲の不浄な職業もいくつか存在した。これ以外は、数世代にわたって授与されてきた、実質的に無意味な冠位貴族がいたが、これを除けばカーストその他の身分的ないし世襲的特権の痕跡はない。

中国の土着の権力として家産官僚制に対立したのは、どこにでもみられる商人ギルドやツンフトの他には、本質的には氏族〔ジッペ〕だけであった。氏族は、家族という狭いサークルでは祖先崇拝で結ばれ、より広い同姓のサークルでは族外結婚で結ばれている。氏族の長老たちは、村落では、実際のところ最高に影響力のある権力ポジションを保持していた。

帝国の広大さと人口数に対して、官僚の数は少なかった。このため中国の行政は性格においても拡張的であるだけでなく、平均的な支配者のもとでは中央集権的でもなかった。

中央官庁の指令は、下級の所轄部局によって、拘束力のある命令というよりも、重要ではない勧告として扱われることが多かった。

どこでもそうであるが中国でも、このような事情にあって官僚は、氏族の長老や職業団体を担い手とする伝統主義の抵抗を考慮に入れ、これとなんとかうまくやっていかなければ、およそ役割を果たすことはできなかった。

しかし他方で、これら〔伝統主義的〕権力(Gewalt)の非常にしつこい力に対して、どうやら明らかに、官僚層の一般的な性格の比較的広範囲にわたる統一性が達成された。しかもそれだけでなく、なによりも、地方の名望家に基礎を置く、したがって帝国行政から独立した領邦君主や封建諸侯層へと官僚が変質することも阻止された。

一方で、官職にあることで合法・非合法に取得された資産を土地に投資することが、どこの国でもそうであるように、ここでも盛んに行われていた。他方で、中国の倫理は、官職の候補者とその教師、官職パトロン、上司との間の恭順の絆を非常に密接にした。

しかしそれにもかかわらず、中国では官僚層の統一性が維持されていた。

とくに官僚のパトロネージ〔庇護関係〕や氏族関係は、固定された被護民を持つ事実上の世襲の官職貴族制を形成する傾向を持たざるをえなかった。

このような官職貴族制は、明らかに再三にわたって形成されていた。なによりも伝統が歴史の原初的なものとして賛美していたのが封建制であった。古典文献は、官職の事実上の世襲をまったくもって当然とみなし、さらに、中央の官僚が同僚の任命について諮問される権利を持つとしている。

たえずくり返される官職専有の脅威を防ぎ、パトロン・クライアント関係と地方の名望家による官職独占の成立を封じるために、皇帝の家産制支配は〔もちろん〕通常の対策を行った。短期の官職任期、氏族とつながりのある地域に官僚を任命しないこと、スパイ（いわゆる監察御史）による監視である。しかしこのほかに、皇帝の家産制支配は、官職の資格試験と官職の行状証明書という手段を導入した。この手段は、世界ではじめて中国において登場した。

位階や官職に就く能力は、理論上はもっぱら、そして実際上も広い範囲で、合格した試験の点数で決められる。また官僚がその官職に留まるか、より高い官職に昇進するか、あるいはより低い官職に降格するかは、その官僚の考査に基づいて行われた。ドイツのギムナジウムの生徒たちの四半期成績表のように、その考査の要約は理由付きで、今日に至るまで定期的に公開されている。

形式的な観点からすると、試験の導入は官僚制的なザッハリヒカイト〔客観性〕の、可能なかぎり最もラディカルな貫徹である。そして真正の家産官僚がそうであるような、パーソナルな好意や恩恵に基づいた官職の地位からの、同様にラディカルな離脱でもある。

また、プフリュンデ〔俸禄〕の売買が可能であり、個人的なパトロネージが重要性を持っているかどうかにかかわらず（これは自明のことであった）、封建化も官職の専有も、そして官職をめぐる庇護関係も打破された。こうした打破は、官僚相互を隔てる激しい競争関係と不信感によって一部は否定的に、試験によって得られた学歴〔卒業証書〕の普遍的な社会的評価によって一部は肯定的に実現された。その結果として、官僚層の身分的な慣習は、かの有名な特徴を帯びることになった。まったく官僚制に特有で、功利主義的な志向を有し、古典主義的な教養教育によって特徴づけられた、教養貴族的な、最高の美徳として身振りや態度の品位を大切に育成する、そうした特徴である。この特徴は、それ以来、中国人の生活を非常に強く際立たせている。

[55] 儒教、官僚による文化的統一性、「レッセフェール」

それでも、中国の官僚が近代的な官僚制を形成したわけではない。

というのも、行政対象が巨大であったのに対して、権限の事柄に即した〔ザッハリヒな〕分割が非常にわずかしか行われていなかったからである。技術的にこれを可能にしたものがあった。治安が確保された帝国の行政全体が民間による行政であり、相対的に非常に小さな軍隊が特別な組織を形成しており、また、このすぐあとで論じるように①、権限の分割以外の手段が官僚の服従を確保していた、という事情である。

しかし、権限を分割しないでいる積極的な理由は、原理的な性質のものであった。例えば、目的団体とか専門官僚といった近代に特有の概念は、イギリスの行政の段階的な近代化（Modernisierung）において大きな役割を果たした。しかし、これらは根本的に反中国的であり、中国の官僚のあらゆる身分的傾向に反する。

というのも、試験によって査定される中国の教養は、ほとんどいかなる点でも専門的な資格ではなく、それとは正反対だったからである。

それ自体が芸術としての性格を持っていた書道の能力とともに、とりわけ文章の様式的な完成度と古典作家を規範とする信条が、試験の答案作成で決定的な役割を果たした。それらはときに、例えば私たちの伝統的な愛国的・道徳的なドイツ語作文のテーマを思い起こさせる。

この試験は一種の教養試験であり、当人がジェントルマンであるかどうかは判断しても、専門的な知識を備えているかどうかを判断するものではない。

「高貴な人は道具ではない」〔「君子不器」〕という儒教の基本的な原則がある。この原則は「ベルーフ」(2)という、事柄に即した西洋的観念とは根本的に異なる、普遍的な個人の自己完成の倫理的理想である。こうした儒教の原則は、専門的な訓練や権限の道を塞ぎ、くり返しその実現を阻んだ。

この点に、中国の行政が持つ特別に反官僚制的で、家産制的な基本傾向があった。そしてこの基本傾向こそが、行政の拡張と技術的な抑制の原因になった。

他方で、中国は身分的特権を、公式の認定を受けた、慣習的な文学的教養に最も徹底して準拠させた国である。この点で中国は、形式的にみるならば、近代に特有の平和化され、官僚制化された社会の、最も完全な代表である。こうした社会には、一方でプフリュンデ〔俸禄〕の独占があり、他方で身分制に特有の階層が存在する。どこでもこの両者が基礎にしているのが、認証を受けた教養の威信である。

特殊な官僚的倫理や官僚的哲学の萌芽は、たしかにエジプトのいくつかの文学的モニュメントにみることができる。

しかし、官僚の生活の知恵〔処世訓〕である儒教が、体系的に完成され、原理的に完結したのは、中国だけであった。

宗教と経済生活への影響はすでに述べたとおりである。[3]

中国文化の統一性は、本質的には、特定の身分階層の統一性にほかならない。古典文学の教養と、すでに先に述べた高貴さという特有の理想[4]を備えた儒教倫理の担い手になったのが、この身分階層である。

この身分倫理の功利的合理主義には、明確な限界がある。その限界は、伝統的な呪術的宗教意識とその儀式規範を、身分的慣習の一部として承認している点、なかでも祖先と親への恭順の義務を承認している点である。

発生的にみると、家産制は家父長の権威に対する家の子どもの恭順関係から生まれた。同様に儒教は、君主に対する官僚の従属関係、上級官僚に対する下級官僚の従属関係、そしてなによりも官僚と君主に対する臣下の従属関係を、〔家父長への〕子の恭順という基本的な徳に基礎づける。

とくに中・東欧に特有の家産制的な概念である「国父」(Landesvater)や、また厳格に家父長制的[5]なルター主義で、子の恭順がすべての政治的徳の基礎として果たしている役割などは、これに対応する思想系列である。ただし、この思想の系列は、儒教でははるかに首尾一貫して実現された。

荘園領主層、つまり統治能力のある地方名望家層は存在しなかった。このことを別にすれば、中国におけるこうした家産制の発展は、万里の長城の完成以来、世界帝国がとくに広範囲にわたってこの地の治安を維持したことによって可能となった。万里の長城の完成は、フン族の侵略を何世紀にもわたってヨーロッパに向かわせた。それ以後の中国の膨張は、相対的にとても小規模な職業的軍隊の戦闘力に頼れば維持できる地域だけに向けられた。

臣民に対して、儒教倫理は福祉国家⑥の理論を発展させた。この理論は、例えば啓蒙専制主義時代における西洋の家産制的理論家や（神政的・救済論的な色彩を帯びているが）仏教王アショーカ⑦の勅令が代表している理論と近かった。ただ儒教は、これらよりもはるかに首尾一貫した福祉国家の理論を発展させた。

重商主義の萌芽も存在する。

しかし、重商主義の実践は本質的に別のもののようにみえた。

家産制が氏族間や村落間で頻発するローカルなフェーデ〔私闘〕に介入するのは、緊急の場合に限定されていた。経済への介入もほとんどが国家財政的な理由によるものであった。そうでない場合は、行政の拡張が不可避であることから、利害関係者の反抗的な態度に直面して失敗することがほとんどであった。

この結果として、平時には、政治は経済生活に対して実際のところ著しく控えめな態度をとっていたようである。政治の控えめな態度は、その拠り所を理論的な「レッセフェール」〔自由放任〕原理にも求めており、それはすでにとても早い時期からであった。

個々の氏族団体の内部では、試験に合格した任官候補者の教養の威信が、氏族の長老の伝統的権威と交錯していた。任官候補者は信頼できる人物であり、助言者として氏族の全メンバーから頼りにされ、またその人が官職に就いている場合は、パトロネージ〔後援〕を提供してくれる人として頼りにされた。氏族の長老の権威も、ローカルな案件では決定的な力を持っていることが多かった。

（1）**家［55］**（本段落）を参照。

（2）ドイツ語の Beruf の英訳としては vocation が用いられることが多いが、文脈に応じて高度な専門知識を必要とする専門職という意味の profession が使われることもある。この箇所でのベルーフは、「君子は器ならず」の対極として用いられているので、プロフェッショナルな専門的仕事という後者の意味合いが強い。Cambridge Texts in the History of Political Thought のシリーズの *Weber: Political Writings*, Cambridge University Press, 1994 では、"The Profession and Vocation of Politics" というタイトルが採用されている。

（3）Cf. MWG I/22-2, S. 233.『宗教社会学』一一九頁。

（4）Cf. MWG I/19, S. 476.『儒教と道教』四一〇頁。
（5）本書では基本的に patriarchal を家父長制的、Patriarchalismus を家父長制と訳している。ここでは patriarchalisch が使われているが、「家父長制的」と訳しておく。
（6）今日の標準的な福祉国家 (Wohlfahrtsstaat) の理解とはかなりかけ離れているが、ウェーバーは福祉国家を家産制的なパターナリズムと関連づけて理解している。**封［27］**、**純［12］**も参照。
（7）アショーカは古代インド・マウリヤ朝第三代の王。紀元前二六〇年頃に仏教に改宗した。

［56］中央からの距離、サトラップ（州総督）と大名、統一性とコングロマリット

権力領域の個々の構成要素は、主人の所在地から離れれば離れるほど、それだけ主人の影響から自由になる。このような状態は、純粋に官僚制的な家産制的構成体にとっても普通のことであった。どんな行政技術の手段をもってしても、これを妨げることはできなかった。

すぐ近くの地域は、主人が宮廷官僚を通じて直接的に家産制の論理で管理する領域、つまり主人の「家権力」を形成する。これに続くのが外側の県で、その知事たちは自分たちの地域を自分たちで家産制の論理によって管理する。しかし、すでに交通手段が不

十分である結果として、彼らはもはや貢租の総額を〔中央に〕支払うのではなく、地元のニーズを賄ったあとの余剰分を納める。定期的に彼らが納めるのは一定の貢ぎ物だけである。このとき距離が遠くなるほど、彼らは〔主人から〕ますます独立して地区の軍事力と課税力を意のままにできるようになる。

近代的な交通手段があるわけではない。このため敵が「辺境」を攻撃しにきた場合には、官僚が独立して迅速に解決する必要がある。この必要からしてすでに、右のような事態を不可避にしている。このため辺境の官僚は、どこでも非常に強い官職権力を付与されている（したがって、ドイツで最強の領邦国家の発展の担い手になったのは、ブランデンブルクとオーストリアであった）。

そしてついに、最も遠い地域になると、もはや名目上だけ従属する遠方の地域の領主〔主人〕に貢納を促すことができるのは、〔中央からの〕絶え間ない脅迫作戦によってのみであった。アッシリアの王も、また最近でも多くの黒人の王国の支配者も、彼らが要求している、一貫して不安定な、一部はまったく架空の勢力範囲に含まれている外域のどこかに、毎年次々にこうした脅迫作戦を行っている。

一方には、ペルシアのサトラップ〔州総督〕がある。任意に解任できたが、一定の貢納と一定の軍事的分担を定められていた。他方には、日本の大名がいる。「ランデスヘル」

〔諸侯〕に非常に近いが、それでも義務違反があれば配置換えがあった。オリエントとアジアの大帝国のほとんどの「総督」は、この二つの類型の間に位置することが多かった。実際、彼らはいつも不安定な依存関係にあった。

大陸の大帝国には、この種の政治的コングロマリット的構成体が最も広く存在しているのが普通であった。もっとも、決定的な基本的特徴には変わらないところが非常に多かったが、個々の形態は当然ながら実に多様であった。

近代に入るまでの中国の帝国も、官僚層の統一性にもかかわらず、部分的には名目上だけ従属するにすぎないサトラップ領のコングロマリットという特徴を持っていた。サトラップ領は、直接に管理を受けていた中核の地方の周囲に集合していた。

とくに、ここ中国でもペルシアのサトラップ領と同様に、地方官庁がその地方からの収入を手中に収め、そこから地方行政の費用をまずは賄った。たしかに中央政府は貢納を合法的に増額することができた。しかし、貢納の増額はただひたすら困難で、実際には地方の利害関係者の激しい抵抗に抗することでようやく、中央政府はそれを受け取った。

中央と地方の権力を合理的に編成し、信用に足る中央権力を創設するために、このような状態のきわめて明白な残滓をどこまで排除すべきか、また排除しうるのか。この問題は、おそらく現代中国の行政改革の最重要の問題であり、中央財政と地方財政の関係、したがって経済的利害対立と、当然のことながら関連している。

[57] 脱中心化と統一性の維持

脱中心化は次の場合に極端な〔ボーダーラインぎりぎりの〕ケース(Grenzfall)に至る。一方ではたんに分担と貢納の義務を持つだけの場合であり、他方では分国する場合である。支配関係はすべて、経済的なものも政治的なものも、主人の私的な財産とみなされる。このため相続による分割は至って普通の現象である。

しかし、この分割はしばしば、完全に独立した権力の構成とはみなされない。分割は、ドイツ法的な意味での「死の分割」〔相続財産の完全な分割〕ではなく、ほとんどの場合はさしあたり、少なくとも擬制的には統一性を維持しつつ、独立した行使のために、収入と主人の権利を分配するにすぎない。

君主の地位をこのように純粋に家産制的に理解することは、例えばメロヴィング朝では、地理的にきわめて不合理な分割の仕方という形で表れた。とくに収益性の高い領地や高所得の源泉などで占められている地域は、個々の分国の収入が均衡するように配分されなければならなかった。

〔国が〕「一つであること」(Einheit)のリアリティの種類とレベルは、実にさまざまな強度を持つことがある。

状況によっては、純粋に名誉的な優越が残っているだけのこともある。

大公の称号を持つ首府キエフは、カロリング帝国の分裂で皇帝の称号を持っていたアーヘン[1]やローマが果たしたのと同じ役割を、ロシアの分国君主時代に果たしている。チンギス・ハン[2]の帝国は、彼の家族の財産の総体とみなされた。大ハンの称号は理論的には末っ子に与えられるとされていたが、実際には指名や選挙によって与えられた。

しかし、実際のところ分国の君主はどこにおいてもしばしば、期待された服従を逃れた。支配者一族のメンバーに大きな官職権力を与えることは、統一性を保つどころか、崩壊や、(バラ戦争[3]におけるような)王位を僭称する者たちの争いを助長する。

これに対応して、家産制的官職が世襲によって専有された権力に変質する場合に、どの程度まで相続の分割がこの権力に影響を及ぼすのかは、さまざまな事情によって異なった。

一つには、とくに、その官職的性格が衰退する程度、あるいは逆に維持される程度によって左右された。このため、家産官僚層の権力ポジションが高度に発達している場合には、まさに分国君主の諸国家にあって、統一性を担う(einheitlich)一人の官僚が、分国君主に対して真の帝国の統一性を代表するということもありえる（例えば、カロリング朝の宮宰(4)である）。このため、このような統一性を担うような官僚がいなくなると、分割が決定的に促進される。

しかし、当然のことながら、カロリング朝時代の宮宰など、家産制下で完全に専有された最高位の官職は、分割の犠牲になりやすかった。

分割相続の原理は、家産制的構成体の耐久性を大きく損なう。分割相続の原理から離脱する試みは実にさまざまな程度で、さまざまな理由から行われてきた。

ごく一般的な話ではあるが、政治的脅威にさらされている国では、政治的配慮が相続分割に反対する。またそもそも家族を維持するという明白な利益のためにも、相続分割という選択をしないことがどの君主にも推奨された。

しかし、こうした権力政治的な動機だけでは、かならずしも十分ではなかった。一部はイデオロギー的な動機、一部は技術的・政治的な動機が、この傾向を後押ししないではいなかった。

一方で、中国の君主は、官僚制的秩序を実現してからは、呪術的な威厳をまとった。この威厳の性質は、概念的に分析不可能であった。他方で、官僚制の身分的統一性と昇進についての利害関心が、政治的構成体の技術的不可分性を意図する方向に作用した。

日本の将軍と大名は、概念的には「官職」であり、官職の体制と軍事の体制の特殊な封臣的性格（「藩」概念については、すでに述べた[5]）は、主人の地位の統一性を維持するのを助けた。

イスラームのカリフ支配の宗教的に条件づけられた統一性は、奴隷軍の将軍の手中で生じた、純粋に世俗的なスルタンの支配が部分的な国家に分解することを妨げなかった。しかし、規律化された奴隷軍の統一性〔ユニット〕は、ひとたび構築された王座の統一性を維持する方向に作用した。この理由だけでも、イスラーム的オリエントで、分割が定着することはなかった。

古代オリエントでまだ分割がなかったとすれば、おそらく基本的には、国家による治水事業の統一性が必要とされていたことが、この原則を維持する技術的な理由であった。そしてこの原則の成立は、おそらく君主の支配の始原的な性格が都市の王の支配であったことに、歴史的出発点を持っていた。

というのも、当然ではあるが、個々の都市に対する主人の権力は、田舎の領域支配と比較した場合に、技術的にまったく分割できないか、あるいは分割が困難だからである。

しかしいずれにせよ、オリエントの家産制的な君主の権力では、相続分割は行われなかった。このとき重要だったのは、一部は宗教的、一部は官職法的、一部はとりわけ技術的および軍事的な理由であった。ディアドコイ⑥のような分割は、それぞれ別個の主人の下に独立した複数の常備軍が並立する場合になされたのであって、主人の家の継承に際して行われたわけではない。官職的な性格が主人の権力に付随している場合にはいつでも、官職的な性格は、西洋でも同じ方向に作用した。

ローマ帝国では、分割は異質なままであり続けた。ディオクレティアヌス帝の秩序の「専制君主」(dominus)を利する形で、ローマの「プリンケプス⑦」が有していた政務官的な性格⑧(Magistratscharakter)が最終的に消滅してはじめて、分割への傾向が現れてくる。しかし、分割への傾向は純粋に政治的・軍事的にもたらされた。この傾向は家産制的な動因ではなかった。すでに長い間、軍事的に(リクルート面で)別々であった帝国の各半分(東西ローマ帝国)ではあるが、両者には完結性(閉鎖性)が存在した。このため分割への傾向は再度、ただちに停止した。

政務官と君主制は市民軍への指揮権に由来する。こうした起源は、このような仕方で最後の時代に至るまで影響を及ぼし続けた。

西洋でも、不可分のままであったのは、第一には、まずなんといっても「官職」とみなされていたものであった。「官職」とみなされていたのは、専有されていない官職以外では、とりわけ皇帝の威厳であった。

さらに、西洋では、他のどこでもそうであるように、君主の権力利害はすべて、それが先見の明のあるものであれば、分割可能性を制限するか、あるいは排除する方向に作用した。

とくに征服によって新しい国家を建設する場合はそうであった。

イギリスと南イタリアにおけるノルマン人の帝国やスペインの征服帝国も、初期の民族移動国家がそうであったように、ともに分割されないままであった。

しかし、不可分性が達成されたのは、それ以外にも、まったく異なる二つのモチーフが強力に相互作用することによってであった。

独仏の王国については、〔世襲ではなく、選挙によって君主を選出する〕選挙君主制になったことで、不可分性が実現した。フランスも少なくとも形式的にはそうであった。

これに対して、家産制化したその他の国々における不可分性は、なかでも西洋に特有の前提条件、つまり身分制的な領域団体の発展を基礎にして実現された。

この身分制的な領域団体は、近代的な国家アンシュタルト[9]〔公的営造物〕の前身であった。この団体が統一性のあるユニットとみなされるので、またそのようにみなされるかぎりで、「ランデスヘル」〔諸侯〕の権力もまた不可分とみなされるからである。

とにかくここではすでに近代的な「国家」が予告されている。

これに対して、家産制の内部では、家に隷従する家産官僚から貢納諸侯、そしてたんに名目上だけ従属する部分国の王に至るまで、家産制的支配団体内の地方権力の、事実上の独立性については、度合いの異なるさまざまな階段が存在する。

（1）アーヘンは、オランダ、ベルギーの国境近くにある、ドイツのノルトライン＝ヴェストファーレン州の都市。神聖ローマ帝国時代の中心都市であった。カール大帝の宮廷付属教会として建造されたアーヘン大聖堂では、一〇世紀から一六世紀まで神聖ローマ帝国皇帝の戴冠式が行われた。

（2）チンギス・ハン(Dschingis Khan, 1155/62/67-1227)はモンゴル帝国の創設者。

（3）バラ戦争(Wars of the Roses, 1455-1485)は、ランカスター家とヨーク家によって王位をめぐって戦われたイングランドの内乱。三〇年続いたこの内乱で、封建貴族は弱体化し、絶対王政への道が開かれた。

（4）宮宰(Hausmeier)は、フランク王国メロヴィング朝の最高官職。ブルグント、アウストラシア、ネウストリアといった分邦はそれぞれ宮宰を置いていた。カロリング家のピピン二世(Pippin II, 635-714)、いわゆる中ピピンは、フランク王国アウストラシアの宮宰であったが、全王国の実権を握った。

（5）**家［30］**を参照。

(6) ディアドコイはギリシア語で後継者を意味する。ここではアレクサンドロス大王の死後、彼の後継者を名乗って争った有力な将軍たちを指す。
(7) ラテン語で「第一人者」(princeps)。「プリンキパトゥス」(元首政)という国制は、この語に由来する。【用語】「プリンキパトゥス」も参照。
(8) ローマの政務官については、**組【11】**も参照。
(9) 【用語】「アンシュタルト」を参照。

[58] 都市建設、荘園制、帝国の統一

中央権力とさまざまな遠心的な地方権力との絶え間ない闘争は、次のような場合に、家産制に特有の問題を生じさせる。その場合というのは、家産制的な主人が、個人として自由に使える権力手段(自分の土地やその他の収入源、自分と個人的な連帯関係にある官僚や兵士)によって、氏族や職業によってのみ分けられた、たんなる臣民の集団に対峙する場合ではない。そうではなくて、家産制的な主人が一人の荘園領主として、他の荘園領主と並列に存在するとともに、その上に立っている場合である。このとき他の荘園領主は、ローカルな名望家層として、地元では独立した権威を享受している。

中国や新王国時代以降のエジプトとは対照的に、近東の古代・中世の政治的な家産制

構成体ではすでにこのような状況であった。しかしこれが最も著しかったのは、ローマ帝国時代以降の西洋の政治的支配団体であった。

家産制君主は、こうした独立した地方の家産制的権力を殲滅する試みをいつでも行えるわけではなかった。

たしかに若干のローマの皇帝（ネロ）は、とくにアフリカで、私的な荘園領主を大規模に根絶する手段に訴えた。

しかし、その場合には次のいずれかである。独立した名望家層を完全に追放するというのであれば、〔家産制君主〕独自の行政組織という手段が自由に使えなければならない。この独自の行政組織という手段は、地域住民内でほぼ同じ権威を持つことで、名望家層の代替になる。

もしそうでなければ、いまや土着の人たちに取って代わった請負人や荘園領主という形で、同じような要求をしてくる新しい名望家身分が生まれるだけである。

近東の国家でもすでにある程度はそうであったが、ヘレニズムやローマ帝国の国家では原理的に、地方の行政装置を作る特有の手段は都市を建設することであった。中国でも非常に似たような現象がみられる。中国では、前世紀にミャオ族[1]を服従させることはなおも、彼らを都市化させることと同じであった。

もっともこれらの場合に都市建設という手段が持っていた意味は、実にさまざまであった。こうした意味については、あとで論じなければならない[2]。

しかしいずれにしてもここから明らかになるのは、一般的にいって、ローマ帝国における都市建設の時間・場所の経済的限界が、古代文化の伝統的構造の限界にもなったということである。

当然ながら、都市建設がうまくいかなくなればなるほど、つまり一般的に、帝国がより内陸帝国になればなるほど、荘園制はますます政治的な重みを増した。

コンスタンティヌス帝[3]以降、古代末期の国家にとって司教の権力は、帝国統一の柱となるべき立場にあった。

〔カトリックの宗教会議である〕普遍公会議が特殊な帝国議会となった。

ところが、国家によって普遍化され、政治化された教会は、まさにこの政治化の結果としてあまりに急速に地域化したため、十分に〔帝国統一の〕柱であり続けることができなかった。なぜか。これについてはあとで言及しなければならない[4]。

中世初期の家産制国家では、教会は別の形ではあるが、もう一度、同様の役割を担うべく選び出された。

フランク王国ではそうであり、別の仕方ではあるが、封建国家でも同様であった。

とくにドイツでは、国王は、世俗と競合する司教という教会・政治的な名望家身分を創設することによって、地方や地域の権力に対抗しようとし、さしあたりは最大の成功を収めた。司教は世襲ではなく、地元でリクルートされることがなく、地元の利害のしがらみもなかった。このため普遍志向の利害関心の点で、司教は国王と完全に連帯できるように思われた。そして国王から司教に授与された荘園領主的・政治的権力も、法的には完全に国王の手中にとどまっていた。

したがって、とくにドイツ王国にとっては、次のような教皇の企ては、地方権力に対する国王特有の政治権力手段の基礎をめぐる闘争であった。教皇は、教会を直接、官僚制的に組織し、したがって教会の官職を完全に自分の手に入れようとした。あるいは教会法のルールに準拠して、王国から独立に、聖職者とゲマインデ〔信徒団〕によって教会の官職を満たそうとした。ここで聖職者とゲマインデによってというのは、実質的には、聖堂参事会員たちの、ローカルで聖なる名望家身分によって、ということであった。彼らはローカルで、世俗的な名望家と親戚関係やパーソナルな関係によって結びついていた。

そしてまさにそれゆえに、この場合には、教会権力は、国王に対立する世俗の名望家の支持を容易に手に入れることができた。

私たちが知るかぎりではあるが、（例えば、ユダヤ人やエジプトにおけるような）武装解除と神政政治化のコンビネーションは、激しい民族的対立や地方名望家の利害の衝突を利用しながら、二世紀以上にわたってペルシア帝国の不安定な統一を保持した。

しかしいずれにしても、バビロニア帝国やペルシア帝国には、地方の名望家層と中央権力との典型的な対立の痕跡がすでにみられる。この対立は、後に中世西洋の発展を決定づける最も重要な要因の一つになった。

（1）ミャオ族は、中国南西部の少数民族。苗族という表記も使われる。
（2）**封［16］**を参照。
（3）コンスタンティヌス帝（Flavius Valerius Constantinus I, 270?–337）はキリスト教を公認し、改宗したローマ皇帝。
（4）「国家と教権制」の章を参照。

［59］荘園領主によるインムニテート（公的負担免除）の要求、地方名望家への発展

どこでも地方の荘園領主層がとりあえずなによりも要求するのは、君主が隷属民に対する彼らの家産制的権力に手を出さないでおくこと、あるいは直接的にこれを保障することである。

したがって、とりわけ自分たちの荘園の領域で、支配者の行政官僚による介入の排除、つまりインムニテート〔公的負担免除〕を、彼らは要求する。

荘園領主自体は、支配者が隷従民となんらかの関係を結ぶ際の仲介機関とみなされていた。隷従民の刑事責任と納税責任について、人は荘園領主に従うものとされた。そして隷従民に対する徴兵の実施、税のノルマの支払い〔パフォーマンス〕と割当は、荘園領主に委ねられるべきとされていた。

これとともに当然ながら、荘園領主は隷従民の賦役や貢租の能力を自らのために利用することを望んだ。このため、家産制君主に対するパフォーマンスはできるかぎり切り下げられ、少なくとも固定化された。

このような要求のさまざまな部分を満たすインムニテート特権は、すでに〔紀元前〕三千年にエジプトで存在し（寺院や官僚に有利なものであった）、その後もバビロニア帝国で存在した（ここでも私的な荘園領主に有利なものであった）。

このような要求が一貫して実行されれば、家産制領主に対する権利と義務の担い手として、家産制領主によって構成された地方団体、つまり村落ゲマインデ〔共同体〕や場合によっては都市から、荘園が除外される。

事実として、ヘレニズム帝国の時代の古代、そしてまたローマ帝国時代は、すでにこのような状態であった。

さしあたりほとんどの場合で、君主自身の荘園領は、一切の地方団体から除外された地域に属していた。

その結果として、ここでは君主の官僚に加えて、場合によっては直轄地賃借人〔業務請負人〕がその立場で、家産制的支配権とともに、政治的支配権をも行使した。

それとともに、君主自身の荘園だけでなく、ローマ帝国ではしだいに、大規模な私的な荘園もそのようになった。私的な荘園の領域は、いまや都市区とは別に、例えば、封建時代から残っている、東部におけるプロイセンの領地区域(Gutsbezirk)とほぼ同じような地位を占めた。

しかし、中世の西洋諸国では、地方の荘園領主権力の要求は、〔古代とは〕まったく異なる重みをもって貫かれた。西洋には、確固たる伝統によって訓練を受けた官僚と常備軍を基盤とする古代の君主制が欠如していた。

西洋では、自前の軍隊と自前の官僚機構を創設し、自分の資金からその両方に給料を払い、軍隊を整備することができないかぎりは、近代初期の君主制も荘園領主と妥協せざるをえなかった。

古代末期の君主制、ましてやビザンツの君主制も、同じように地方の利害に譲歩しなければならなかった。

すでに四世紀以降は、軍隊のリクルートも、ますます地域ごとに行われるようになった。

行政が純粋に地方的になるということは、都市の参事会制度と荘園領主による行政を、地方の名望家の手に委ねることであった。

それでも、これらの層の上に、後期ローマの中央権力、さらにビザンツの中央権力の統制と規定がかぶさっていた。

こうしたものが西洋にはまったくなかった。

中国の行政の(公式的な)原理や、西洋の支配者が幾度となく実現しようとした原理とは対照的に、西洋で荘園領主が直ちに貫徹することに成功したのは、土地を所有する支配者の地方官僚はその管区に居住していなければならないという原則であった。イギリスの州知事や治安判事がそうであったし、プロイセンの郡長(Landräte)は今でもそうである。ここで貫徹された原則というのは、要するに、地方官僚は地元の荘園領主的な名望家層でなければならないということであった。

プロイセンでは、一九世紀の国家に至るまで、地方の国家官僚の推薦権は郡長が持っていた。

推薦権を持つ委員会は、実質的にはその地区の荘園領主の手中にあった。そして中世では、相当に有力なバロン〔封建貴族〕が、このレベルをはるかに超えて、法的にはともかく事実上は、広い地域の官職パトロネージを奪取することに成功した。

どこでも発展の傾向は次のような方向に進んだ。家産制君主の臣民全体を「君主から引き離して地方領主に隷従させる」こと。臣民と君主の間に、地方の名望家層を、ありとあらゆる種類の政治的官職の唯一の保持者として割り込ませること。君主と臣民の相互の直接的な関係を断ち切ること。一方では納税と兵役、他方では法的保護の提供という臣民と君主の相互の要求について、君主の統制をすべて排除し、両者をもっぱら地方の官職保持者に向かわせ、また同時に政治的官職そのものを、法的にあるいは事実上、一つの家族で、あるいは少なくとも地方の名望家のコンツェルンで専有すること。これらがその発展傾向であった。

〔60〕イギリスの治安判事

家産制的君主権力と、ローカルな家産制的利害関係者の自然な傾向との間の闘争は、実にさまざまな結果を生み出した。

君主から離れて地方に従属する臣民に対して、君主はとりわけ財政的・軍事的な利害関心を持つ。臣民の数、したがって農民の生業の数がそのまま完全に維持されること。臣民が家産制的な地方権力によって彼らの目的のために搾取され、その結果として、君主の立場からみて臣民の供給能力が損なわれないこと。君主が自分の目的のために臣民に直接課税し、軍事的に彼らを動員する権力を保持すること。こうしたことに君主は利害関心を持つ。

地方の家産制領主は地方の家産制領主で、君主に対して、あらゆることについて自分たちこそが農民の利益を代表すると主張した。

「領主のいない土地はない」(nulle terre sans seigneur)という一文は、中世では、これから議論されるべき封建法的な意味だけでなく、とくに実際的な点で行政法的な意味を持っていた。君主の行政という観点からすると、農民の村落ゲマインデは独自の権限を持つ団体として存在することはできず、それぞれの農民は一つの家産制団体に属し、その家産制領主によって代表される。したがって君主には、領主と交渉する権限(befugt)しかなく、領主の隷従民と交渉する権限はない。以上が行政法的な意味である。

ただし、この後者の観点が完全に貫徹されたとしても、それは例外的であり、しかもいつも一時的であった。

君主権力の強化は、それがどのようなものでも、君主の側が全臣民に対してなんらかの直接的な利害関係を持つことを意味する。

しかしながら、君主は地方の家産制的権力やその他の名望家たちと妥協せざるをえないと考えるのが通例であった。

危惧されるべき、そして実際にしばしば危険であった抵抗への配慮があり、また行政を効果的に引き受けるための、君主自身の軍事的・官僚制的な装置の欠如があった。ただこれと並んで、この妥協にとって決定的に重要だったのは、地方の名望家であった。

中世末期のイギリス、ましてや一八世紀の東エルベのプロイセンの地方行政は、純粋に財政的にみて、そもそも貴族を利用することなしには、君主にはまったく賄えなかった。

こうした状況の結果として、プロイセンでは、貴族が事実上将校の地位を独占し、官職のキャリアにおける大きな優遇のチャンスを独占した(とりわけ、貴族以外の者には必要な資格要件が完全に無視され、あるいは少なくとも事実上、広範囲に免除された)。そして、どの地方農村行政団体でも、騎士領が優越しており、それは今日に至るまで続いている。

もし、このような地方の国家行政全体が地方の家産制領主によって専有されることを、君主が避けたいのであれば、君主自らに非常に大きな収入があり、それを自由に使えるのでないかぎり、選択肢は一つしかなかった。その数と権力ポジションが大きな家産制領主に対抗するのに十分であるような、家産制領主以外の名望家層の手に地方行政を委ねることである。

イギリスでは、このような状況から、治安判事の制度が生まれた。この制度は、フランスとの大きな戦争〔百年戦争〕の時代に、特徴的な性格を持つようになった。荘園領主の純家産制的行政、彼らの裁判権、そしてまた封建貴族に支配される地方の官職（州知事）は、経済的理由で隷従関係が解消された結果として、もはや純粋な行政任務を処理することができなかった。また王権（Krone）も、家産制的権力や封建制的権力を押しのけることに利害関心を持っていた。そしてこの点で王権は、明白に「庶民」（Commons）の支持を受けた。

しかし、新しい行政任務は、イギリスでも他の場所と同様に、本質的に警察的な性格を持ち、経済的な要因で高まった治安維持の必要性と結びついていた。戦争状態によって不安定さが増大したことが〔治安判事の制度を生み出す〕理由となった、と一般にいわれている。しかしこの制度は継続して存続しているので、この説は信用に足るものではない。

むしろ、不安定をいっそう強く感じさせたのは、経済がますます市場に巻き込まれるようになったためである。

これに加えて、相当に特徴的なこととして、失業者問題と食料価格の問題が生じた。貨幣経済の成長がこれらをもたらした。

きわめて多様な治安判事の業務のなかで、治安警察、産業警察、消費警察がもともとの中心であったのは、こうした理由からであった。

ところで、治安判事の人員は民間の利害関係者から提供された。

王権は州ごとに、任意の数の地方の名望家を、事実上、そしてまもなく法律上も、主に該当地区の土地所有者層で、最低限の地代レンテを受け取る資格を有し、騎士的な生活を送っている層から選び出し、彼らを、警察的・刑事裁判的の複合的な権限を持つ治安維持官(conservatores pacis)に任命した。これらの権限は、形式的には取り消し可能であったが、事実上は、終身にわたって付与され、時代とともに多様化した。また、王権はその際に、治安維持官の任命は自分たち自身の手に、監督は中央の裁判所の手に残した。このようにして、王権はいわゆるジェントリー層を、(1)それなりに大きな家産制領主、つまりバロンに対立させて、君主の陣営に引き入れようとした。

民兵の指揮は、治安判事の一人である統監(Lord Lieutenant)に任された。

治安判事の決定には、通常の官僚制的な「審級」は存在しなかった。あるいは存在したとしても、王権の家産制的権力の要求が最高潮のときに存在した、いわゆる「星室庁」[2]〔裁判所〕という形態であった。星室庁はまさにそれゆえに、一七世紀の革命でジェントリーによって破壊された。

具体的な案件を特別な命令〔移送令状〕[3]によって、中央当局に持ち込むことが、いまや唯一残された可能性であった。この命令は、実際の運用でしだいに範囲を拡大した。ただし、これはもともとまったく任意に行うことができた。

実際のところ、以上のことが意味したのは、要するに、いかなる国王といえども治安判事を提供する層に逆らって、長期的に有効な統治はできないということであった。

治安判事の任命を地元の名望家の選出に直接的に委ねようとする試みがくり返し行われた。しかし、国王はこれを拒否し、国王の特定の顧問の推薦権は認めつつも、治安判事の任命権を自らの手に保持することに成功した。

これが意味したのは、それらの高官、つまりは大法官にパトロネージ〔官職任命権〕が手渡されたということであった。この権利はしばしば金銭的な利益のために直接的に利用された。

しかし、監督する官僚のこのようなパトロネージと国王自身の公的な法的地位の双方に対して、治安判事のポストを自分たちの独占物のままにするのに十分なほど、ジェントリーの連帯は強力であった。エリザベス女王の時代〔在位期間は一五五八〜一六〇三年〕には、新しい治安判事の任命を決定するのは実際には現職の治安判事の推薦である、ということについて苦情が出されたほどである。

(1) ジェントリーは、貴族とヨーマンの間に位置する地主層で、治安判事などの公務を独占したイギリスの名望家。【用語】「名望家」を参照。

(2) 星室庁は、イギリスの国王大権裁判所。ウェストミンスター宮殿の、天井に星形の装飾がある「星室」(the Star Chamber)で開催されたために、この名称で呼ばれた。コモンロー裁判所が対処できない案件を処理するために、一五世紀末から開催されるようになった。しかし、ピューリタンに過酷な刑罰を科すなどしたことから、一六四一年に長期議会によって廃止された。

(3) 移送令状(writ of Certiorari)は、上級審が下級審の判決の見直しを決定したときに、下級審に審理に必要な書類の移送を命ずるもの。

[61] 公務の担い手としてのジェントリー

その他の王室官僚と同じように、治安判事も、もともとは役得と日当に頼っていた。しかしながら、この収入は低額であったため、この役得を軽蔑して受け取らないことが、土地所有者たちの身分的な慣習になった。

治安判事になるための財産についての資格〔基準〕は、一八世紀になって相当に上がった。

通常の前提条件として、少なくとも一定の価値以上の土地が必要であった。

イギリスでは土地の賃貸が典型的であり、またますます増加していた。このことが、まさに農村のジェントリーの労働力を、こうした公務に充てることを可能にした。

都市市民層についていえば、活動的な実業家が〔こうした公務に〕参画することは困難であった。どこでも彼らが「名望家」のサークルから排除されるのは同じ理由からであった。経済的事情で手が離せないというのがその理由であった。

こうした市民層のサークルでは、活動的な仕事を退いた比較的高齢の人たちが、おそらくかなりしばしば治安判事になった。しかしそれ以上に治安判事の職に就いたのは、しだいに増加していたギルド仲間の階層であった。彼らは十分な富を得たあとで、起業家からレンテ生活者〔利子・地代で生活している人〕になった。

農村のレンテ生活者のサークルと中流階級のレンテ生活者のサークルは、特徴的な仕方で、「ジェントルマン」という類型に融合していく。この融合は、治安判事という役職に、彼らが共通して関係していたことによって強力に促進された。

いずれのサークルでも、人文教育課程を終えると、息子たちは若くして治安判事に任命されるのが身分的な慣例となった。

治安判事の職は無給の官職であり、資格のある者にとっては官職を引き受けるのは義務であった。治安判事は形式上、それ自体ライトゥルギー〔公的奉仕義務〕であったが、実際の務めは短期間にかぎって引き受けられることが多かった。

そもそも実際に公務を行ったのは一部の治安判事にすぎなかった(もっとも近代にはしだいに増えていった)。

それ以外の人たちにとって官職は肩書きであり、社会的な名誉の源泉であった。

現実の職務活動に携わると、治安判事のポストは大変な労力を要した。それにもかかわらず、このポストが継続して、務めを効果的に果たすのに十分な程度に志願され、また志願され続けた。社会的威信と社会的権力もその理由であった。

職業法律家から仕掛けられる競争は当初から存在し、何世紀にもわたって非常に激しかった。しかし、職業法律家はこの競争に敗北した。低収入であったこと、そして後に、ジェントリーによって事実上、収入が放棄されたことにより、職業法律家はしだいにこの官職から放逐された。

個々の素人の治安判事は、個人的に頼りにしている弁護士からアドバイスを受けた。しかし全体としては、自由に使うことができた書記の助けを借りて、伝統に準拠し、また非常に広く、公平な判断によって決定がなされた。このことが、治安判事の行政に庶民的な性格と独特の特徴を与えた。

ここには、官職の業務が増加したにもかかわらず、職業的官僚層が平和的な競争で名望家の官職に完全に押しのけられた、きわめて珍しい例の一つがある。

ジェントリーをこの官職に駆り立てるインセンティブになったのは、利害関係者のサークルの、なんらかの特殊な「理想主義」などではなく、治安判事による行政が付与する、ともかく重要で、外部からはほぼ完全に独立している影響力であった。なんらかの重要な案件についてはすべて、少なくとも二人の治安判事が合議で解決しなければならない。形式上はこの規定によってのみ、彼らの影響力は統制を受けた。また実質的には、身分的慣習に由来する強い義務観念によって統制を受けた。

治安判事による行政は、イギリスでは、その他の地方行政機関（都市以外）を、実際的にほとんど無意味なものにしてしまった。

国の守護神と賞賛されたこの「自治」(selfgovernment)の最盛期には、治安判事は、地方行政区（州）で有効な行政活動をしていた、事実上ほとんど唯一の役職者[1](Beamte)であった。このような治安判事と並んでしまうと、旧来の強制的なライトゥルギー（公的奉仕義務）団体も、荘園領主による家産制的行政も、さらには国王によるあらゆる種類の家産官僚制的統治も、いずれも取るに足らないものとなってしまった。

大国を基盤として歴史上知られているなかで、純粋な「名望家行政」が貫徹された最もラディカルな類型の一つがこれであった。

職務遂行のやり方や内容もこれに対応していた。治安判事の裁判は、多くの住民にとって実質的に重要な裁判であった。というのも、ローマの農民にとっての法務官、ロシア人にとっての皇帝〔ツァーリ〕のように、イギリスの住民にとってはロンドンの中央裁判所は、空間的にも遠く離れており、またなによりも膨大な手数料のために経済的にも手の届かないところにあったからである。このような治安判事の裁判は、今日に至るまで「カーディ裁判」の性格を非常に強く持っている。

治安判事の行政は、行政職務活動の「ミニマム〔最小〕化」と臨時的な性格を露わにする。これらはすべての名望家による行政にとって不可避的な特徴である。

治安判事の行政は「経営」という性格を持ち合わせていなかった。

治安判事の行政職務活動は、とりわけ、実質的に目録の管理〔当初、とくに首席治安判事[2]の場合がそうであった〕が問題でないかぎり、圧倒的に抑制的な性格で、非体系的で、原則として直接的に目にみえる重大な違反や被害者の訴えにのみ反応した。積極的な行政任務を恒常的かつ集約的に処理することや、統一した考えに基づいて首尾一貫した「福祉」政策〔を実現すること〕には、治安判事の行政職務活動は技術的にまったく適していなかった。なぜなら、行政活動は基本的に「ジェントルマン」の副業的な仕事とみなされていたからである。

たしかに、治安判事の「四季裁判所③」の場合には、治安判事の少なくとも一人は法律に通じていなければならないということが原則になっていた。一人ないし複数の治安判事は〔法律の専門家ということで〕発行された「委嘱状」に名前が記載された（必要員条項）。これによって同時に中央の行政機関は、実際に職務を遂行する治安判事の人格に一定の影響力を確保していた。

しかし、一八世紀以降は、それさえも通用しなくなった。活動に参加する治安判事の全員が「必要員」に含められるようになったからである。

（1）くり返しになるが、無報酬の名誉職で、行政の仕事をしている人は、日本語の「官僚」の範疇には含まれない。しかしウェーバーはドイツ語の Beamte に、そのような自治の担い手も含めている。【用語】「官僚」も参照。

（2）ラテン語の custos rotulorum は、記録（巻物）の保管者の意味。治安判事裁判所の首席判事を指す。

（3）年四回開催されたことから、Quarter Sessions と呼ばれた。イングランドでは一九七一年、スコットランドでは一九七五年に廃止されるまで存続した。

[62] 治安判事の裁量と権力

酒場通いとカード遊び、あるいは身分相応な服を選ぶことから、穀物価格の水準や支払われる賃金が十分であるかという点まで、また労働嫌いから異端まで、およそ生活していくうえで考えられるあらゆる出来事に、臣民は治安判事の警察権力と処罰権力の気配を感じとるようになる。たしかに、臣民はこのことを覚悟せざるをえなかった。

偶然のきっかけによって規定が適用されることを期待していたのは、治安判事の側、そして治安判事の側だけであるような、無数の制定法や政令があった。

しかし、いつ、どのような手段で、またどれくらい持続的に介入するかは、実質的に、広い範囲で彼らの裁量に任されていた。

特定の目標のために計画的な行政活動を行うという考えは、彼らのサークルでは例外的にしか生まれなかった。スチュアート朝の短い期間、とりわけ〔ウィリアム・〕ロード(1)の行政でだけ、上からの一貫した「キリスト教的社会政策」の体系を実現しようとする試みがなされた。しかし、当然のことながら、まさに治安判事の主たる出身層のサークルの抵抗によって、結局この試みは失敗に終わった。

（1）ウィリアム・ロード(William Laud, 1573-1645)はイギリスの聖職者。ピューリタンの弾圧者であり、ピューリタン革命の最中に処刑された。キリスト教的社会政策というのは、チャールズ一世統治下で、一六三一～一六四〇年にロードによって実現された救貧法を指す。ウェーバーは『プロテスタンティズムの倫理と資本主義の精神』でも、ロードの政策に言及し、彼の立場と「施しは慈善にあらず」というピューリタンたちの合言葉を対比して論じている(cf. MWG I/18, S. 437.『プロテスタンティズムの倫理と資本主義の精神』三一七頁)。

［63］中国とイギリス、行政のミニマム化

〔イギリスの〕治安判事の行政の性格は拡張的で、とぎれとぎれである。こうした性格そのものだけでなく、さらに中央官庁が行政の経過に介入する仕方も、一見すると、多くの点で、中国の行政が機能する方法を思い起こさせる面がある。中央官庁の介入は、ときには特定の個別事案のために突然に行われ、そしてこの場合は実質的に効果的であった。また中央官庁の介入は、ときには一般的な形で指示によって行われた。この指示は実際にはしばしば勧告という価値しか持たなかった。中国の行政の運営にも、外見的にはこれらの目印〔メルクマール〕となるような特徴があった。

しかし、両者の違いは甚大である。

もちろんイギリスでも中国でも、決定的な事態は、家産官僚制的な行政が地方の権威と衝突するという事態であった。家産官僚制的な行政が機能しうるためには、なんらかの仕方で地方の権威と協調しなければならない。

ところが中国では、教養のある行政官僚に対して、氏族の長老や職能組合が対峙していた。

イギリスでは、専門的な教育を受けた裁判官に対峙していたのは、土地を所有するジェントリーという、教養のある名望家身分であった。

中国の名望家は、官僚のキャリアのために、古典的・文学的教養を身につけた人たちであり、プフリュンデ〔俸禄〕の保有者ないしその候補者であり、したがって、家産官僚制の権力の側にいた。これに対してイギリスでは、まさにジェントリーの中核を形成したのは、自由であり、隷属民や労働者を支配するなかで経験によって訓練され、しだいに人文主義的な教養を身につけるようになった大土地所有者の身分、つまり中国にはまったく存在しない層であった。

中国は、およそ可能なかぎり対抗勢力に煩わされることがない、まだ近代的な専門官僚制にまでは洗練されていない、家産官僚制（Patrimonialbürokratismus）の最も純粋な類型である。

これに対して、イギリスの治安判事の行政は、その最盛期には、〔一方における〕身分的な家産制と〔他方における〕純粋で独立した名望家行政とのコンビネーションであり、前者よりもはるかに後者に属するものであった。

イギリスの治安判事の行政は、もともと形式的には臣民のライトゥルギー〔公的奉仕義務〕による行政であった。というのも、ライトゥルギーによる行政というのは、官職を引き受ける義務のことだからである。

しかし、結果としては、事実上の権力状況によって、君主は臣民によってではなく、ある政治団体の自由な「仲間」、つまり「市民」(Staatsbürger)の自由な協力によって、君主の権力を行使した。

したがって、治安判事の行政は、なによりも、君主の家産制的家計と、私的な隷従民を持つ私的な家産制的支配における、典型的な政治的タテ関係とは一線を画している。なぜなら、治安判事の行政はまさに私的な隷従関係の崩壊と並行して発展してきたからである。

実質的には、もちろん、イギリスの「地主階級」(Squirearchie)は、徹底して荘園領主的性格を持つ名望家層であった。そして治安判事の行政はこの「地主階級」の現象形態であった。

封建的および荘園領主的な特有の前歴がなければ、イギリスのジェントリーが持つ独特の「精神」は決して生まれなかったであろう。

アングロサクソンのジェントルマンの「男らしさの理想」という特別なあり方は、この「精神」の痕跡を拭い難くとどめてきたし、いまもとどめている。

慣習の形式上の厳しさ、きわめて強く発達したプライドと尊厳の感覚、スポーツがまさに身分を形成する社会的意義を持つこと。こうしたことに本質的な仕方で表現されているのが、「男らしさの理想」の特徴である。

しかし、この特徴は、都市のレンテ〔金利〕生活者や活動的な実業家のサークルに属する、特別に市民的な階層との混合が進むことによって、すでにピューリタニズムの侵入以前に、中身の点でかなり強く変形され、合理化された。そうした変形と合理化の方向性は、後述するイタリアにおける門閥とポポロ・グラッソ[1]との混合がもたらしたものと類似していた。

しかし、近代的な類型が成立したのは、ようやくピューリタニズムによって、そしてその厳格な支持者の範囲を超えてピューリタニズムの影響が及んだことによってであった。しかも、近代的な類型は、地主階級的で半封建的な特質と、禁欲的、道徳主義的、功利主義的な特質が非常にゆっくりと調和する道程をたどって成立した。この二つの特質は、一八世紀にはまだ相互に厳しく宥和不可能な対立関係にあった。

これまで述べてきたような独特な高貴さの類型は、資本主義的な暴力の猛攻に対して、官僚層の行政実務や汚染されていない度合いの高さに影響力を保持しただけでなく、名誉や習俗についての社会的なものの見方にも影響力を保持した。治安判事という官職は、こうした影響力を保持するための最も重要な媒体の一つであった。

近代都市の条件からすると、教養のある素人による名誉職的な治安判事の行政は、技術的に貫徹できるものではなかった。

しだいに有給の市町村治安判事が増加した（前世紀〔一九世紀〕半ばには一万八千人以上いる治安判事のうち約一三〇〇人が有給で、約一万人は肩書きだけの治安判事であった）。

しかし、イギリスの行政組織には体系性が欠如しており、家父長制的な組織と純粋な目的団体組織が混在したままであった。合理的な官僚制度は、たんなるパッチワークとして、きわめて具体的な個々のニーズに応じて、古い名望家行政に挿入されたにすぎなかった。イギリスの行政組織の体系性の欠如と混在性は、その結果であった。

名望家行政は政治的な観点で重要であった。というのも、行政事務の運営や国家に対する慣習に基づく強い忠誠心と同一化という点で、有産階級はしっかりと訓練を受けるからである。

経済的に重要なのは、なによりも名望家行政が不可避的にもたらす行政のミニマム〔最小〕化であった。[2] 行政のミニマム化は、慣習的な「企業倫理」の拘束がともかく強いなかで、経済的イニシアティブの展開にほぼ完全に自由な経路を提供した。

家産制の観点からすると、治安判事の行政は家産制の一つの極限的なボーダーライン上のケース(Grenzfall)である。

(1) イタリア語のポポロ・グラッソ(popolo grasso)は、直訳すれば、「太った人びと」。豪商など、富裕層を指す。これに対してポポロ・ミヌート(popolo minuto)は下層市民層。なお、「後述する」とあるのは、MWG I/22-5, S. 204.『都市の類型学』二一八頁を指すと思われる。

(2)「行政のミニマム化」と聞くと、私たちはこれをマーガレット・サッチャー(Margaret Thatcher, 1925–2013)が一九七九年にイギリスの首相になってからの、いわゆる新自由主義に直結させがちである。しかし当然のことながら、「ミニマム化」の歴史ははるかに長く、そして複雑である。

[64] ツァーリの権力ポジションと身分的連帯の欠如

家産制君主と荘園領主の名望家が並存する、歴史的に重要な、他の事例ではどこでも、名望家自身も家産制領主である。そして近代初期に家産官僚制が成立するときにも、両権力の間で明示的あるいは暗黙の妥協が行われた。その妥協というのは、次のようなものである。〔一〕君主の租税の利益と徴収の利益がそれを許すかぎり、地方の家産制領主には、隷従民を支配することと隷従民を経済的に自由に使うことが保障される。〔二〕地方の家産制領主は、隷従民に対する地方行政と下級裁判権を全面的に手中に収め、君主および君主の官僚に対して隷従民を代表する。〔三〕さらに、国家の官職のすべて、あるいは少なくともその大部分、とくに将校の地位のすべて、あるいは少なくともほとんどすべてが、地方の家産制領主のために確保される。〔四〕さらに、地方の家産制領主は、彼らの人と土地所有に対する租税を免除され、裁判籍〔裁判を受ける側からみた、裁判所の土地管轄〕、刑罰と証明方法の手段について、「貴族」として広い範囲の身分的特権を享受する。〔五〕とりわけ（ほとんどの場合に）身分的特権には、地方の家産制領主のみが家産制的支配を行使できることが含まれていた。つまり彼らだけが、体僕農民、隷従農民、その他の家産制的な従属農民を含む「貴族」領を所有できた。

君主から独立した貴族が、このような身分的な特権を有していたということについては、ジェントリー行政時代のイギリスでは、もはやたんに痕跡が残っているだけであった。

地方行政におけるイギリスのジェントリーの権力ポジションは、非常に時間を奪い、経費もかかる名誉ある義務をともなった、ライトゥルギー〔公的奉仕義務〕にも類似した負担を引き受けることの別の側面である。

大陸ヨーロッパの秩序では、少なくとも近代には、もはや同様の現象は存在しなかった。

もっとも、ピョートル大帝〔ロシア皇帝、在位期間は一六八二～一七二五年〕からエカテリーナ二世〔ロシアの女帝、在位期間は一七六二～一七九六年〕にかけての時代には、ロシア貴族には一種のライトゥルギーが課せられていた。

ピョートル大帝の独占権力は、それまでのロシア貴族の社会的位階と法的関係を排除し、二つの単純な原則を立てた。**1** 社会的位階（チン）は、家産官僚制の官職〔文官または軍人〕を務めることによってのみ与えられる。詳しく述べれば、位階の高さは、家産官僚制の官職の階層構造の一四階級のレベルに応じて付与される。官職に就くのに必要なのは（少なくとも理論上は）教養資格であった。既存の貴族の独占権はなく、また土地所有の資格も必要なかった。それゆえに、これは中国の状態に近いようにみえる。**2** 官職を引き受けない場合には、二世代後には貴族の権利は消滅する。これも中国の状態と似ているようにみえる。

しかし、いまやロシアの貴族の権利には、他の特権と並んで、とりわけ農奴が定住した土地を独占的に所有する権利も含まれるようになった。

これによって貴族は、中国とはまったく異質な形で、荘園領主的な家産制の特権と結びついた。

君主に仕えないと、その結果として貴族の権利を喪失するという制度は、ピョートル三世とエカテリーナ二世の時代に廃止された。

しかし、チンと官位表(tabel o rangach)は依然として社会的評価の公式基準であった。少なくとも一時期だけでも国の官職に就任することが、若い貴族の身分的慣習として残っている。

たしかに、私的土地所有の領域における貴族の荘園領主による家産制的支配は、「領主のいない土地はない」(nulle terre sans seigneur)という命題の意味で、ほぼ普遍的であった。貴族の所有地以外には、君主の直轄領や国王親族封〔アパナージュ〕の荘園、教会や修道院の荘園があるだけであり、その他の人の自由な土地所有はまったく存在しないか、個別の残滓の形で存在するか(自作農民(Odnodworzy))、軍事レーエン〔封土〕(コサック領)として存在するだけだったからである。

このため農村の地方行政は、君主の直轄地の行政でないかぎりは、すべて土地所有貴族の手中にあった。

しかし、本来の政治権力と社会的威信、とりわけまた経済的上昇のチャンスのすべてを左右したのは、官職だけであり、あるいは直接的には宮廷関係であった。どこでもそうであるがロシアでも、完全に中国と同じように、政治権力を扱うということは、経済的な上昇のチャンスを意味した。

パーヴェル一世〔ロシア皇帝、在位期間は一七九六〜一八〇一年〕は、外国からの訪問客に、高貴な人とは彼と話す人であり、彼と話すかぎりでのみその人は高貴である、と宣言した。このときこれはもちろん誇張であった。

しかし、実際に皇帝は貴族に対して、西洋の君主であれば、どんなに有力な君主であっても、法律的には非自由人である、家人〔ミニステリアーレ〕の最下位の者に対してすらしないようなことを、あえて行うことができた。その貴族が最も有名な名前の持ち主や莫大な財産の所有者であっても同じであった。

こうしたツァーリの権力ポジションは二つの基礎を持っていた。一つは、個々のチン〔位階〕保有者とツァーリとの利害関心の連帯である。個々のチン保有者は、行政および強制徴用によって調達された軍隊を指揮していた。もう一つは、貴族の身分的利害の連帯がまったく欠けていたことである。(1)

中国のプフリュンデ〔俸禄〕保持者と同じように、〔ロシアの〕貴族たちも自分たちのことを、チン〔位階〕および皇帝の恩恵がもたらすあらゆる機会をめぐって競っているライバルだと感じていた。

そのため、貴族は内部では派閥によって深く分裂し、君主に対してはまったくの無力であった。地方行政の近代的な組織は、一部ではあるが新しい状況を作り出した。こうした近代的な地方行政組織の時代になっても、エカテリーナ二世によって集会と集団請願の権利が明確に与えられていたにもかかわらず、共同で抵抗を試みるために貴族が集まるというのはごく例外的で、しかもはこうした試みはいつも無駄に終わった。

宮中の恩恵をめぐって展開される競争は、貴族の身分的な連帯の完全な欠如をもたらした。このような貴族間の連帯の欠如は、ピョートル大帝の体制の結果ではなく、すでに「メストニチェストボ」(2)〔封建的階級制度〕というより古い制度に由来していた。この封建的階級制度は、モスクワの家産制国家の成立以来、名望家の社会的等級づけを支配していた。

社会的位階は当初から、普遍的な土地所有者であるツァーリから授与された官職の尊厳に結びついていた。そしてこの官職の尊厳に物質的報酬として結びついていたのが、勤務レーエン(pomjestje の mjesto は地位を意味する)の保有であった。

ピョートル大帝の制度に対して、古い「メストニチェストボ」が異なっていたのは、最終的には次の点だけである。〔古い制度では〕一方では勤務レーエン、他方では最初の取得者あるいは後の所有者が官職を通じて得た位階が、その子孫すべてに世襲で専有され、貴族の家族間相互の位階関係を比較的長期にわたって調整した、というのがそれである。

1 官職の階層的秩序で最も上まで出世した先祖の官位と、**2** 先祖の一人によって所有された最も高い階位と、自分が勤務を始めるまでの世代数によって、若い貴族は、さまざまな異なる官職の位置からスタートした。

確立された身分的習俗によって、自分の家がより高位の官職貴族である貴族は、より低位の官職貴族の家出身の官僚の命令に服するような官職には就くことができなかった。同様にその貴族は、食卓で、個人としてどんなに高い官位を持っていても、「メストニチェストボ」の家の格が自分より下位にある官僚の末席には、座ることが許されなかった(それがツァーリの食卓であれば命の危険があった)。

このシステムが意味していたのは、一方では、最高レベルの行政官僚や軍司令官を人選する際に、ツァーリが厳しい制限を受けるということであった。この制限を覆すのは非常に困難であり、戦場ですら抗議や反乱を鎮めることができない危険性があった。

他方で、このシステムは貴族に宮廷や家産官僚制の勤務を強いた。世襲による身分が高ければ高いほど、社会的存在感や官職のチャンスを失わないために、貴族はそうせざるをえなかった。こうして彼らはほぼ完全に「宮廷貴族」に変貌した(dworjanstwo は宮廷を意味する dwor に由来する)。

(1) 対等な立場の構成員である「仲間」(ゲノッセン)が形成されているところでは、彼らの連帯による抵抗が可能なので、主人の権力は制限される。これに対して、このようなヨコの関係における連帯が欠けたところでは、専制的な権力が成立しやすい。

(2) **宮【46】**を参照。

【65】 家産制の極端なケースとしてのレーエン(封土)関係

自分の土地を所有するということは、位階の基礎としては、しだいに重要でなくなっていった。

ヴォチナ(wotschina)は、もともと家人領として授けられたものではなく、「自有所有地」にして、先祖から受け継いだ荘園を意味する。このヴォチナの所有者であるヴォチニキ(wotschinniki)は消滅して、ポミェシュチキ(pomjeschtschiki)になり、これが現在の「荘園領主」を指す唯一の用語になった。

貴族領を所有していることではなく、自分自身と先祖から受け継いだ官位が、社会的位階を形成した。

ツァーリの家産制的君主制は、社会的権力の全部を君主への奉仕に結びつけるシステムを巧みに利用した。このシステムの発展の出発点は、**1** 後述する制度(国王従士制)である。[1] これには **2** 氏族の連帯が結びつく。氏族の連帯は、いったん獲得した勤務地位とそれにともなうチャンスを氏族仲間の全体で専有しようとする。

ピョートル大帝が直面したのは、こうした状態であった。彼は貴族の氏族が位階を要求するための情報を提供してきた位階表(rasrjadnaja perepis)を焼却させ、ほぼ純粋に個人の官位に基づくチンの方式に置き換えることで、この状態の簡素化を図った。

それまで、身分的連帯の発展を阻み、自らの官僚を自由に選出するというツァーリの利益を阻んできたのは、氏族の名誉であった。ツァーリに反抗する階級的連帯を生み出すことなく、氏族の名誉を排除しようとしたのが、ピョートル大帝の試みであった。

実際にこの試みは成功した。

チンという社会的地位を求めるかぎり、貴族はそれをめぐる徹底的な競争によって深く分裂したままであった。そしてまた純粋な荘園領主にとどまっているかぎり、チン保有者(官僚を意味する一般的な呼称)に対する憎しみに満ちた対立によって、やはり分裂したままであった。

農奴所有の独占も連帯感のある身分を作り出すことはなかった。チンをめぐる競争が不和を生み、これと並んで、富裕になることへの大きな機会を提供するのは官職だけであったというのが理由である。

この点で状況は、帝政末期のローマ帝国やビザンツ帝国、古代バビロニアやペルシア、ヘレニズムの先駆やその後継のイスラームと同じであった。すでに論じたように、(2) 荘園領主的な家産制が重要な意味を持つことは、中国ではまったくなかった。またこれら諸国のどこでも、荘園領主的な家産制が重要な意味を持つことによって、荘園領主層と国家官僚が一定の仕方で結合するという結果にはならなかったし、荘園制を基礎にした統一的な貴族身分が成立するという結果にもならなかった。その萌芽は多数存在したにもかかわらず、そうであった。

後期ローマ帝国の行政にとって、「所有者」(possessores) はますます重要な階層となった。初期オリエントの帝国の諸形態ですでにそうであったように、この「所有者」に、それぞれ無関係にではあるが対抗していたのは、ヘレニズムの帝国と同様に君主の家産官僚層であり、後期ローマ帝国ではプフリュンデ〔俸禄〕収入の高さに応じて位階の等級に編入されていた層であった。

そして、イスラーム帝国では、その神政政治的な性格に対応して、社会的位階は当初、イスラームへの信仰によって与えられた。しかし、官職に就くチャンスは、教会主導の予備教育によって与えられ、そうでなければ、主人の自由な恩恵によって与えられた。このため、永久的かつ持続的に有効な貴族の独占は成立しなかった。

とりわけ、このような地盤では、中世の西欧の貴族が有していた基本的な要素が成立することはありえなかった。その基本的な要素というのは、伝統的であると同時に、教育によって強化された信条の、ある特定のあり方を通じて、生き方を一つの中心に向けて方向づけることである。換言すれば、基本的な要素とは、生活様式全体を個人のレベルで関係づけることであり、各個人への要求であるとともに、身分の構成員の全体を内面的に結びつける紐帯でもある、共通の身分的名誉のことである。

たしかに、すでに述べてきたどの国の名望家たちの間でもそうであるように、多数の身分的慣習がロシアの地盤でも発展していた。

しかし、これらの身分的慣習は、「名誉」を基礎とした、生き方についての統一的な信条に基づく中心に行き着くことはできなかった。これは前述した社会的位階の基礎の分裂だけによるものではない。

むしろ、先に述べた身分的慣習は、そもそも経済的な利害や裸の社会的な威信への欲求を、いわば外から駆り立てるだけで、自らの名誉を自己主張し、その名誉を証明するという基本的な内的基準を、行為の統一的な推進力に対して与えるものではなかった。自らの社会的名誉と主人に対する関係は、次のどちらかであった。独立した名望家の場合にそうであるように、内部で完全にバラバラになるか、あるいは宮廷貴族、チン、マンダリン[3]など、主人の自由な恩恵だけに基づく、あらゆる地位でそうであるように、もっぱら外面的な威信への欲望に訴える「栄達」のチャンスになるか。このどちらかであった。

他方で、専有されたプフリュンデは、たしかに法服貴族の場合のように、官職や名望家の「品位」の感情に適した基礎ではあった。しかしプフリュンデはどんな種類のものであっても、それ自体では主人に対する「名誉」に基づくパーソナルな関係や、これに基づく特有な生き方の基礎にはなりえなかった。

西洋の家人(ミニステリアーレ)の社会的名誉は主人の恩恵によって与えられ、「地主階級」(Squirearchie)に属する古イギリスのジェントルマンの社会的名誉は、自立した名望家の資格に基づいていた。両者は相互にとても異なる種類ではあったが、個人としての、独特の身分的品位感情の担い手であった。この品位感情は、たんに官職によってもたらされる威信ではなく、個人の「名誉」を基礎にしていた。

しかし、家人の場合には完全に自明であり、古イギリスのジェントルマンの場合にも容易にわかるように、この両者の内面的な生き方の一部は、西欧の騎士階級によって生み出されていた。

家人はこの騎士階級と完全に融合した。イギリスのジェントルマンは、これとは異なり、中世的、純騎士的な特徴だけでなく、これらと並んで、名望家の非軍事化が進むにつれて、別の市民的特徴を、ますますその男性性の理想と生活様式へと取り入れるようになった。こうして、「地主階級」と並んで、これと匹敵する、非常に異質な由来を持つ類型が、ピューリタン的なジェントルマンの形で成立した。いまやこの類型とともに、実に多様な、相互に異なるものを同化する発展が始まった。

しかしそれでも、〔家人とジェントルマンという〕二つの層の、もともとの中世特有の方向づけの中心は、彼ら自身の外側にある封建的騎士道にあった。

ところで、騎士の生き方は、封建的な名誉概念によって中心的に決定されていた。封建的な名誉概念はまた、封臣の封建的忠誠によって規定されていた。封建的忠誠は、一方では内面から発する、原理に準拠した統一的な態度決定によって、他方では主人との関係のあり方によって、身分的名誉が規定された唯一の類型である。

レーエン〔封土〕特有の関係はつねに家産制外の関係であり、こうした観点からすると、家産制的支配構造の限界を超えたところにある。

しかし、他方で、レーエン特有の関係は、それに固有の、純粋に個人的な、主人に対する恭順関係によって強く規定されている。また、家産制君主が、地方の家産制領主に対して、また地方の家産制領主を利用して、政治的支配を行うという現実的な「問題」に対する「解決策」という性格を、レーエン特有の関係は強く持っている。このため、容易にわかるように、レーエン関係は、家産制の特殊な、極限的な「極端な〔ボーダーラインぎりぎりの〕ケース」として扱われるのが、体系的に最も整合的である。

（1）**力**[**4**]〜[**6**]を参照。

（2）**家**[**54**]を参照。

（3）マンダリンは中国清朝の高級官僚のこと。儒教の経典に通じた知識人であり、「読書人」と訳されることもある。ウェーバーはドイツの官僚層をこのマンダリンと対比しながら考察している。この視点を展開した研究として、フリッツ・リンガー『読書人の没落——世紀末から第三帝国までのドイツ知識人』西村稔訳、名古屋大学出版会、一九九一年がある。

封建制①

（1）マリアンネ・ウェーバー編の『経済と社会』初版では、この章のタイトルは「家父長制と封建制の作用」(Wirkungen des Patriarchalismus und des Feudalismus)であったが、全集版では「封建制」というタイトルが採用されている。『経済と社会』第四版・第五版では、「封建制、身分制国家および家産制」がタイトルになっている。全集版では「封建制」というシンプルなタイトルになっているが、ウェーバーは封建制を家産制の極端なケース(Grenzfall)として論じている(**家[65]**、**封[1]**)。本書の章タイトルの印象から、家産制と封建制を単純に切り離して理解しないようにしていただきたい。Feudalismus も接尾辞の mus で終わるが、ここでも封建主義ではなく、封建制と訳す。この章は内容的なつながりから、**封[14]**までの前半と**封[15]**以降の後半という、二つのブロックに分けることができる。後半の最初に[経済との関係における、支配の家産制的および封建制的な構造形式]という見出しが全集の編者によって付けられている(この見出しに付けられた[　]も全集の編者による)。本章の執筆時期の詳細は不明であるが、**封[4]**で言及されているC・H・ベッカーの論文が一九一四年二月一八日に刊行されているため、それ以後に執筆ないし加筆がなされたと思われる。

【1】封建制の分類

純粋な家産制には幅広い恣意の領域があり、それに関連して権力ポジションの安定性が欠如している。まさにこの対極にあるのが、これから論じるレーエン〔封土〕関係の構造である。

レーエン封建関係は、主人とレーエン保有者の関係が型に嵌められて固定化される方向に進んだ、家産制構造の一つの「極端なケース」(Grenzfall)である。

資本主義的に収益を得る市民層の段階になると、家父長制的な家コミュニズムと結びついた家という団体は、それ自身の内側から、契約と確定された個人の権利を基礎にする「経営」へと向かうゲゼルシャフト化を生み出す。これと同様に、騎士的なミリタリズムの段階になると、家産制的大規模経済は、それ自身から、同じく契約によって確定されたレーエンによる忠誠関係を生み出す。

この場合には、パーソナルな忠誠義務が家の一般的な恭順関係の文脈から切り離され、この忠誠義務を基礎にして権利と義務のコスモスが発展する。これはちょうど、純粋な物質的な関係が家団体の関係から切り離されるのと同じである。

他方で、主人と封臣の間の封建的な忠誠関係も、家産制的ではなく、カリスマ的な関係(従士制)[1]の日常化として扱うことができるし、またそうしなければならない。カリスマの日常化という観点から検討することで、忠誠関係の一定の特有な要素が体系的に正しい「場所」[2]をみつけることができる。以上のことについては、私たちはあとで論じることにする。

しかし、ここではこの点は考慮しないでおく。その代わりに私たちが把握しようとするのは〔封建的忠誠〕関係の、内的に最も首尾一貫した形式である。

それというのも、「封建制」、そして「レーエン」も、概念的には実にさまざまな仕方で幅広く定義することができるからである。

荘園領主である戦士貴族による支配という意味で「封建的」であったのは、例えば、考えうる最も極端な意味ではあるが、ポーランドの国家体制である。

しかし、ポーランドの国家は、技術的な意味での「封建的」な領域とは正反対であった。というのも、そこには、「封建的」な領域にとって決定的なもの、つまりレーエン関係が欠けていたからである。

ポーランドの貴族は「自有所有地」の荘園領主とみなされていた。このことは、ポーランド王国の秩序(あるいは非秩序)の発展にまさに著しく大きな影響を及ぼした。こうした事情の帰結である「貴族共和国[3]」の構造は、例えばノルマンの中央集権的封建システムに対する、最も極端な対極の位置にある。

さらに、古典期以前のヘレニズムのポリス、さらには古い時代のクレイステネス[4]の民主主義も「封建的」と呼ぶことができる。なぜなら、市民権が武装する権利や武装義務といつも一致しているだけでなく、完全な市民は原則として荘園領主であり、恭順に基づく、実にさまざまな庇護関係が支配的な名望家層の権力を基礎づけているからである。とりわけ共和政ローマは、その末期に至るまで「封建的」であった。

ほぼ古代の全体を通じて、土地の授与と軍事奉仕の義務との関連が、基本的な役割を演じている。個人として仕える主人に対してであれ、家産制君主に対してであれ、あるいは市民の団体に対してであれ、これは変わらなかった。

「レーエン」の意味を戦争や行政における奉仕の見返りとしての権利、とくに土地の用益権や政治的な領地支配権の授封と理解するならば、家人〔ミニステリアーレ〕のレーエンだけでなく、おそらくは初期ローマのプレカリウム[5]〔所有権の移転をともなわない土地貸与〕もまたレーエンであろう。しかしいずれにせよ、ローマ帝国でマルコマンニ戦争[6]後に入植した「ラエティ[7]」に対して、そして後には直接、異国人に対して、戦争奉仕への義務の見返りに授封された土地、さらにはもちろんコサックの土地もレーエンである。

同様に、古代オリエントの各地、さらにはプトレマイオス朝エジプトにおける兵士の土地や、いつの時代にも世界中どこでも存在していた数々の類似現象もレーエンである。

このような場合には、すべてではないがほとんどの場合で、世襲によって直接的な家産制的依存関係にある存在か、あるいは、世襲によってライトゥルギー〔公的奉仕義務〕と彼らの義務が結びつけられ、それを通じて土地に縛りつけられる存在か、そのいずれかを調達することが重要であった。

あるいは、このいずれでもない場合は、専制的な権力保持者によって、免税や特別な土地権という形で他の「自由」な人民層よりも特権を与えられ、この見返りに、武術の練習をし、戦争の場合または行政上の目的のために、主人の任意の、あるいはまた明確に限定された処置に服する義務を負う人びとを調達することが重要になる。

とりわけ戦士の入植は、傭兵の軍隊を排除した自然経済〔現物経済〕的な条件のもとでは、経済的事情によって〔忙しくて〕手が離せないということはなく、したがってつねに利用可能な戦闘力を確保するための典型的な形式である。欲求のレベル〔の高度化〕、農業および産業の労働の集約化、戦争技術の発展によって、住民の多数が〔忙しくなって〕手が離せなくなり、軍事訓練〔習熟度〕という点で彼らの価値が低下するとすぐに、戦士の入植が典型的な形で発生する。

あらゆる政治団体がこの方式を用いている。

ヘレニズムの重装歩兵都市における、もともと譲渡不可能な割当地（κλῆρος〔クレーロス〕）はこの一つの類型（市民団体に対する義務）であり、エジプトのいわゆる「戦士カースト」（μάχιμοι〔マキモイ〕）は第二の類型（家産制君主に対する義務）、そして「被護民」への土地授与は第三の類型（個人としての主人に対する義務）である。

古代オリエントの専制はすべて、またヘレニズム時代のクレーロス保有兵の体制も、なんらかの程度で、このような部隊に頼って活動していた。ローマの貴族も、場合によってはなおもそうであった。このことについては後述する⑧。とりわけ最後にあげた事例〔第三の類型〕は、機能的にも、法的な取り扱いでも、本来のレーエンに近い。しかしそれと同じではない。

これらがレーエンではないのは、ここで問題になっているのが、特権的な農民とはいえ、社会的にみれば、まさに農民（あるいはそれどころか「細民」）だからである。一種のレーエン関係ではあるが、プレブス〔平民〕の権利〔を有している人〕に対応する。他方で、家人〔ミニステリアーレ〕の身分は、それ本来の家産制的な基礎ゆえに、レーエンとは異なる。

完全に技術的な意味での本物のレーエン関係は、**1** つねに、たしかに社会的階層構造上のレベル分けは存在するが、国民同胞の大衆に対しては等しく上にあり、そうした国民同胞の大衆に対する一つのユニットを形成する階層の構成員の間に成立する。**2** レーエン関係によって、人は相互に自由契約関係にあり、家産制的従属関係にはない。封臣〔封建的主従〕関係は、封臣の名誉や地位を不利にはせず、むしろ逆に名誉を高めることもありえる。〔封臣が自由身分を保持し続けたうえでの〕「託身」⑨〔コンメンダツィオン〕は、家権力から借用された形式ではあるが、それでも家権力に献身するものではない。したがって、広い意味での「封建」関係は次のように分類できる。⑩

1「ライトゥルギー」〔公的奉仕義務〕的封建制。定住兵〔屯田兵〕、国境守備兵、特定の軍事的義務を負う農民（クレーロス保有兵、ラエティ、リミタネイ〔国境防衛軍〕、コサック）。

2「家産制的」封建制。詳しくは **a**「荘園領主的」封建制。小作人召集〔軍〕（例えば、ローマ貴族が内戦中になおも用い、古代エジプトのファラオが有していた）。**b**「体僕領主的」封建制。奴隷〔軍〕（古代バビロニアやエジプトの奴隷軍、中世のアラブ私兵、マムルーク〔白人奴隷兵〕）。**c** 氏族的（gentilizisch）封建制。私兵としての世襲的被護民（ローマ貴族）。

3「自由」な封建制。詳しくは **a**「従士制的」封建制。荘園領主権が授与されないで、個人的な忠誠関係のみによるもの(日本のほとんどの武士、メロヴィング朝の従士(Trustis))。**b**「プレベンデ」(俸禄)的封建制。個人的忠誠関係を伴わず、荘園と税制優遇の授与のみによるもの(トルコのレーエンを含む、近東オリエント諸国)。**c**「レーエン」的封建制。個人的な忠誠関係とレーエンのコンビネーション。**d**「都市支配的」封建制。個人に割り当てられた戦士の荘園の割当地に基づく戦士の仲間団体によるもの(典型的にヘレニズムのポリス、スパルタ型)。

ここでは基本的に「自由」な封建制の三つの形式を扱う。なかでも最も首尾一貫した形式である西洋の封建制を主題とする。他の類型はレーエン封建制との比較の観点でのみ考察する。

(1) 従士制(Gefolgschaft)は、ヨーロッパの封建制の基礎にある主従関係。【用語】「従士制」も参照。
(2) 「カリスマの日常化」については**組【6】**を参照。
(3) 一五七二年、ヤギェウォ朝断絶後の選挙王制を指す。ポーランドの貴族であるシュラフタは身分制議会で自由拒否権を認められ、強い政治的影響力を保持した。
(4) クレイステネス(Kleisthenēs, c. 570 BC–c. 508 BC)は紀元前六世紀末のアテネの政治家。オストラシズム(陶片追放)の制度を創設したことで知られる。
(5) プレカリウムについては、**家【7】**も参照。

（6）マルコマンニ族は、古代ヨーロッパに存在したゲルマン系民族。マルコマンニ戦争は、一六六年から一八〇年に、ゲルマン系部族とローマ帝国間で行われた戦争。マルクス・アウレリウスの統治下。

（7）ラエティ(laeti)は、古代ローマの帝政期に帝国内に定住させられ農民となった外来民族のこと。主として投降して捕虜になったゲルマン人。

（8）Cf. MWG I/22-5, S. 277-279; 293-297.『都市の類型学』三二一〜三二三、三四五〜三四九頁。

（9）託身(Kommendation)は、ラテン語の commendare（託す）に由来する。ヨーロッパ中世封建社会で、主人と封臣が主従関係を結ぶ法行為を指す。

（10）以下の1〜3はセミコロンで繋げられているが、見やすさを優先してそれぞれ一文として扱う。

[2] レーエン(封土)

完全なレーエン〔封土〕というのはつねにレンテ〔年貢〕を生み出す権利の複合体である。この権利を所有していることで、主人〔領主〕の存在は基礎づけられることができ、また基礎づけられているとみなされる。

第一に、荘園領主としての権利と、収益を生み出すあらゆる種類の政治権力、つまりレンテを生み出す支配権が、戦士の装備品として与えられる。

中世の封建制では、土地の「ゲヴェーレ」[1]〔事実上の支配〕は、その土地から税(Zins)を引き出す者が持っていた。

レーエンの階層構造が厳密に組織化されている場合には、これらのレーエンとして与えられたレンテの源は、レンテの収量に応じて登録された。このように、トルコのいわゆる「レーエン」は、ササン朝〔二二六~六五一年〕やセルジューク朝〔一〇三八~一一九四年〕の範にならって、「アスパー」〔銀貨〕での収量に応じて登録された。日本の家臣〔サムライ〕の装備品は「石高」(米でのレンテ)で登録された。

ただし、後の時代のイギリスにおけるいわゆる「ドゥームズデイ・ブック」[2](Domesday Book)への登録は、レーエンの登録簿としての性格を持っていたわけではなかった。しかしそうした土地台帳の出現は、同じくイギリス封建行政のとくに厳しい中央集権的組織によってもたらされた。

荘園は通常のレーエンの対象である。このため現実のあらゆる封建制的構成体は、家産制的な土台の上に成り立っている。

さらに、官職の授与が行われないかぎり、普通は家産制的秩序が存続する。レーエン制的秩序が、家産制的あるいはプレベンデ〔俸禄〕的国家システムに、行政の一部の構造形式として組み込まれることは、いつもではないが、ごく頻繁にみられた。少なくともこうした場合には、家産制的秩序が存続した。

例えば、トルコ騎兵隊である。トルコ騎兵隊は、レーエンと類似のプレベンデを基礎にしていた。この騎兵隊は、家産制的なイェニチェリ[3]や部分的にプレベンデ的な官職組織と並んで、それ自体も半プレベンデ的性格を保持し続けていた。

中国法は例外であるが、国王の財産から主人の権利が授与されるという現象は、さまざまな法の領域でみられる。

ラージプート族の支配下にあるインド、とくにウダイプル[4]では、最近まで荘園領主権や裁判権が、部族の長によって、軍役の見返りとして、支配的なラージプートの一族のメンバーに授与された。ヘレンファル[5]〔主人の死去〕の場合には、忠誠の誓い〔臣従儀礼〕(Huldigung)と保有地移転料(Laudemium)の支払いの義務があった。この義務に違反した場合には、権利は消滅した。土地と政治的権利を同じものとして扱うことは非常によくある。この扱いは、征服された領域で、支配する戦士層がすべてを所有したことに由来する。おそらく日本でも、土地と政治的権利を同じものとして扱うことが、かつての政治体制の基礎であった。

他方で、メロヴィング朝の土地贈与やさまざまな形式の「恩給[6]」がその類型であるような、数多くの現象がある。この場合にはほとんどつねに、戦争で援軍を提供することが前提であり、この義務を履行しなかった場合には、しばしば範囲は詳細には確定できないが、なんらかの取り消しの可能性が前提となっていた。

オリエントに数多く存在する、土地の世襲的な借地も、実質としては政治的な目的を有していた。

しかし、きわめて特殊な封臣の忠誠関係とは関連がないかぎりで、これらは「レーエン」の概念を満たすものではない。

(1) ゲヴェーレ(gewere)は、古高ドイツ語の werjan (着装)に由来する中世ゲルマン法概念で、事実上の物の支配を意味する。ゲルマン法では、物を支配する権利(物権)は、事実上の支配(ゲヴェーレ)がともなうことによってはじめて、その効力が認められた。

(2) Doomsday Book は、ウィリアム一世(William I, 1028?–1087)によって全国的に作成された土地台帳のこと。ウィリアム一世については**封**【**7**】も参照。

(3) イェニチェリについては**家**【**16**】を参照。

(4) ラージプート族は、パキスタンと国境を接する、インド北西部に位置するラージャスターン州を中心に居住する部族名。ウダイプルは、ラージャスターン州南部の都市。メーワール王国の王ウダイ・シンによって一五五九年に建設された。当時の壮大な王宮が遺されており、歴史的観光都市になっている。

（5）ヘレンファル（Herrenfall）は主人〔主君〕の死、マンファル（Mannfall）は封臣の死を意味する。**封［3］**も参照。

（6）ここで「恩給」と訳したラテン語の beneficium は、ラテン語文献ではレーエン〔封土〕と同義で用いられていた。

［3］レーエン〔封土〕とプフリュンデ〔俸禄〕

レーエン〔封土〕は「プフリュンデ」〔俸禄〕から法的にも区別される（もちろん、まもなく論じるように[1]、両者はかなりスムーズに移行する）。

プフリュンデは、プフリュンデの保有者の現実的または擬制的な勤務に対する終身的で非世襲的な報酬であり、官職所得の態様をとる。

このため、中世初期の西洋では（ウールリヒ・シュトゥッツ[2]が強調するように）、プフリュンデには「ヘレンファル」〔主人の死による復帰〕は存在しなかった。これはレーエンの場合とは対照的である。これに対して「マンファル」〔プフリュンデ保有者の死による復帰〕は、プフリュンデでは当然のこととされた。この一方で、西洋中世の最盛期には、非世襲的なレーエンはもはや完全なレーエンとはみなされていなかった。

プフリュンデの収入は、人にではなく「官職」に対して与えられる。プフリュンデの収入は「使用」されるだけで、それ自身の権利として所有されることはない（このことから、例えば中世の教会は一定の帰結を導き出した）。これに対して、レーエンは、レーエン関係が存続している間は、封臣にそれ自身の権利として帰属した。その理由はもっぱら、レーエンが高度に個人的な関係に結びついていたため不可譲であり、また供給能力という利害関心から不可分だったからである。

プフリュンデ保有者は職務にともなう支出の工面を免除されることがしばしばで、ときには完全に免除された。そうでなければ、プフリュンデ収入の一部がこの目的のために確保された。

〔これに対して〕封臣は、与えられた職務の負担をつねに自分の懐から支払わなければならなかった。

しかし、この違いは、実はそれほど決定的ではなかった。

例えば、トルコ法や日本法については、この違いは、このような仕方では存在しなかった（もちろん、まもなく論じるように、③これらはいずれも本来の意味で「レーエン」法ではない）。

他方で、例えば、プフリュンデは世襲ではない、というのはしばしば擬制的であった。少なくともいくつかの場合（とりわけフランスの多くのプフリュンデの場合）には、プフリュンデの専有が広く進み、相続人すらもがプフリュンデからの収入の喪失に対する補償を受けた。以上のことについてはすでに論じている(4)。

決定的な違いは別のところにあった。プフリュンデが家産制の名残りをすべて拭い去っている場合には、プフリュンデの保有者は特定の事柄に即した〔ザッハリヒな〕官職義務を負う、たんなる用益権者またはレンテ受給者であり、このかぎりでは内面的には、官僚制的な官僚に近かった。

これに対して、あらゆる家産制的な従属の外に立っている、自由な封臣の関係は、義務と名誉に関する非常に緊張感のあるコードによって規定されていた。

最高度に発展した形式のレーエン関係は、一見きわめて矛盾する要素を、徹底して固有な仕方で無理やり一つにまとめたものである。矛盾した要素というのは、一方では厳密な個人的忠誠関係であり、他方では契約による権利と義務の確定、およびそれらを具体的なレンテ源と結びつけることによる物象化、最後にレーエン保有状態の世襲による保障である。

本来の意味でのレーエン関係がなおも保持されているところでは、「世襲」は、普通の相続とは違う。

さしあたり、相続の候補者は、レーエンを要求するためには、個人として封臣の勤めを果たす資格を有していなければならない。

さらにそれに加えて、相続の候補者は個人として〔主人との〕忠誠関係を結ばなければならなかった。トルコの封臣の息子が自分の〔相続〕要求権を主張する場合には、ベイレルベイ〔イスラーム世界における高官〕のもとで、場合によっては彼を通じて高位の窓口に、新しい「認可状」を期限内に申請しなければならなかった。同じように、西洋のレーエン候補者も、レーエンを「申請」し、「託身」と忠誠の誓い(Homagialeid)を行ったうえで、主人から領地を授けてもらわなければならなかった。

たしかに、候補者の資格が確実であれば、候補者を忠誠関係に受け入れる義務が主人にはあった。

しかし、この関係自体は契約的な性格を持っており、封臣はいつでもレーエンを放棄することによってこの関係を解消することができた。

封臣の義務も、主人によって恣意的に押し付けられる(oktroyieren)のではなく、むしろ通例の範囲では、確定された契約義務であった。契約義務の忠誠と恭順という独特の性格は、両者を拘束する名誉のコードによって特徴づけられていた。

したがって、内容を型に嵌めて固定化すること、そしてレーエン保有者〔の地位〕を保障することは、特定の主人とのきわめてパーソナルな結びつきにつなぎとめられていた。

西洋の封建制で高度に発達したのがこの構造であった。これに対して、例えばトルコの封建制は、あらゆる行政規定があったにもかかわらず、スルタンとベイレルベイ〔高官〕が相続候補者に対して広範な恣意的権力を握っており、〔西洋と比べて〕はるかに高いレベルでプレベンデ〔俸禄〕的性格を残していた。

（1）**封［3］**（本段落）を参照。
（2）ウールリヒ・シュトゥッツ（Ulrich Stutz, 1868–1938）は法史家・教会法学者で、私有教会制（Eigenkirchenwesen）の研究で知られていた。彼はフランク王国の教会の法形式をこの概念によって特徴づけた。
（3）**封［4］**を参照。
（4）**家［38］**を参照。

［4］ 日本とイスラーム、西洋の封建制との違い

日本の封建制も完全なレーエン〔封土〕体制ではない。

日本の大名はレーエン制的な意味での封臣ではない。大名は封臣ではあったが、次のような封臣であった。彼らは一定の戦力の割当、警備義務、一定額の年貢を課され、自分の領土〔藩〕内では〔ドイツにおける〕ランデスヘル〔諸侯〕のような仕方で、事実上は自分

の名前で行政、司法、軍事の統治権を行使したものの、違反があれば懲罰的に他の場所に異動を命じられることがあった。

将軍の実際の家臣は、大名の支配権を与えられた（「譜代」である）場合には、政治的な目的適合性の理由だけで、まったく「落ち度」がなくても、個人的従属のゆえに移封（国替え）を甘んじて受け入れなければならなかった。大名はそれ自身では封臣でないということは、とりわけこの事実に示されている。

ところで、まさにこの点からわかるのは、また、彼らに授けられた支配が、レーエンではなく、官職であったということである。彼らに対しては、相互に同盟を組んだり、封臣関係を結んだりすること、外国との条約締結、フェーデ〔私闘〕や城の建設が、将軍によって禁じられ、参勤交代の制度（首府に定期的に居住する義務）によって彼らの忠誠が確保された。

他方で、サムライは個々の大名（あるいは将軍自身）の、個人の視点からして自由な私兵であり、米によって支給されるレンテであるプフリュンデ〔俸禄〕が授けられた（めったに土地は与えられなかった）。彼らの一部は自由な軍事従士団、一部は宮廷に参列することが許された家人〔ミニステリアーレ〕の出身であった。ドイツの中世と同様に、彼らは事実上、自由な契約関係に移っていった。サムライの社会的地位は非常に多様であった。一部屋に五人も一緒に寝ながら、主人の城に住んで米で禄を受け取ってお勤めをする、身分の低いレンテ受給者から、事実上の世襲の宮廷官職の保持者まで、多様なサムライが存在した。

したがって、サムライは、一部は平民的、一部は宮廷的な、自由な家人の階級ではあるが、レーエン制的な封臣ではなく、プフリュンデ受給者であった。彼らの立場は〔ヨーロッパ〕中世の封建的な俸禄者というよりは、フランク王国のアントゥルスチオ〔貴族的従士〕により近かった。

〔日本のサムライの〕主人との関係には、西洋のレーエン制的な忠誠を担う能力に類似した、さらにより強度のある、騎士的な恭順の感情が存在した。こうした関係は、従士的な忠誠から発展した自由な封臣関係の聖化と、戦士的・身分的な名誉概念に由来した。

最後に、イスラームの戦士レーエンという特殊な現象は、その起源が傭兵軍と徴税請負にあることから説明できる。これはカール・ハインリヒ・ベッカー[1]が最近、明らかにしたことである。

支払い能力のない家産制支配者は、一方では、臣民の租税を傭兵に振込むことで彼らと話をつけなければならなかった。

他方で、家産制支配者は、収税官（Amil）の地位を併せて軍司令官（Emir）に移譲しなければならなかった。収税官の地位というのは、私たちにはお馴染みの、典型的な家産制の権力分立の原則に対応して、もともと軍司令官から独立し、固定額〔の徴税〕のために設置されていた。

次の三つの異なる構成事実が、「イクター」〔恩給〕の概念に融合していった。**1** タクビル。一つの村落や地区の租税〔権〕を「ムクター」〔徴税請負人〕に賃貸〔業務委託〕するもの。**2**「カタイ」。レーエン。功労のあった支持者または不可欠な支持者に授けられた荘園領主権〔メソポタミアでは sawafi と呼ばれた〕。そして最後に **3** 軍司令官や兵士の給料の滞納を補塡するために、軍司令官や兵士によって、とくにマムルーク〔白人奴隷兵〕によって、担保の形で占取され、あるいは彼らに委ねられた臣民の貢租の所有、以上の三つである。

後者の保有者は、さしあたり、一方では兵士として軍務を負担し、他方では、理論的には、少なくとも給与要求額を上回って入ってくる租税の余剰分を〔家産制支配者に〕引き渡さなければならなかった。

このようにして占拠された臣民は、兵士によって恣意的に略奪された。それにもかかわらず、租税の余剰額は、当然のことながら、ほとんど引き渡されることはなかった。このような事情から、まずセルジューク朝のメソポタミアで、一一世紀末に、宰相ニザームルムルク(2)が、従軍義務と引き換えに、兵士と軍司令官に土地をプフリュンデ〔俸禄〕として確定的に譲渡し、余剰税額を放棄した。そして一四世紀には、エジプトのマムルーク朝(3)が同じシステムに移行した。

兵士たちは、徴税請負人や担保権利者から荘園領主になった。いまや目覚めた彼ら自身の利害関心は、臣民の土地を改良し、軍と国庫の摩擦を取り除いた。

オスマン・トルコのシパーヒー〔兵士〕のプフリュンデは、この軍事的なプフリュンデ制が変形したものである。

〔オリエントの〕国家は、貨幣経済を基礎にして、古代の方法で組織されていた。このような国家の起源は、崩壊した税制と傭兵制に由来していた。以上述べてきたような軍事的プフリュンデ制を、自然経済〔現物経済〕と従士制に由来する西洋のレーエン〔封土〕制から根本的に区別するのは、このような国家の起源である。

とくに、このオリエントの封建制には、従士制的恭順に由来するすべてのもの、とりわけ特殊にしてパーソナルな封臣の忠誠という規範が必然的に欠けていた。これに対して日本の封建制にはもっぱらパーソナルな従士制的恭順はあったが、逆に恩給制度の荘園領主的な構造が欠如していた。西洋の封建制の本質的な特殊性は、従士制的恭順に由来するパーソナルな忠誠関係と恩給制との結合を基礎にして成り立っている。両者〔オリエントの封建制と日本の封建制〕は、このような西洋的な結合から区別される。ただ、その方向はまったく逆である。

（1）C・H・ベッカー（Carl Heinrich Becker, 1876–1933）はウェーバーと同時代のドイツのオリエンタリスト・政治家。ここで言及されているのは彼の論文 Becker, Steuerpacht und Lehnswesen. Eine historische Studie über die Entstehung des islamischen Lehnswesen, in: *Der Islam*, Band. 5, Heft 1, 1914, S. 81–92 である。

（2）ニザームルムルク（Nizām al-Mulk, 1018–1092）は、セルジューク朝第二代、第三代スルタンの宰相。

（3）マムルーク朝（一二五〇～一五一七年）はトルコ系白人奴隷兵であるマムルークによるスンナ派王朝で、エジプト、シリア、ヒジャーズを支配した。

[5] 軍事的起源

大量現象として現れたレーエン〔封土〕は、どこでも、どんな形式でも、主として軍事に起源を持っていた。

トルコのレーエン・プフリュンデ（Lehenspfründe）は居住の義務と結びついており、〔オスマン〕帝国の大膨張期[1]には、封臣が七年間軍役に従事しなければ、失効とみなされた。同じように、相続候補者のレーエン申請が、積極的に軍事貢献するという証明と結びついていることもあった。

レーエン・プフリュンデは、普通は（オリエントでも西洋でも）、同じ様式で武装し、つねに訓練を受け、名誉の概念によって軍事能力を高め、個人として主人に献身する戦士からなる騎兵隊を作り出すのに貢献した。騎兵隊は、一方では自由な国民同胞から召集された軍隊の代替であり、他方では特定の状況下ではあるが、国王のカリスマ的な従士(trustis)の代替となった。

フランク王国のレーエン制は、まずは世俗化した教会領で、アラブの騎兵隊から身を守るために成立した。トルコのレーエン・プフリュンデの大部分は、オスマン人の古い農民居住地域（アナトリア）[2]にはなく、後に征服された地域（とくにルメリア）[3]に荘園として存在し、非イスラーム教徒（Raja）によって耕された。

沿岸国家や、貨幣経済によって成り立っている内陸国家の傭兵の軍隊がそうであるように、自然経済〔現物経済〕で成り立っている内陸帝国のレーエン制的軍隊は、主として国民軍の代替として登場してくる場合には、一方では営利労働に必要とされるものの増大、他方では権力領域の拡大、この両者の関数であった。

治安が強化され、土地耕作の集約化が進むことで、戦争の任務に就く習慣や兵役訓練の可能性が多くの土地所有者たちから消滅する。とりわけ小規模〔土地〕所有者の場合にはとくに、経済的事情で手が離せなくなり、出征が困難になる。

もともとは女性に割り当てられてきた仕事の負担がますます男性に課されるようになると、男性は経済的に、いわば「土地に固定」される。土地の分割と蓄積による所有の分化は、〔全員が〕同じように武装するという前提を壊し、小規模所有の大衆が増大すると、そもそもすべての主要な国民軍が基礎とする自己武装のための経済力も切り崩した。

このような理由から、大帝国の遠い外地への遠征はとくに、農民召集軍では実行できない。市民召集軍では大規模な海外進出地域を制圧できないのと同様である。

市民軍に代わって傭兵軍が登場した。この傭兵軍は民兵の代わりに訓練された職業戦士を据えた。同様に、レーエン制的な軍隊への移行も、さしあたりは、武装の質の高さと均質性をもたらした。レーエン制的な軍隊の初期にあっては、西洋では馬や武器も授与の対象であった。自前で装備を整えるのは、制度の普遍化によってはじめて生み出された。

完全に発達したレーエン制に特有な点は、たんに恭順の義務に訴えるだけでなく、封臣の行動の主要な決定要因として、品位感情に訴えることにある。この品位感情は、封臣が有する、とくに高い、社会的な名誉に由来する。

戦士の名誉感情と奉仕する者の忠誠心は、ともに主人階層の高貴な品位感情とその慣習に不可分に結びついており、内面的にも外面的にも、それらにつなぎ留められている。

したがって、この品位感情が騎兵の奉仕の基礎を形成しているという状況は、完全に発展した西洋のレーエン制が有している特別な意味にとって、かなり決定的な要素であった。被護民、クレーロス〔割当地〕保有兵、μάχιμοι〔エジプトの兵士カースト、マキモイ〕、そして古代オリエントのレーエン兵などの、平民的「歩兵」レーエンとは、この状況は対照的であった。このような構成要素の範囲は実に多様な方向に及んでおり、私たちはここでも、また今後も、より頻繁にこの点に遭遇することになるであろう。

(1) オスマン帝国の領土拡張期は、メフメト二世(Mehmed II, 1432–1481)によるコンスタンティノープル陥落(一四五三年)から一六世紀にかけての時期を指す。
(2) 小アジア。**家［16］**を参照。
(3) ルメリアはオスマン帝国のバルカン半島一帯の領域。アナトリアと対となる地名。

［6］レーエン(封土)とレジティマシーの根拠

レーエン〔封土〕制は、自前で武装することができ、専業として武器の訓練ができる存在を生み出す。彼らは戦争での主人の名誉を自分自身の名誉とみなし、主人の権力拡大を自分たちの子孫にレーエンを与える機会ととらえ、そしてなによりも主人のまったく個人的な支配の維持に自らのレーエン所有に対する唯一のレジティマシー〔正当性／正統性〕の根拠[1](Legitimitätsgrund)をみる。

この後者の契機は、一般にレーエン制への移行にとってきわめて重要であった。この契機はどこでも、とくにレーエン制の本来の出身地である軍隊業務から公的な官職に移転する際に重要であった。日本では、支配者はこれを使って、とりわけ血統カリスマの氏族国家(Geschlechterstaat)の硬直性から逃れようとした(血統カリスマの氏族国家については別の文脈で論じる[2])。

フランク王国では、官職を任期制にしたり、巡察制度を利用したりして、主人の権力を維持する試みが何度も行われたが、尻すぼみに終わった。また家産制的なメロヴィング朝では、最高権力者の地位をめぐる貴族の派閥間での闘争で、激しい権力の攻防が起きた。たしかに、このような権力の攻防は、中央の一人の官僚〔「宮宰」〕の剛腕によって終わりを迎えた。しかし彼の利益になる形で、この攻防はレジティメイトな王朝の崩壊をもたらした。

カロリング朝はメロヴィング朝の「従士制」に対抗して、さしあたり封臣(Vasall)を利用した。そして部分王国の闘争で、すべての役職者が封臣の忠誠によって主人と厳密に個人的に結合することだけが、部分王国の王位の保障として残った。その後、カロリング朝では、官職もレーエンとして授与する体制に移行した。この移行は(相対的な)安定をもたらし、最終的には、九世紀以降に完成した。

逆に、長い間、祖先の本来的に神聖な秩序として、その消滅が嘆かれてきた中国の封建体制は、その後一貫して同じ方向で発展してきたプレベンデ〔俸禄〕的・官僚制的秩序によって廃棄された。この廃棄は、レーエン的な性格を持つ官職を除去しようとする、同様に典型的な動機から、つまり豊富な権力をふたたび主人自身の手中に入れようとする動機から生まれた。

これには理由がある。封臣が個人として騎士の名誉を賭けるということには、封臣自身が保持している主人の地位(Herrenstellung)を確保するうえで、ともかくも相当な意味があった。しかし、完全に発達した封建制度で、封臣自身が主人の地位を確保することは、支配の組織的脱中心化の最も徹底した形式であり、封臣に対する主人の権力の異常な弱体化という犠牲を払うことによって手に入れられるからである。

(1)「レジティマシーの根拠」について論じられている重要な箇所ではあるが、ここでのレジティマシーの意味は、「合法的支配」「伝統的支配」「カリスマ的支配」という、いわゆる三類型の図式にはうまく当てはまらない。

(2) 日本の氏族国家についてはカリスマの組み替えの章、とりわけ**組[24]**を参照。Cf. Karl

Rathgen, *Japans Volkswirtschaft und Staatshaushalt*, Leipzig: Duncker & Humblot, 1891, S. 18.

【7】 階層構造、忠誠のコンフリクト、身分的名誉、独占

封臣に対する主人の「規律」は、さしあたり限定的でしかない。レーエン〔封土〕を取り上げられる理由は「忠誠義務違反」(Felonie)、つまりレーエン義務を果たさないことによって主人への忠誠を損なう場合だけである。

忠誠義務違反の概念は、きわめて流動的である。しかし、流動性は普通は、主人の恣意を助長せず、むしろ封臣の立場を利する。というのも、封臣を判決者とするレーエン法廷が裁判所としては存在せず、したがって(西洋でみられるように)レーエンの利害関係者が法仲間①〔レヒツ・ゲノッセン〕として結束していない場合であっても、ここでは特別なレベルで次の命題が妥当するからである。〔一つは〕主人は個々の臣下に対しては全能だが、臣下の全体の利益に対しては無力であるということ、そして〔二つ目として〕他の封臣の支持、あるいは少なくとも容認が確実でなければ、危険を犯すことなく、一人の封臣に対抗することはできないということ。以上がその命題である。

というのも、レーエン関係が特殊な忠誠関係の性格を有しているので、主人の恣意は「背信」として、すべての封臣との関係に、内面的にとくに破壊的な影響を与えるからである。

自分の封臣に対する規律には、かなり厳しい制限があった。封臣の下の封臣(Unterlehensleute)に対して、主人の直接的な規律はまったく存在しないことがしばしばであった。規律の厳しい制限はこれによっていっそう明白になる。

もっとも、完全に発展した封建制では、二重の意味で「階層構造」が存在していた。第一には、レーエンを授けられた領主(主人)の権利だけが、とくにすべての権力の源泉である最高の頂点(国王)からレーエン所有権が派生しうる土地だけが、完全なレーエン保有権としてさらに下に継承されうるという意味においてである。

そして第二には、該当するレーエンの保有者が、最高位の封建領主(国王)から数えて、下への継承の何段階目にいるのかに応じた社会的位階(ザクセンシュピーゲル[2]の「ヘールシルト秩序[3]」)という意味においてである。

たださしあたりは、主人がそのレーエンの担い手のさらに下級の封臣に対して有する直接的な権力の程度が、すでに相当に問題であった。というのも、いかなるレーエン関係もそうであるように、封臣とその下の封臣の関係は、非常にパーソナルな関係であり、したがって、封臣がその主人に対して犯した忠誠義務違反によっても、かならずしもすぐには廃棄されることはなかったからである。

古典時代のトルコのレーエン制は、〔一方における〕レーエンと〔他方における〕大宰相府[4]に対するベイレルベイ〔高官〕の地位を、プレベンデ〔俸禄〕に類似の仕方で配置することで、比較的強い中央集権化を達成した。

下の封臣〔封臣の封臣〕の服務誓約には、「国王に負っている忠誠を除いて」(salva fide debita domino regi)とある。この西洋的な保留は、次のことを妨げはしなかった。忠誠義務違反(Felonie)が明らかな場合でも、下の封臣は自分自身の封主(Lehensherr)への忠誠義務と、自分の主人の封主の命令との間に置かれ、少なくとも良心のコンフリクト[5]に陥る。そして自分の主人の上の封主〔主人の主人〕は自分の主人に対し信義を守ったかを、封臣はつねに自分自身で吟味する権利を保持しておかなければならない。「国王に負っている忠誠を除いて」という命題は、以上のことを否定するものではなかった。

イングランドの中央集権的な発展にとって最も重要であったのは、ノルマンディーから引き継がれたウィリアム征服王[6]の制度であった。下級封臣はみな誓約によって国王に対して直接的に義務を負い、国王の家来とみなされた。さらに、そのような下級の封臣はみな、封主が裁判を拒んだ場合には、(フランスのように)レーエン階層構造の審級秩序を守る必要はなく、直接的に王の法廷に訴えた。したがってイングランドの「レーエン制的階層構造」は、レーエン問題における権限の階梯と、その他ほとんどの点で一致していたが、必ずしも同じではなかった。

ノルマンディーやイングランドでは、トルコの封建制度と同様に、封建制的政治団体が再構築されたのは征服地においてであった。この厳格な組織や、主人と封臣の間の固い結束全般にとって決定的であったのは、征服地という事情であった。例えば、教会が布教に赴いたところではどこでも、最も厳格な階層構造を持つ組織が形成されたのと同じである。

それにもかかわらず、厳格な組織が存在してさえ、前述の下級の封臣の良心のコンフリクトは完全に消えることはなかった。〔他の理由とともに〕このような理由からも、さらに下のレベルに向けてのレーエンの授与を抑制し、少なくともその数を制限しようとする試みが行われることは珍しくなかった。これに対してドイツでは、ヘールシルト〔レーエン秩序における位階〕の制限は、官職の階層構造という一般的原理から導き出された。

しかし他方で、十分に展開をとげたレーエン法は、ひとたびレーエンの授与に含まれたすべての対象物について、レーエンの復帰のために、授封強制[7]と「領主のいない土地はない」(Nulle terre sans Seigneur)という命題を発展させた。外見的には、「領主のいない土地はない」という命題は、伝統的なレーエンの単位も、国王によって隙間なく封臣で埋められなければならないという、官僚制的システムの原則に対応しているようにみえる。〔しかし外見は似ていても〕意味は根本的に異なっていた。

官僚制的システムの場合には、この命題が作り出そうとするのは、支配される側の人たちの法的保障である。これに対して、レーエン〔封土〕の場合の授封強制は、逆に、官職保持者としてのレーエン保有者に支配されている大衆を、最高封主(国王)との直接的な関係から切り離す。そして主人が権力を自分の手に取り戻すことによって、自分の利益のために封建制的な権力システムを破壊することなく、むしろ授封された対象物をことごとく封臣の子孫の装備品として何度も使用するようにして、主人に対するレーエン保有者全体の権利を保障する。

私たちが知っている方式によって、封臣たちがこの要求に特別な重みを与えることができたのは、彼らが一つの法仲間の団体として結集した場合であった。とくに、西洋で典型的にみられるように、レーエンの強制相続、返還、没収、再授与に関する紛争と取引が、彼らが列席して行われるレーエン法廷の裁判手続きに委ねられている場合である。

このような場合には、先に述べたレーエンの供給を確保する手段に加えて、レーエンの需要の独占も発展した。

　こうした独占が生じたのは、官僚制化の進んだ公的団体では、志願者が任官の前提条件として、より多くの専門試験や学位を要求するようになったことによってであり、封建制的団体では、志願者個人のレーエン資格に対する要求が絶えず増大することによってであった。

　しかし、このレーエン資格は、専門的な知識を基礎にした官僚制的官職のための資格とは対極的である。

官僚制とともに、純粋な家産官僚層も、社会の「平準化」を基礎にして成り立つ。官僚制と家産官僚層は純粋類型では〔一方は事柄に即した〔ザッハリヒな〕専門的資格を、他方は純粋に個人としての資格を問題にするという違いはあるが〕個人としての資格のみを問題にし、身分の違いを無視する。それどころかこれはまさに、身分の違いを打破するための特別な手段である。社会の「平準化」というのは、このような意味である。〔ところが〕官僚制的な官僚層も家産制的な官僚層も、きわめて容易にふたたび特定の身分的・社会的「名誉」の担い手になり、これにはいくつかの帰結がともなう。このことについてはすでに論じた[8]。社会の「平準化」はこうした事情とまったく矛盾しない。

象であった。

身分的・社会的「名誉」は、この場合には、官僚層の権力ポジションから帰結する現

しかし、言葉の技術的な意味での封建制は、最も根源的な部分で身分を志向しており、この性格を発展させる。

言葉の特別な意味での封臣は、どこでも自由な、つまり主人の家産制的な権力に従属しない人でなければならない。

日本のサムライも、自由に主人〔主君〕を変えた。

その他の点では、もちろんさしあたりではあるが、その人に特有の、いわば「専門的」な能力、つまり武芸だけが資格の基準であるのが普通であり、例えばトルコのレーエン法でも、これはそのまま残っていた。非イスラーム教徒(Raja)ですら、相応の軍務を果たせば、レーエンを手にすることができた。

しかし、どこでも支配者らしい(「騎士的」)生き方という要件が、これに付け加えられた。とりわけ、およそ武器の訓練をおろそかにせず、不名誉となる収益活動を避けるというのがその要件であった。レーエン関係は、忠誠関係と戦士としての優秀さの基礎である、特別な仕方で強調された名誉概念の上に築かれているので、完全な形のレーエン関係はもっぱら主人層でしか成り立たないというのがその理由である。

子孫のための扶養の余地が乏しくなると、レーエンや官職の独占が全速力で始まった（後には、とくにレーエンを与えられない親族を扶養するための聖堂参事会員のためのプフリュンデ〔俸禄〕も含めての話である）。身分の因習尊重が進行し、その影響がこれに加わり、レーエンあるいは聖堂参事会員プフリュンデの候補者たちは「騎士のように生きる」だけではなく、「騎士の生まれ」でなければならない、という要求が生まれた。つまり、騎士として生きた最低限の数の祖先の子孫でなければならない（まずは騎士の両親、次に祖父母、つまり「四人の祖先」が騎士であること）という要求である。ついには、中世後期の〔馬術の〕トーナメントの規則や聖堂参事会の規則では、一六人の祖先が要求された。また、ツンフトとともに領主権力を共有し、同じ参事会の席に座らなければならないという理由で、身分のある都市貴族が排除された。独占はこれほどまで進んだ。

このような身分的な独占化が進むと、それがどのようなものであれ、当然ながら、社会的な編成はますます硬直化していく。同じような性質の他の要素もこれに加わってくる。

（1）**家[28]**を参照。

（2）ザクセンシュピーゲル（Sachsenspiegel）はドイツ中世の最も重要な法律書。一三世紀初めに、ザクセンの騎士アイケ・フォン・レプゴー(Eike von Repgow, 1180–1235)が各地の裁判所での経験を基礎にして作成したもの。

（3）ヘールシルト(Heerschild)は、レーエン(封土)を獲得する能力を意味すると同時に、レーエン制的階層秩序における位置を表すもの。ヘールシルトを直訳すれば「軍の盾」となる。ザクセンシュピーゲルはレーエン法の第一章をこのヘールシルトの記述から始めている。

（4）原語は「高い門」(hohe Pforte)。トルコ語で「崇高の門」という意味のバーブ・アーリー(Bâbıâli)は大宰相の官邸であり、行政における最高府を意味する。

（5）忠誠のコンフリクト(相剋)については、丸山眞男『忠誠と反逆』ちくま学芸文庫、一九九八年を参照。

（6）ウィリアム一世はノルマン朝初代のイングランド王。征服王(the Conqueror)とも呼ばれる。大陸型の封建制をイギリスに導入した。

（7）封臣の死などの理由で、レーエンが主人の手に復帰した場合には、一年と一日以内に再授封しなければならない。この原則はザクセンシュピーゲルにも書かれている。

（8）**官[13][59]**、**家[65]**を参照。

【8】権力分立、レジティマシーの保障

身分資格を持つ候補者の全員がレーエン(封土)の全体を所有する。この要求は、どこ

でも認められていたわけではないが、どこでもなんらかの仕方で掲げられてきた。個々のレーエン保有者の地位は厳密にその人の固有の権利であるという性格づけが、こうした要求の味方になった。

　封建制の古典的地域における封臣の権利は、その都度、新たに締結される契約に基づいていた。しかしそれにもかかわらず、この封臣の契約上の権利は明確な原理によって世襲される。封臣の権利が契約に基づくと同時に世襲的であることは、権力の分配をプレベンデ〔俸禄〕的構造のレベルをはるかに超えて型に嵌めて固定化し、それを高いレベルで弾力性のないものにした。

　レーエン保持者の地位は〔主人と封臣の間の〕双務契約によって一般的に保障されている。この保障は、主人によるたんなる特権の付与を超えており、他方でプフリュンデの専有のように、純粋に物質的にのみ条件づけられているわけでもない。このような地位の一般的な保障の精神(Geist)が全体のシステムを貫いていた。発展史的にみて、これこそが非常に重要であった。

　というのも、純粋な家産制的支配に対して、封建制的構造を少なくとも相対的に「法治国家的」な構成体に近づけるのが、まさにこの精神の貫徹だったからである。このときの家産制的支配というのは、一方における伝統と専有された権利とによる束縛と、他方における自由な恣意と恩恵という、二つの領域の並存を基礎とする支配である。

封建制は一つの「権力分立」(Gewaltenteilung)である。

ただし、このときの権力分立は、モンテスキュー[1]のように、主人の権力の分業的・質的な分割ではなく、たんなる量的分割である。「国家契約」の思想は立憲主義(Konstitutionalismus)につながる。政治権力の分配の基礎となるこの「国家契約」の思想は、ある意味では原始的にではあるが〔すでに封建制で〕形成されている。

もちろんこの契約は、主人と支配される側の人たち、または支配される側の人たちの代表との間の協定という形式ではない。この場合には、支配される側の人たちの服従が主人の権利の源泉であると考えられる。こういうものではなくて、主人とその主人から派生した権力の担い手との間の契約という、本質的にまったく異なる形式である。

支配の権限(Befugnis)のあり方と配分はこれによって固定化される。しかし、そこには一般的な規定が欠けており、そればかりでなく、個々の管轄の合理的な編成もない。

というのも、官職の権限は、官僚制国家とは異なり、役職者〔官僚〕自身の権利である。そして支配される側の人たちに対しても、役職者〔官僚〕の権利の範囲が決められるのは、役職者に授けられた具体的・個人的な内容によってであった。役職者の権利の内容には、これと交差する支配される側の人たちの免除、インムニテート〔公的負担免除〕、授与されたか伝統によって定められたかした特権が結びついていた。

これによってはじめて、さらにある権力保持者の主観的権利が他のこれと対立する権力保持者の権利によって相互に制限されることによってはじめて、型に嵌められて固定化され専有された家産制的官職とかなり似た形で、権力の分立(Verteilung der Macht)が誕生する。この権力の分立は、官庁的な「権限」(Kompetenz)という官僚制的な概念にある意味では対応する。

というのも、封建制では、この「権限」という概念は真の意味では存在せず、したがってまた「官庁」という概念も存在しないからである。

さしあたりは封臣一般のなかの一部にだけ、政治的支配権力が授与される。政治的支配権力というのは、原理的には裁判権力のことである(フランスのいわゆる裁判領主(seigneurs justiciers)である)。

この場合には、領主(主人)はその人に属する裁判権力を分割し、ある封臣にある部分を与え、別の封臣にある部分を与えることができた。

ここでとくに典型的なのは、「高級」裁判権(流血罰令権(Blutbann)を含む)と「下級」裁判権を区分し、それらをさまざまな封臣に授与することであった。

このとき、本来の官職の階層構造で「より高い」支配権力をレーエンとして持つ封臣が、レーエンの階層構造でも、つまり最高の主人からの授与の距離による計算でも上位に位置するわけでは少なくともない。

むしろ、少なくとも原理的には、レーエンの階層構造が問題にするのは、授封された支配権力の階層構造についてではなく、一番上の主人との遠近だけである。

もちろん、事実によれば、最高の裁判権、とくに流血罰令権の保持は、どこでも該当する封臣を特別の「諸侯身分」として束ねるという、少なくとも傾向を持っていた。

しかし、いたるところでこの傾向と競合し、交錯していたのが、国王との直接的なレーエン関係を、この最高の身分への帰属の目印〔メルクマール〕とみなす傾向であった。

とくにドイツでは、この発展の進行は特徴的な急展開をみせたが、ここでは追跡することはできない。

この結果として、いたるところで、実に多様な人たちの手に授封されることによって、細かく分散された支配権力の、高度に錯綜した複合体が生まれた。

「ラント法」[2]による主人の裁判権力は、授封された政治的権利を基礎とする裁判権力のことである。原理上は、西洋ではどこでも、この裁判権力は、一方では封臣に対する領主〔主人〕のレーエン裁判権から区別され、他方では主人の家産制的（荘園法的）裁判権力から区別された。

しかし、結果としてこれらすべてがもたらしたのは、もっぱら、お互いを伝統によって制限し合う、さまざまな形式の法の基礎に基づいて専有された、多数の個々の領主権〔主人の権利〕への権力の断片化であった。

人と仕事〔ベルーフ〕、個人の財産と官職に関わる経営手段の分離は、あらゆる官僚制の特徴である。この分離は、プレベンデ〔俸禄〕の場合にはともかくもなおも明確に存在していたが、〔封建制には〕欠如していた。〔主人の死(ヘレンファル)ないし封臣の死(マンファル)による権利の〕復帰(Heimfall)と相続の案件では、完全に私有財産とレーエン財産は実際上、区別されていた。ところが、レーエンからの収入は官職の収入でないため、外見上の類似性にもかかわらず、プレベンデにおける対応する区別とは異なる意味(相続の階層化という意味)を持っていた。

そしてその際、レーエン保有者の官職権限と収入のすべてが、その人個人の法的・経済的領域に含まれるだけでなく、なによりも他方で、官職の経費も個人として支払う支出であり、その人の個人的な経済の経費と切り離すことができない支出であった。

主人も、レーエンを授けられた官僚も、いずれの個人もが主観的な権利の領域を基礎にして、本質的に個人的な利益を追求した。これと同じで、行政の全費用は、官僚制とは異なって、合理的な税制によって充足されたり支払われたりはせず、また家産制とは異なり、主人の家計や、この目的のために計上されたプレベンデ収入によって充足されたり支払われたりするわけではなかった。そうではなく、行政の全費用は、個々の権力の担い手が自分自身のパフォーマンスによって賄うか、あるいはその人の個人的な蓄えから賄うか、あるいは（とりわけ）家産制的な従属民、あるいはその人に授封された政治的権利ゆえにその人に服従する「臣民」が提供するパフォーマンスによって賄われた。「臣民」によって提供されるパフォーマンスは概して伝統に縛られていた。このため、その装置も財政の点で弾力性に乏しかった。

レーエン制的団体を政治的行政の担い手として利用する、というのは、少なくとも傾向としてはどこにでもある典型的な展開であった。しかしこの展開は、最高の主人をはじめとするどの主人の権力手段をも、個人的にも物質的にも狭い範囲に縛りつけた。このためこの装置の弾力性はなおさら乏しくなった。

封臣の義務のうちで最も基本的な義務は、軍役の義務であった。そもそもレーエン団体は、その目的のために作られることが多かった。この軍役の義務からしてすでに、いたるところで、封臣たちは年間の最大期間を明確な規範で制限しようとし、たいがいはこれを達成した。

しかしこのとき、同じ主人の封臣の間にも、フェーデ〔私闘〕の権利が存在した。

というのも、主人は封臣に与えたレーエンを保障するだけで、主人の権力ではそれ以外のことはなにも封臣に保障しなかったからである。

封臣同士の私的な戦争は、もちろん封主の権力的利益を著しく損なうおそれがある。しかし、少なくともヨーロッパ大陸では、教会や都市が国王と締結した「ラント平和令」の時代までは、少なくとも主人自らが軍事行動をしている間は、私的なフェーデは慎むべきである、という規定を超えるものではなかった。

主人の財政上の権利は、なおのこといっそう制限されていた。

主人の権利には、後見人としてレーエンを利用する権利のほかに、とりわけ主人が一定の緊急の事態にある場合の〔封臣による〕援助義務があった。主人はこれを包括的な課税権にしようとしたが、封臣の側は明確に限定された臨時の貢租にするように働きかけ、結局のところしばしばこれに成功した。軍務はますます擬制的となりつつあった。それでもこの軍務の代償として、騎士に特有のレーエンに対しては租税が免除された。これが近代になるまで普通の状態となった。

同じように、少なくとも主人がレーエン制的な軍隊に依存しているかぎり、封臣は、例外的に同意することがなければ、自分の隷従民に対する主人による課税を排除するという権利を獲得するのが通例であった。主人は、原則として、自分自身が荘園領主として、または体僕領主として支配している隷属民からだけしか、タラギア（tallagia）〔臨時的な貢租〕を勝手に徴収することはできなかった。

復帰の権利（Heimfallrecht）はますます非現実的になっていった。相続権の傍系親族への拡大は、あらゆるところに浸透していった。レーエンの譲渡はますます一般的なことになっていった。レーエンの譲渡には、新しい取得者とレーエン関係を結ぶことについて、当然ながら封主の諒解を必要とした。同意（Konsens）の買収は、ついには領主にとってレーエン団体から入ってくる最も重要な収入源の一つになった。

しかし同時に、保有者の移転の料金は伝統によって、あるいは制定法によって一般的に確定されていたため、主人の同意の買収が意味したのは、実質的にはレーエンの全面的な専有であった。

こうして、忠誠関係の実質的な内容がますます型に嵌められて固定化され、経済化される一方で、この忠誠関係自体も、権力手段としての一義性と実際的な有用性をますます失っていった。

後に支配的になる見解によれば、自由民である封臣は、複数の主人からレーエン〔封土〕を得ることができた。そうなると、争いの際には、封臣の支持はどの主人にとっても不安定であった。

フランスのレーエン法では、他の〔忠誠〕義務を暗黙のうちに留保したレーエン誓約であるホマギウム・シンプレックス(homagium simplex)を、無条件のレーエン誓約であるホマギウム・リギウム(homagium ligium)から区別した。後者の無条件の誓約は、いわば第一抵当権をレーエン制的忠誠に与え、他のすべての義務に優先し、したがって一人の主人に対してだけしか行うことができなかった。フランス王家は大封建諸侯に対して後者の形式〔の宣誓〕を強制することに成功した。このことは、フランス王家の権力ポジションの発展にとって重要な意味を持った。

しかし、それはそうであるが、封臣の義務が多面的でありうるということは、当然ながら封臣の義務の大幅な価値の低下をもたらした。ついには、封臣の力を借りて継続的に機能する行政を行うことは、ほぼ不可能になった。

封臣自身は、行為によってだけでなく、助言によって主人を助ける義務も負っていた。有力な封臣は、このような義務から、重要な決定がなされる前に自分の助言を聞いてもらう「権利」を導き出そうとし、実際にこれを貫徹することがよくあった。封主はレーエン制的軍隊のご機嫌に依存していたからである。

しかし〔権利としてはともかく〕義務としても、封臣の助言活動は、彼らの軍隊の任務と同様に、時間の経過とともにかなり限定されたものになった。助言活動はまったく非連続的であり、このため主人は具体的な官庁組織としてこれを利用することができなかった。

したがって、地方行政にとってのレーエン団体は、地方の官職保有者に、事実上、支配権の世襲的な専有と保障を与える存在であった。しかし、中央行政にとってのレーエン団体は、主人に継続的に利用可能な労働力を提供しなかった。しかも、主人は封臣を支配するどころではなく、レーエン団体は主人の行為について、最も有力な封臣の「助言」に従う必要を主張し、主人を非常に容易にこれに従わせた。

このような状況下で、有力な封臣たちに、レーエン団体を完全に破棄してしまおうという誘惑が出てくることは、あまりにも明白であった。このため説明されるべきなのは、なぜこのようなこと〔破棄〕が、実際に起こった以上に頻繁に起こらなかったのかということである。

その理由は、すでに述べたレジティマシー〔正当性／正統性〕の保障にあった。[3] 封臣は土地や支配権を所有することのレジティマシーの保障をレーエン団体にみていた。また、封主もこのレジティマシーの保障に（非常に不安定かもしれないが）利害関心を持っていた。たとえそれが擬制的なものであったとしても、封主の権利が封主に提供するチャンスがあったからである。

(1) モンテスキューはフランスの啓蒙思想家。『ペルシア人の手紙』『ローマ人盛衰原因論』『法の精神』などの著作で知られる。文化比較の視座にしても、「精神」(l'esprit; Geist) への注目にしても、ウェーバーがモンテスキューから引き継いでいるものは少なくないと思われるが、ウェーバーがモンテスキューに言及している箇所は少ない。

(2) 一一世紀後半から一三世紀にかけて、ドイツではさまざまな領邦(ラント)が形成された。ラント法はこの領邦で妥当する法であり、帝国法に対してはローカルな特別法であった。

(3) **封[6]**を参照。

[9] 主観において権利的なものと義務的なものからなるコスモス

このように、プレベンデ〔俸禄〕的および封建制的に変容した、家産制的な政治的構成体は、要するに、客観的な規則によって一般的な仕方で規制され、同様に規制された官職義務を有する「官庁」のシステムと対照的であり、主人、官職保持者、支配される側の人たちの、徹底的に具体的に定められた主観において権利的なものと義務的なものからなるコスモスである。あるいは場合によっては、これらのカオスでもある。主観において権利的なものと義務的なものは、相互に交差し、制限し合う。そしてそれらの相互作用のなかでゲマインシャフト行為[1]が成立する。このゲマインシャフト行為は、近代的なジャーナリズムのカテゴリーではうまく構成できない。また、このゲマインシャフト行為に対して、言葉の近代的な意味での「国家」という名称を適用することは、これを純粋に家産制的な政治的構成体に適用するよりも難しい。

封建制は、「家父長制的」な家産制とは反対に、「身分制的」な方向に向かった極端なケースである。

（1）【用語】「ゲマインシャフト行為／ゲゼルシャフト行為」を参照。

【10】協定と身分制国家、ゲゼルシャフト化と家産制のルネサンス

一般的に、家産制に特徴的なのは、伝統、特権、判告〔ヴァイストゥーム〕、前例である。これらと並んで、ゲマインシャフト行為を形成する秩序づける力になるのは、さまざまな権力保有者間のケース・バイ・ケースの協定（Paktieren）である。この協定は西洋の「身分制国家」に典型的であり、このような国家の本質を構成する。

レーエン〔封土〕やプレベンデ〔俸禄〕の個々の保有者や、君主の授与を根拠にして専有された権力を保有するその他の者は、彼らに保障された「特権」に基づいて、これらの

権力を行使する。これと同じで、諸侯に与えられた権力もまた、レーエンや他の権力の保有者によって承認され保障されるべき、個人的な「特権」、つまり「大権」とみなされた。

これらの特権を持つ人びとは、いまや、彼らの協働がなければ不可能であるような具体的な行動に向けて、ケース・バイ・ケースで自分たちをゲゼルシャフト化した。

しかし、「身分制国家」の存続が意味するのは、ただたんに、すべての権利と義務が契約によって保障され、このために生じた非弾力性の結果として、すでに述べた協定がつねに避けられないものになり、これが慢性的な状態となったということである。事情によってはこの状態から、明示的な「ゲゼルシャフト化」〔目的合理的な秩序や命令に準拠した関係の形成〕によって、一つの制定された〔法〕秩序が生まれた。

レーエン保有者たちが法仲間に結集した。その後、身分制国家が成立した。そのきっかけは実にさまざまであった。しかし、その主要な点からすると、身分制国家が成立したのは、型に嵌められ、したがって弾力性を欠いたレーエンと特権の構成体が、行政上の必要に適応する形式としてであった。この行政上の必要は通常とは異なるか、あるいは新たに出現したものであった。

行政上の必要というのはもちろん、いつも経済的であったわけではない。また外見上、経済的なものが勝っていたわけでもない。それでも行政上の必要は強く経済によって規定されていた。

そのほとんどは、より間接的な仕方であった。通常ではないニーズ自体は、主として政治的、とくに軍政的な行政から生じた。

しかし、経済構造の変化、とくに貨幣経済の進展は、これらのニーズを充足する方法を可能にし、したがって他の政治的構成体との闘争と競争のなかで、この方法を採用することを余儀なくさせた。このかぎりで、経済構造の変化、とくに貨幣経済の進展がともに作用していた。とりわけ、かなりの額の資金を一度に調達することは、型に嵌められて固定化された封建制的・家産制的な行政構造の通常の手段では対応できなかった。

こうなったのも、ほぼこの支配構造で妥当する原則のせいであった。主人およびその他すべての権力者一人ひとりが、自分の行政に必要な費用を自分の懐から支払わなければならない、というのがその原則である。

このような特別な資金を調達する方式は想定されていなかった。このため、つねに新たな合意形成と、この目的のために、秩序ある協同組合的な集会という形態での、個々の権力者のゲゼルシャフト化が不可避であった。

君主(Fürst)とともにゲゼルシャフト関係を築き、あるいは特権者を「身分」に変え、その結果としてさまざまな権力保持者のたんなる諒解行為(Einverständnishandel)と、ケース・バイ・ケースによるゲゼルシャフト化から、持続的な政治的構成体を出現させたのは、まさにこのゲゼルシャフト化であった。

しかしそうなると、この政治的構成体の内部で、つねに新たにのしかかってくる行政任務が発展した。これが君主の官僚制を発展させた。そしてこの官僚制が今度は「身分制国家」団体を崩壊させる運命にあった。

ところで、この最後のプロセスは、次のようにあまりに機械的に解釈してはならない。主人〔君主〕というのはどこでも、自分の権力領域〔勢力範囲〕を拡大するために、官僚制を発展させることによって、身分の競合的な権力を打ち破ろうとしたのだ、というような解釈である。

これは疑いなく、またごく当然のこととして、発展の決定要因の一つの、そして実にしばしば重大な決定要因であった。

しかし、この要因は唯一のものでもなければ、いつも決定的だったわけでもない。

それどころかむしろ要求を主人に突きつけたのは、まさに諸身分の側であった、ということも決して稀ではなかった。一般的な経済的・文化的発展の結果として、したがってザッハリヒ〔客観的〕な発展要因によって、さまざまな利害関係者の要求がつねに新たに生まれている。諸身分が求めたのは、つねに新しい行政サービス〔パフォーマンス〕を求めるこうした利害関係者の要求を主人は満たすべきであり、とくに適切な官庁を創設して主人自らがそれを担うべきである、という要求であった。

しかし、主人がこのようなサービス〔パフォーマンス〕を引き受けることは、官僚制が拡大していくことであり、したがって普通は主人の権力が増大することを意味した。これはさしあたり、家産制のルネサンス(1)という形で現れた。家産制は大陸ヨーロッパの政治的構成体では、フランス革命の頃まで優勢であり続けたが、どこも長期間にわたって存続すればするほど純粋な官僚制(Bürokratismus)に接近していった。というのも、新たに引き受けられた行政任務の特性が、どこにおいても常設の官庁、明確な権限、規定、専門的な資格を強く求めたからである。

(1) 家産制を掘り崩すことで成立した封建制が、今度はまたその発展の結果として家産制のルネサンスをもたらす。ウェーバーはここでも単線的な発展図式では歴史を理解していない。

［11］直線的な発展の否定、中間形態と過渡的形態

レーエン〔封土〕団体と「身分制国家」は、家産制から官僚制への発展にとって不可欠

な媒介項では決してない。レーエン団体と「身分制国家」はある状況下では、家産制に対するかなりの障害物になった。

それどころか真の官僚制への萌芽は、家産制国家の行政の、それほど複雑でない形態にも、すでにいたるところにあった。家産制的官職から官僚制的官職への移行からしてそもそも流動的であり、どちらのカテゴリーに属すかは、個々の官職地位の種類によってではなく、むしろそもそも官職がどのように設置され、どのように運用されるか、というそのあり方によって認識されるべきである。

しかしもちろん、完全に発展した身分制国家も、完全に発展した官僚制も、もともとヨーロッパのみを地盤として生まれた[1]。この理由についてはあとで論じる[2]。

その前に、封建制的および家産的構成体のなかにあって、純粋な官僚制に先行する、ある特徴的な中間形態と過渡的形態を扱うことにする。

(1) Cf. MWG I/18, S. 101.『宗教社会学論選』五頁を参照。

(2) 一九一四年七月に配本された『社会経済学要綱』の第一巻に付された全巻の予定割当表である「一九一四年構成表」には、「近代国家の発展」という章が予告されていた(「訳者あとがきⅡ」を参照)。この参照指示はおそらくそれを指すものと思われる。ただし、この原稿は遺されていない。

[12] 統一的な頂点、書記と会計の影響力の増大

簡略化のために私たちはこれまで次のような想定のもとで議論してきた。中央行政における主人〔君主〕の政務は、先に述べた家官僚(Hausbeamte)や宮廷官僚[1](Hofbeamte)によって純粋に家産制の論理で処理されるか、あるいは自らが家産制の論理で行政を行うレーエン〔封土〕保有者によって処理されるか〔つまり家産制的支配か封建制的支配か〕、このいずれかである、という想定である。

しかし実際には、家産制的支配の構造も封建制的支配の構造もそれほど単純ではない。家行政が主人の食卓仲間や側近による「アドホックな〔臨時の〕行政」の段階を離脱するやいなや、純粋に政治的な業務が家行政に編入されることは、しばしば特別な地位を占める特別な中央官職、しかもほとんどの場合で、個別の政治的な中央官僚が出現するきっかけとなった。

こうした官僚はさまざまな性格を持つことがある。

構造的な原理によって、家産制は〔支配者の〕「お気に入り」のような存在を発展させる特別の場所であった。主人の傍らにいる、巨大な権力を備えた側近の地位ではあるが、つねに偶然によって突然、事柄に即して〔ザッハリヒに〕ではなく、純粋に個人的な動機

によって、劇的な急展開で失脚する可能性がある。以上がこの「お気に入り」に特徴的なことである。

政治的な仕事を担う中央官職の特別な形式の展開で、類型の点で最も純粋に家産制的な原理に対応するケースがある。機能の点で主人と最も純粋に個人的な関係にある側近の地位を占める宮廷官僚が、公式に、または事実上も、中央行政の政治的な部分を仕切るというのがそれである。

例えば、ハーレムの番人や、主人の最も個人的な事柄に親密に接する、これに類似した職員である。

あるいは、このために、特別に政治的な側近の地位が生み出されることもある。いくつかの黒人の王国では、自然主義的な仕方で、流血罰令権の目にみえる代表者である処刑人が、君主の恒常的にして、最も影響力のある同伴者である。

その他の場所でも、罰令権力の発展とともに、君主の裁判権的な機能が前面に出てくる傾向がある。そうなるとフランク王国の宮中伯②に相当する官僚がとくに目立つようになることが多い。

軍事の活発な国家では、国王直属の軍事司令官がこうした官僚に当たる。封建国家では、軍事司令官と同一であることが多いが、レーエンを管理する官僚(将軍、宮宰)がこうした官僚である。

オリエントではきわめてしばしば、「大宰相」という人物が存在する。いかなる理由で大宰相が、近代国家における責任ある首相とまったく同じように、「立憲的」に必要な存在であるのかについては、あとで論じることにする。[3]

ごく一般的にいうことができるのは、以下のことだけである。一方では、このような一元支配的な統一的頂点の存在は、君主が持つ主人の地位にとって、次のような場合にとくに危険になりうる。封臣や下級官僚の経済的な装備を意のままに処分する権利が〔頂点に位置する〕該当する官僚の手中にあり、君主に対抗して、封臣や下級官僚をこの官僚その人につなぎとめることができる場合である。日本やメロヴィング帝国の周知の例〔将軍と宮宰〕がこのことをよく示している。

しかし他方で、そのような統一的な頂点が完全に欠如すると、結果として帝国が崩壊する傾向にある。これについては、中央の有力な官職の創設に〔自らの経験から説明できる理由で〕消極的であったカロリング朝の例[4]が教訓的である。

このようにして生じた問題に対する解答のあり方に、私たちはまもなく立ち返る。[5]

ここでさしあたり関心を引くのは、とりわけ次のような現象である。行政事務がしだいに恒常的となり、しだいに複雑化する結果として、しかもとりわけ家産制的構成体や封建制的構成体に特徴的な授与と特権制度が発展した結果として、そして最後に、財政の合理化が進んだ結果として、書記や会計官僚がますます重要な役割を演じ始める、という現象である。

書記や会計官僚を欠いた主人の家計には持続可能性がなく、それは無力化する運命にある。

記録や会計の制度が発達すればするほど、(例えば、ノルマン人のイングランドや、最も権力が発達した時期のオスマン帝国のような)純粋な封建国家であっても、中央権力はそれだけ強くなる。

古代エジプトでは、ものを書く人(Schreiber)〔書記、物書き、律法学者〕が行政を支配していた。

新ペルシア〔一六世紀から一八世紀前半のサファヴィー朝〕では、会計官僚が、伝統的に聖化されてきた秘密の技によって、非常に大きな役割を手に入れた。西洋では、政治的な行政の中心人物はたいがい、書記局の長である事務長[6]〔宰相〕(Kanzler)である。

あるいは、会計局、つまりノルマンディーとその後のイングランドの財務官庁(Exchequer)が、そこから中央行政全体が発展する萌芽となった。

これらの官職は、しばしば同時に官僚制化の萌芽にもなった。というのも、官職の公式の担い手であった身分の高い宮廷高官に代わって、本来の仕事をする官僚、中世では主として聖職者が実際的な指導権を獲得したからである。

（1）**家[26][27]**を参照。

（2）プファルツ（Pfalz）は中世ドイツにおける王宮を指す言葉。このプファルツの長官がプファルツ伯、ないし宮中伯（Pfalzgraf）。宮中裁判を主催するなど重要な役割を担った。

（3）**維[11]**を参照。

（4）フランク王国の宮宰のカール・マルテル（Karl Martell, 688?-741）が実権を握ることで、その子小ピピンに始まるカロリング朝の基礎が築かれた。このためカロリング朝では宮宰の設置に慎重にならざるをえなかった。カール大帝の子ルートヴィヒ一世の死後、帝国は東フランク（ドイツ）、西フランク（フランス）、中部フランク（イタリア）に分裂した。

（5）**封[13]**を参照。

（6）Kanzler という語は、今日では「首相」という意味で用いられる。ドイツ連邦共和国の首相は Bundeskanzler である。ただ、この語はもともとは Kanzlei（官房、文書係室）の長を意味した。

［13］官僚制化の前段階としての諮問会議

大規模な合議制の中央官庁の出現は、行政任務が質的に拡大したことの随伴現象である。合議制の中央官庁の出現については、とくに官僚制化を促進する特別な専門知識の意義の増大との関連で、そして官僚制化の前段階として、すでに論じた(1)。

官僚制国家以前の、主人に助言する機関がすべて、近代的官僚制の前段階であったわけではもちろん決してない。

それどころかむしろ、中央官僚の諮問会議は、世界中に広がる実にさまざまな家産制的・封建制的な政治的構成体にみられる。

中央官僚の諮問会議はしばしば、先ほど述べた初期官僚制的形成物のように、専門知識の権力に対抗する勢力として主人に仕えるわけではない。それが主人に仕えるのは、たんに中央の個々の官僚の権力ポジションに対抗する勢力として、また行政に継続性をもたらす手段としてである。

したがって、このかぎりでは、諮問会議はどこでも、行政任務の質的発展のある一定の段階の産物である。発展がさらに進み、家産制国家における官職の体制と官僚の行政のあり方が官僚制的な性格に接近すればするほど、ますます例の初期官僚制(Frühbürokratismus)の現象に似た構造、つまり所定の手続きで決定する合議制的な「官庁」の性格を、諮問会議は持つようになる。例えば中国やエジプト〔の例〕が示すように、ここでの境界線はやはりかなり流動的である。

もちろんここでも、移行の諸形態は途切れることなく連続している。しかしそれにもかかわらず、いま述べた合議体は、主人からの委託ではなく、自らの権利によって（「長老会議」や名望家の代表のような形で）支配に参画する合議体とは、「類型」として区別されるべきである（後者については、あとで簡単に述べる）②。というのも、この合議体は、家産制から官僚制（Bürokratismus）へと至る経路上にあるわけではなく、君主〔主人〕とその他の権力（Mächte）との間の権力の「分割」(„Teilung" der Gewalt）の経路に位置するからである。このときその他の権力が「カリスマ的」であれ、身分制的性格のものであれ、これは変わらない。

（1）**官［54］**〜**［57］**を参照。
（2）本書のテクスト配置では「あとで」ではないが、**支［8］**、**官［55］**を参照。

［14］支配構造と教育

政治的構成体の家産制的または封建制的な構造が、一般文化に及ぼす影響については、ここで扱うことはできない。

一方の家産制、なかでも型に嵌められていない、恣意的な家産制と、他方の封建制は、教育の領域で相互に尋常ではなく異なっている。この領域は、どこでも支配構造が文化に及ぼす影響の、最も重要な対抗面を提供する。

教育と支配構造との関連については先に若干のことを述べた[1]。ここではこれにいくつかの一般的な考察を加えるだけである。

封建システムが、意識的に「騎士的」な生活を送る階層の発展段階に達すると、どこでも騎士的な生き方に向けた教育のシステムが、そのすべての帰結とともに成立する。ここでは説明できないが、（文学の分野や音楽・造形芸術の分野における）一定の芸術的文化財が典型的に発展する。芸術的文化財は、支配者階層が支配される側の人たちに対して自らを神聖化する手段であり、また栄光を発展・維持する手段である。この展開は、最初は軍事・体操中心の教育であったところに加えて、「芸術的」(musisch)教育を設置する。そして非常に多様な種類の、例の「教養」教育という類型が形成される。教養教育は、純粋な官僚制的構造の「専門教育」に対するラディカルな対極に位置する。

支配構造が「プレベンデ」(俸禄)的に組織されているところでは、教育は知性主義的・文芸的な「教養」の性格を帯び、したがって教育の運営の様式の点では「専門知識」を教え込むという官僚制的理想に内面的に近接する傾向にある。

中国では、とくに純粋な形式でそうであり、また後述するが[2]、神政政治が教育を握っているところではどこでもそうであった。

世俗的な国家が恣意的な家産制国家の類型を引き受け、国家の側からは独自の教育システムをまったく発展させない場合には、後者の傾向が最高度に達する傾向にある。

（1）**官［59］**を参照。

（2）**封［27］**、**組［33］**を参照。

［経済との関係における、支配の家産制的および封建制的な構造形式[1]］

（1）マリアンネが編集した Max Weber, *Wirtschaft und Gesellschaft* (Grundriß der Sozialökonomik, Abt. III), Aufl. 1, Tübingen: J. C. B. Mohr (Paul Siebeck), 1922, S. 739 では、ここで空白の一行が入っているだけであり、この見出しは存在しない。この見出しは［　］も含めて、マックス・ウェーバー全集 MWG I/22-4 の編者による挿入である。

［15］　経済的な要因、マルクスの挽臼

家産制的・封建制的構成体が成立する純粋に経済的な一般条件については、確定的なことはそれほど語れない。

君主や貴族の荘園制が存在し、それが優越的な意義を有していたという点は、たしかに、レーエン〔封土〕制では完全に実現され、また一義性は高くはないが、あらゆる形式

の封建制的「組織」で一般的に妥当する基礎にもなっている。

　この種のものとして、最も一貫した家産制的な政治的構成体は中国の官僚国家であった。〔ただし〕中国の官僚国家は、荘園領主制を基礎にしていたわけではなく、すでに論じたように[1]、まさに荘園領主制が欠如していた結果として、このように完結した家産制的な性格を帯びるに至った。

　家産制は、自足経済と交換経済、小市民的農業の体制と荘園領主的農業の体制、資本主義的経済の欠如と存在、これらいずれとも両立可能である。

　手回しの挽臼は封建制を要請し、同じように蒸気の挽臼は資本主義を要請する、というよく知られたマルクス主義の命題[2]が正しいのは、せいぜいのところ後半だけである。もちろん、この点についても正しいのは限定された範囲である。というのも、蒸気の挽臼は、国家社会主義的な経済構造にも容易に適合するからである。

　これに対して、この命題の前半の部分は完全に間違っている。手回しの挽臼は、考えられるかぎりすべての経済構造の形式と政治的「上部構造」を生き抜いてきた。

　資本主義一般についても、私たちが述べることができるのは次のことくらいである。資本主義が拡大する可能性は、このあと論じる理由から[3]、封建制的支配形式や家産制的支配形式のもとでは限定される。資本主義は力(Macht)である。その力に関心を持つ者は、いつもではないがそれでも通常は、官僚制化またはプルートクラシー〔カネ持ち支配〕の名望家支配に都合がよいように、封建制や家産制のような支配形式を取り替えようとする。資本主義はそのような力なのである。

しかし、このことすらも妥当するのは、生産領域における近代的性格の資本主義に限られる。これは合理的経営、分業、そして蓄積された資本に基礎をおく資本主義である。これに対して、政治志向の資本主義や資本主義的な大商業は、家産制と格別に相性がよい。

すでに論じたように、[4] 交換経済の強力な発展は、奴隷兵を購入し、傭兵に給料を支払うのに十分な貨幣による租税の可能性を提供した。これによって交換経済の発展は、オリエントのスルタン制が発展する、まさに基礎にもなった。スルタン制は、私たち西洋の「法治国家」を基準に測定するならば、近代国家の形式から最も遠い、家産制的支配の厳密な意味で家父長制的な変種である。

これに対して、まったく異なるのが、交換経済に対する封建制の関係である。もっとも、家産制的構成体が成立するのか、それとも封建制的構成体が成立するのかという問題については、荘園領主制がさまざまな形式の封建制の発展を強く助長するという自明の事実を除いては、経済的決定要因を一般的に定式化することはできない。

すでに論じたように、[5]古代オリエントの治水経済の合理化、したがって組織された臣民たちの賦役によって荒地から耕作地が獲得されたという事情は、中国の包括的な土木政策と同じく、半官僚制的である家産制的な政治的構成体を促進する方向に作用した。もっとも他方では、いま述べたような土木事業が可能になるには〔古代オリエントと中国の〕どちらの場合にも、家産制的な政治的構成体がすでに成立していなければならなかった。

これと対照的なのが、北欧で森林伐採によって新たな土地の獲得が行われたことである。森林伐採による土地の獲得は、荘園領主制、ひいては封建制に有利に働いた。しかし、すでに論じたように、[6]はるかに不完全な形式ではあるが、オリエントにも封建制は存在した。

これ以外の点について、一般的に述べることができるのは、次のことだけである。技術的な交通手段、したがって政治的統制手段の発達の程度の低さは自然経済〔現物経済〕が支配的であったことと結びついていた。合理的な租税システムを導入し、中央集権化された家産官僚制的行政の前提条件を導入することが困難であった結果として、交通手段・政治的統制手段の発達の低さは、家産制的構成体の脱中心化された形式、つまり朝貢的サトラップ制を促進し、また、それが可能な場合には、つまり荘園領主制が社会の編成を規定していたところでは、個人的な封建的忠誠の絆と封建的な名誉のコードとを、政治的統合の接着剤として利用するように強く促した。以上である。

（1）**家［54］［55］**を参照。
（2）「手挽臼は封建君主の存在する社会を生み、蒸気臼は産業資本家の見出される社会を生ぜしめるであらう」（マルクス『哲学の貧困』山村喬訳、岩波文庫、一九五〇年、一一七頁）。
（3）**封［18］**を参照。
（4）**家［17］**を参照。
（5）**家［53］［57］**を参照。
（6）**封［2］**を参照。

［16］中央集権的家産官僚制の発展と商業

これに対して、強力な中央集権的家産官僚制の発展には、封建制とは対照的に、これまで学問的にはいつも見過ごされてきた一つの確固たる要因が、歴史的にみて重要である場合がきわめて多かった。その要因とは商業である。

原始的な村落の首長以上の存在である君主であればだれでも、その権力ポジションの基礎は、未加工ないし加工された形で蓄えられている貴金属の財宝であった、というこ

とは先に述べたとおりである。(1)

　従士、護衛、家産制的軍隊、傭兵、そしてなによりも官僚を維持するために、君主はまずは「宝物」を必要とした。

　財宝の供給は、他の君主との贈答品交換によって（実際には交易の性格を持つことが多かった）、君主自身の定期的な直接取引によって（とくに沿岸貿易が多かった。そして外国の商品貿易を直接的に独占する結果になることもあった）、あるいは最後に、外国貿易を君主のためにその他の方法で役立てることによって行われた。

　最後のものがなされたのは、直接的には、関税や護衛料などの課税という形であり、間接的には、マーケットの認可や都市の建設によってであった。あらゆるところで、高額の地代と租税能力のある臣民を提供したのは、君主の大権であった。

　商業の利用の、この最後の仕方は、有史時代になってから、ついには近代初頭に、ポーランドの荘園領主が設立し、西方から移住してきたユダヤ人が住み着いた無数の都市に至るまで、体系的に試みられた。

　面積や国民の数に比して、商業の発展が相対的にほどほどでしかなく、あるいは端的に弱くても、家産制的な政治的構成体が存在し続け、領土を拡大するというのは、おそらく典型的な現象である。例えば中国、カロリング帝国などである。

しかも、家産制的な政治的支配が原初的に成立する場合には、商業が重要な役割を果たしていないということもたしかにある（モンゴル帝国、移民移動期の諸国）。ただ、これは頻繁に起こるわけではない。貨幣経済が高度に発達した地域に隣接する部族が征服してきて貴金属を略奪しながらこの地域に侵入し、その土地に支配を樹立するというのがほとんどである。

君主が直接的に商業を独占するという現象は、ポリネシアでも、そしてアフリカでも、古代オリエントでも、世界中にみられる。最近でも、例えば西アフリカ沿岸の比較的大きな政治形態(2)がすべて崩壊した。これは該当する首長の仲介貿易の独占がヨーロッパ人によって排除された結果であった。

最も古くから知られている比較的大規模な家産制的政治形態のほとんどの所在地は、こうした商業の機能と密接に関係している。

（1）**家［42］**を参照。

（2）アシャンティ王国とダホメ王国のこと。アシャンティ王国は、一七世紀から一九〇一年まで、現在のガーナ共和国の地域を支配した。ダホメ王国は一七世紀から一九世紀末まで、現在のベナン共和国にあたる地域を支配していた。後者についての研究に、カール・ポランニー『経済と文明――ダホメの経済人類学的分析』栗本慎一郎・端信行訳、ちくま学芸文庫、二〇〇四年がある。

[17] 君主の権力ポジションと商業、商業と対立する封建的階層構造

これに対して、君主が荘園領主として特別な権力ポジションを持つことがある。しかし、これには二次的な意味しかないことが非常に多かった。

君主や貴族の権力ポジションの最初の出発点は、もちろん「荘園領主的」であることがほとんどである。あるいは、より正確にいえば、(コンゴ〔川〕とザンベジ〔川〕の間の地域のいくつかの王国のように)まだ土地が豊富に存在する地域については、君主や貴族の権力ポジションの最初の出発点は、人間や家畜の所有と結びついている。その結びつき方は、人間や家畜の所有がレンテ(1)をもたらす土地の耕作を促進するという形である。というのも、そもそも君主や貴族を社会的にそのような存在にするのは、そのような生き方をしているからであり、当然のことながら、そのためには労働によらないレンテ収入が不可欠だからである。

しかし、ここからさらに「土地レンテ」〔地代〕を独占する立場へと発展していくには、商業的な利益の獲得という条件が同時に作用していることがきわめて多い。

君主が(最高封主であるばかりでなく)国全体の荘園領主とみなされることがある。こ

のような状態は実に多様な文化段階で非常に広くみられる。この状態は基礎や出発点ではなく、むしろ逆であることが多い。この状態は、君主が持っている政治的な主人の地位（Herrenstellung）の結果であり、この地位を有することによって与えられる動産（カフィル人[2]の場合には、人間（女性）と家畜の所有）を獲得する優先的なチャンスの結果であり、しばしばとくに貴金属の所有によって可能になった家産制的兵士や傭兵を維持していく経済力の結果であった。

沿岸国家で貴族が有している独占的な荘園領主的な地位も、これと変わらないことが多い。古代ヘレニズムで、そしておそらく古代オリエントでも、債務奴隷は農業労働力の重要な構成要素であった。

都市に定住する都市貴族たちは、収穫の一部と引き換えに債務奴隷に畑を耕作させた。直接的または間接的な商業利益が、土地と人間を集積する手段を〔彼らに〕継続的に提供した。

自然経済〔現物経済〕的な環境下では、貴金属の財宝はわずかであってさえ、権力ポジションと国家建設にとって尋常でない重要性を持った。

もちろんそうであっても、このとき、ニーズの充足の中心が圧倒的に自然経済〔現物経済〕のことはありえたし、そうであり続けることが多かった、ということに変わりはなかった。

原初的な時代における商業の「重要性」を語るときにありがちなことではあるが、両者を混同してはならない。

たしかに、商業が政治団体の形成に対して持つ因果的な意義は一義的ではない。すでに述べたように[3]、家産制的主人の権力の萌芽がすべて、商業によって生み出されたわけではかならずしもないし、商業が行われているところならどこでも、家産制的な政治的構成体が成立したということでもない。名望家支配も商業による第一次的な所産であることがきわめて多かった。

しかしそれでも、たんなる首長から君主に上昇するとき、その連関はなんといっても商業によって条件づけられることが非常に多かった。

これに対して、商業は、厳格なレーエン制や封建的な階層構造の厳密な形式に対してはそもそも著しく敵対的な関係にある。

とりわけ地中海沿岸の荘園領主的な都市貴族による「都市封建制」を、とくに典型的な形で生み出したのは、商業であった。

しかし、日本やインドでは、西洋やイスラーム的オリエントと同様に、政治団体の封建化が進んだのは、交換経済が発展していないこと、あるいはしばしば交換経済が衰退することによってであった。

もっともこの場合には、一方〔封建化〕が他方〔交換経済の衰退〕の原因であることはもちろん、一方が他方の結果であることもしばしばであった。西洋で封建制が成立したのは、軍隊を調達する唯一可能な形式が自然経済〔現物経済〕であった結果である。日本や中世の近東ではその逆であった。後者の現象はなにに由来するのだろうか。

（1）**【用語】**「レンテ」を参照。

（2）カフィル人はアフリカのバンツー語系の黒人諸族（の蔑称）。Cf. Herbert Spencer, *The Principles of Sociology*, Vol. 1. London: Williams and Norgate, 1876, S. 687.

（3）**家［12］**を参照。

［18］恣意と資本主義

封建制と家産制のどちらの支配形式も、経済が変動しない方向に非常に強く作用する可能性がある。ただし、封建制のほうが家産制よりも、はるかに強力にして典型的である。

家産制でそうなるのには理由がある。一般的にいって、家産制の支配下では主人の不断の統制を免れて職務を遂行する高官だけが、迅速に、かつ大きな富を獲得するチャンスを持っているからである。例えば中国のマンダリン(1)〔清朝の高級官僚〕がそうである。

この場合には、富の蓄積の源泉は交換による営利の獲得ではない。臣民の租税能力を搾取すること、自由な恩恵と恣意の広い領域で、主人だけでなく官僚のすべての官職活動をその都度、臣民に買い取らせること〔賄賂〕が、富の蓄積の源泉である。

他方で、家産制的官僚の権力が制限されるのは、基本的に伝統によってのみである。伝統を侵犯することは、最も有力な官僚にとっても危険である。物や人の革新、伝統によって聖化されない新しい階級、伝統に反する新しい営利や経営の方法は、かなり不安定であり、少なくとも完全に主人とその官僚の恣意に任される。

この両者、つまり伝統に縛られていることと、恣意的であることとは、とくに資本主義の発展のチャンスに深くかかわっている。

どちらかである。〔一〕主人やその官僚が新たな営利のチャンスを自分たちのものにし、それを独占することで、民間の資本形成の培養土を取り上げるか。あるいは、〔二〕どこにでも存在する伝統主義の抵抗が、主人やその官僚に、経済的革新を阻止する支えをみつけるか。経済的な革新は、社会的均衡を危険な仕方で揺るがしかねず、そうでなければ宗教的・倫理的懸念に遭遇する。家産制的支配者自身の支配が伝統の神聖さを基礎にしているため、彼らはこうした懸念に耳を傾けなければならない。
他方で、個別の事例では、規制を受けない主人の恣意が広い領域に及ぶということが、伝統を打破する資本主義の力を大いに助長する可能性もある。ヨーロッパにおける絶対君主権力の時代に起こったのがこれである。

この種の特権的な資本主義の他の特色はさしあたり度外視するとして、当然のことながらこのような君主権力には、官僚制的・合理的な構造がすでに存在していた。

しかし通常は、恣意の負の側面が前面に出てくる。というのは、これが本題であるが、そこには国家秩序の機能の予測可能性が欠如しているからである。資本主義の発展には、国家秩序の機能の予測可能性が不可欠である。近代官僚制的行政の合理的ルールが資本主義に提供するのは、この予測可能性である。〔家産制において〕計算可能性の代わりをしているのは、宮廷官僚や地方の官僚の計算不可能性や一定しない恣意、主人とその奉仕者の恩恵と不機嫌である。

この場合に、個々の私人は、諸事情やパーソナルな人間関係を巧みに利用することによって、特権的な地位をこっそり手に入れることができる。そしてこの特権的な地位によって、その個人の前にはほとんど無限の営利のチャンスが広がる。

ところが、そもそも資本主義経済のシステムというものは、このとき明らかにひどい困難に陥る。

というのも、資本主義の個々の発展方向は、そのような予測不可能なものへの感じ方の点で異なるからである。

大商業は、比較的容易にこれと折り合いをつけ、あらゆる条件の変化に適応する術を知っている。主人自身が(単純で、見通しのきく状況にあって)商業を独占していないかぎり、主人自身の利益のためにも〔大商業による〕資産の蓄積を容認する必要がある。徴税請負人、物品納入業者、融資先を確保するために、これが必要である。

したがって、ハンムラビ[2]の時代には、すでに「カネの男」[3]が存在した。また、商業資本の形成は、そもそも支配構造の考えうるほぼすべての条件のもとで可能である。程度は異なるにせよそうである。とりわけ家産制のもとでも、商業資本の形成は可能である。

そうでないのが、産業資本主義である。

商業資本主義が商業経営の典型的な形式となる場合には、産業資本主義は大量販売を目的とする労働の組織化を意味する。そしてそれは確実な計算可能性に依存する。資本が集約的であればあるほど、とりわけ蓄えられている資本が飽和していればいるほど、なおさらそうである。

産業資本主義は、法秩序の機能の継続性、確実性、そしてザッハリヒカイト〔事柄に即していること」を当てにすることができなければならず、また法発見と行政の合理的で、原理的に計算可能な性格を当てにすることができなければならない。

さもなければ、大規模な資本主義的な産業経営に不可欠な、あの計算可能性の保障が欠落してしまう。

計算可能性の保障は、型に嵌められているレベルの低い家産制国家ではとくに著しく欠如しており、逆に近代官僚制(Bürokratismus)では最適な状態で存在している。

個人の信仰としてのイスラームが産業化を妨げたわけではない。ロシアのコーカサス地方のタタール人は非常に「近代的」な企業家であることが多かった(4)。

むしろ、産業化を妨げたのは、イスラームの国家構成体、官僚層、そして法発見が、宗教的に条件づけられた構造を有していたことであった。

(1) **家[65]**を参照。

(2) ハンムラビ(Hammurabi, c. 1810 BC–c. 1750 BC)はバビロン第一王朝(古バビロニア王国)第六代の王。ハンムラビ法典の制定者として知られる。

(3) ドイツ語の原語はGeldmann。タムカルム(tamkarum)と呼ばれた交易者のこと。

(4) ウェーバーは、ハンガリーの東洋学者ゴルトツィーエル・イグナーツ(Ignaz Goldziher,

1850–1921）の研究に依拠している（cf. Goldziher, *Vorlesungen über den Islam*, Heidelberg: Carl Winter, 1910, S. 313）。ゴルトツィーエル・イグナーツについては、ハミッド・ダバシ『ポスト・オリエンタリズム』早尾貴紀・本橋哲也・洪貴義・本山謙二訳、作品社、二〇一七年、第二章を参照。

〔19〕寄進、ワクフ

専横的な家産制国家では、恣意が資本主義を阻害する。しかし、このネガティブな効果は、これまでほとんど完全に見落とされてきたポジティブな帰結によって、いまやさらに強化される可能性がある。ポジティブな帰結というのは、まさに発達した貨幣経済で、その他の条件が適合的であった場合に、この恣意が持ちうるものである。

家産制的な司法と行政の地盤では、あらゆる法的保障が不安定である結果として、特別な仕方で資産を人為的に不動産化するという現象が生じることがある。

こうした不動産化の最も重要な例は、ビザンツの修道院の寄進の一定の類型であり、イスラーム的中世のワクフ〔宗教的な寄進地〕である。ワクフは明らかにビザンツの法形式を模倣して作られた。

ビザンツの修道院における寄進の当該の類型は、図式的に考えると、例えば次のようなものである。土地が寄進される。例えば一つの事例はコンスタンティノープルの建設用地である。この土地の価値と収益は、期待される港湾施設によって非常に上昇する見込みである。

寄進された修道院は、明確に限定された数の修道士に明確に限定されたプレベンデ〔俸禄〕を支払い、明確に限定された数の貧しい人に同じように明確に限定された施しを与えなければならない。その他の管理経費もこれに加わる。

しかし、修道院の収入から修道院の支出を差し引いた余剰分のすべては、寄進した家族のものになる。

寄進の本来の目的がこの最後の規定にあることは明らかである。収入が増加する見込みの家族の世襲財産がそれである。この財産は修道院の設立という形で、実際に神聖に保護され、とくに修道院の財産として、世俗の、つまりは家産制的・官僚制的な権力の介入から保護される。

〔それに加えて、寄進者は神と人の好意を勝ち取るという目的も達成した。また、ある状況下では、修道士プフリュンデ〔俸禄〕を充足する影響力を一族のために確保し、それによって有力な一族に便宜を図る機会を確保するという目的も達成した。というのも、修道士のプレベンデは、禁制区のみならず居住義務も欠いていたので、実際にはしばしば、コンスタンティノープルの若者にとっては、職務義務のない聖職(Sinekuren)と同じようなものだったからである。また寄進者は、家族の礼拝堂の管理の仕方に対する影響力を確保するという目的も達成した)。

これらすべては、封建的西洋の「私有教会」制度に代わる貨幣経済的な代用物の一種であった。

古代エジプトの家産制支配のもとでも、すでにかなりよく似た形式の寄進が存在していたようである。

いずれにしても、文献的に証明されているが、これとまったく同じ現象が、中世のイスラームでは「ワクフ」(モスクなどへの寄進)として存在した。[1]

詳しくいうと、当時も、建設用地やエルガステリオン(賃貸用の仕事場)など、貨幣価値のある物件、しかも貨幣価値が上昇中の物件が寄進されていた。それは同じ目的で、同じ理由からである。以上のことはまったく疑いえない。教会の財産として奉献することは、世俗の官僚の恣意的介入に対して、絶対とはいわないまでも、少なくとも最適の保障を提供したからである。

このように、家産制支配の恣意と予測不可能性は、こうした点で宗教法的束縛の領域を強化するように作用する。

他方で、シャリーア〔イスラームの宗教法〕の理論的な硬直性と不変性が「訂正」されるのは、裁判官による主観的で、しばしばまったく予測不可能な解釈であった。このため家産制の二つの構成要素は資本主義の発展に等しく敵対しつつ、互いに強化し合った。というのも、集積された財産をワクフに結びつけて持続可能な仕方で固定化したことは、蓄積された財産を営利資本としてではなく、レンテ資金として利用する古代経済の精神に完全に合致していたからである。そしてカール・ハインリヒ・ベッカー[2]が正しく推定したとおり、この固定化は、オリエントの経済発展にとって大きな意味を持った。（世俗的な「家族世襲財産」(Fideikommiss)の制度は、おそらくワクフの世俗化された模倣物で、まずはスペインで登場した。その後スペインを介して、この制度は一七世紀にドイツに輸入された[3]）。

（1）エルガステリオン(ergastērion)は「仕事場」を意味する古代ギリシア語。とりわけアテネにおける比較的多数の奴隷を使った手工業の仕事場を指す。

（2）Carl Heinrich Becker, *Der Islam. Zeitschrift für Geschichte und Kultur des islamischen Orients*, Band 1, 1910, S. 95. ベッカーについては**封【4】**も参照。

（3）イスラーム教徒によるイベリア半島の支配は、八世紀初頭から一四九二年のグラナダ開城まで続いた。ワクフの制度がスペインに伝わったのはこの時代である。

[20] 重商主義、国家によって生き延びる資本主義

そして最後に、まさに比較的発達した貨幣経済を基礎にし、とくに合理的な官僚制的システムに強く接近した時代に、家産制はそれでもなお経済発展にある種の影響を及ぼした。この影響は家産制のニーズ充足の形式に由来していた。

「家産制国家」が容易に特権の束に分解してしまったように、一方では独占的・営利経済的なニーズの充足が、他方では特権授与的な(先に述べた言葉の意味での)ニーズの充足がとくにこうした国家に近いところに存在した。

よく機能する家産官僚層のおかげで、あらゆる種類の財政事業や独占がとりわけ容易に実現された。

エジプトやローマ後期の国家も、近東および極東の国家も、部分的にではあるが、きわめて包括的な仕方で国営事業を創設し、独占を利用した。近代初頭の君主の直営産業もこうした方向であった。

公共的なニーズを営利経済によって充足することは、決して家産制だけのことではなかった。中世や近世の初期には、自治都市〔コムーネ〕も、純粋に営利的な性格を持つ、相当に大胆な産業および商業事業に携わっていた。(例えばフランクフルト・アム・マ

インのように）大きな損失を出すこともしばしばであった[1]。

しかし、一般的にいえば、公的な営利経済に対して独占体が作用する範囲は、当然ながら、家産制国家の場合でより大きい。したがって、公的独占体は全体としてより頻繁に、そしてより深くにまで影響を及ぼした。

それにしても、特権付与的なニーズ充足は、しばしばいっそう強力に経済に侵入することもあった。

マイナスの特権〔賦課〕を付与するニーズの充足、つまりライトゥルギー〔公的奉仕義務〕システムは、まさに古代の最も合理的な家産制的・官僚制的大規模国家構成体であるエジプトと、それをモデルとするローマ後期およびビザンツ帝国によって、最も包括的な仕方で実現した。

これによって、ファラオ時代のエジプト経済は、独特の「国家社会主義」の特徴を帯びた。定期的にかなり広く普及したツンフト的な、またある時期には荘園領主的な、職業や土地への世襲的な縛りがこれと結合した。そしてエジプト経済は、このような特質を後期ローマの経済に伝えた。

明らかに、これによって私的な資本形成と資本主義的営利活動の余地が大きく狭められた。

家産制には、資本形成、ひいては私的資本主義を窒息させるような種類の公的なニーズの充足がある。しかしそれと並んで、そしてそれとは違って、積極的な特権付与のニーズ充足もある。このニーズの充足は、高額の手数料、利潤の分け前、あるいは定額のレンテ〔利子〕と引き換えに、特権的な商業ないし産業の独占権を私人に譲り渡すという形をとる。

この種のものは、世界中で、過去に存在した家産制国家に数多くみられる。しかし、それが最後の、そして最も重要な役割を果たしたのは、「重商主義」の時代〔一六世紀〜一八世紀〕であった。このとき、覚醒した産業の資本主義的組織化、家産制的支配の官僚制的な合理化、対外・軍事・内政のための貨幣需要の増大が、ヨーロッパ国家の財政運営に革命をもたらした。

スチュアート朝〔イギリスの王朝、一三七一〜一七一四年〕とブルボン朝〔フランスの王朝、一五八九〜一七九二、一八一四〜一八三〇年〕、そして〔マリア・〕テレジア〔オーストリア大公、在位期間は一七四〇〜一七八〇年〕、エカテリーナ〔二世、ロシアの女帝、在位期間は一七六二〜一七九六年〕、フリードリヒ〔プロイセン王、在位期間は一七四〇〜一七八六年〕、これらの君主権力は、どこでも、そして実に多様な形で、独占的な産業育成を通じて、自らのための貨幣収入を、しかも諸身分の承認を必要としない貨幣収入を調達しようと努めた。貨幣収入は、身分制国家および議会制国家では、しばしば直接的に諸身分に対する闘争手段であった。

家産制国家の資本主義の特徴的な点はここでも登場する。そして「啓蒙専制主義」の官僚制は、それが拠って立つ「国家」の基本観念がそもそも家産制的であったのと同様に、やはり強く家産制的であった。なかでもヘルマン・レヴィ[2]が最近、スチュアート朝のイギリスという、最も素晴らしい例に即してこのことを見事に明らかにしている。一方では、議会から財政的に独立し、全体の国家体制と国民経済を、皇帝教皇主義[3]的な「福祉国家」として、合理的・官僚制的に組織化することを目指した国王権力があり、他方では、議会でますます優勢になっている新興ブルジョア〔市民〕階級の利害がある。イギリスにおける「独占」の問題は、この両者の闘争の主要問題の一つであった。

王室の構成員と寵臣、宮廷社会の出身者、富裕化した軍人と官僚、さらに大投機家〔ジョン・〕ロー[4]のようなタイプの冒険的な国家経済「システム」の発明者〔イギリス以外ではしばしばユダヤ人も〕といった人びとが、産業への独占権を持つ経済的「利害関係者」であった。この場合の産業は、当時も王によって与えられた独占権に基づいて輸入・育成・保護された。

国家によって生き延びる資本主義は、古代にも中世にも、洋の東西を問わず、いたるところで、ほんの短い中断を挟んで、つねに存在していた。いま述べたものは、国家に寄生して生き延びる資本主義を近代的産業の分野に移転しようとする試みである。

たしかに、「企業精神」は、少なくとも当面は著しく促進され、しばしば覚醒させられた。

しかし、この試み自体は基本的に失敗に終わった。スチュアート朝のマニュファクチュア〔工場制手工業〕も、ルイ〔一四世〕、ピョートル〔一世〕、フリードリヒ〔二世〕のマニュファクチュアも、育成期間を越えて生き延びたのはごく一部だけで、しかも特定の分野だけであった。

イギリスでは、スチュアート朝の専制的な福祉国家とともに、帝国の独占産業も崩壊した。

コルベール⑤の時代も、フリードリヒの時代も、ピョートルの時代も、自国を産業国家にすることはできなかった。

所与の立地条件が考慮されていなかった。イギリスでも、またその他の地域でも、独占によって保護された製品の品質に欠陥があった。市場の状況によって指示された方向に資本を利用することが阻害されてもいた。これらが経済的な弱点であった。また、新しい特権が認められる可能性がつねに存在し、独占が継続するかどうかがつねに不確かであった。この結果として、法的な基礎は不安定であった。ともかくも産業における民間の資本主義を阻んだのは、ここでもまた家産制的支配形式の恣意的性格である。政治的に生み出された弱点がこれであった。

（1）フランクフルト市参事会は、一五五四年にマンスフェルト銅山に巨額の投資をしたが、数年で失敗した。この銅山ではマルティン・ルター(Martin Luther, 1483-1546)の父が働いていたことでも知られている。

（2）ヘルマン・レヴィ(Hermann Levy, 1881-1949)はドイツの経済学者。ウェーバーが編集をしていた『社会科学および社会政策学雑誌』の協力者でもあった。ここでの議論は以下の研究に依拠している。Levy, *Monopole, Kartelle und Truste in ihren Beziehungen zur Organisation der kapitalistischen Industrie. Dargestellt an der Entwicklung in Großbritannien*, Jena: Gustav Fischer, 1909; *Die Grundlagen des ökonomischen Liberalismus in der Geschichte der englischen Volkswirtschaft*, Jena: Gustav Fischer, 1912.

（3）皇帝教皇主義(Cäsaropapismus)は、皇帝が宗教の最高権威者に優位する体制。**教【4】**および【用語】「皇帝教皇主義」も参照。

（4）ジョン・ロー(John Law, 1671-1729)はスコットランド出身の銀行家・投資家。フランス財務総監として「ロー体制」を築いたが、北米の「ミシシッピ計画」の失敗で失脚した。

（5）コルベール(Jean-Baptiste Colbert, 1619-1683)は、ルイ一四世を支えた財務総監。重商主義的政策(コルベールティスム)を推進した。

［21］資本主義の発展を阻害する封建制

家産制には、直接的に近代資本主義を促進する作用もあれば、逸脱させる作用もある。封建秩序が経済に及ぼす作用はこれとは異なる。

家産制国家は、主人の自由な恩恵の全領域を獲物をあさる狩猟場として自由に使わせる。伝統の縛りや型に嵌めることによる固定化が明確な限界の線を引いていないところであればどこでも、支配者自身、支配者の宮廷官僚、寵臣、代官、マンダリン、租税徴収人、あらゆる種類の便宜の仲介者と売り手、大商人と貨幣所有者（徴税請負人、納入業者、債権者）が富裕になるのを自由に任せる。またこの場合には、主人の恩恵と不機嫌、特権と没収が絶えず新しい資産形成を誘発し、また破壊する。これに対して、封建的支配構造は、明確に確定された権利と義務を有しており、経済システム全体のみならず、個人の財産の分配に対しても、概して変動させない方向に作用する。

さしあたりすでに法秩序の基本的な性格によってそうである。封建制的団体と、それに近い、身分制的に型に嵌められて固定化された家産制的構成体は、個別内容のまったく具体的な権利と義務の総合体(Synthese)を形成している。これまで説明してきたように(1)、これらの団体は、「客観的」な法秩序ではなく、「主観的」な権利を土台にして、一つの「法治国家」を構成している。

抽象的なルールがある場合には、そのルールを守っていれば、各人は各人の経済的な手段を使って自由に行動することができる。封建制的な支配構造では、こうした抽象的なルールの代わりに、個人がおそらくは獲得している権利〔既得権〕の束がある。諸権利の束は、営利の自由をことごとく妨げる。その一方で、諸権利の束は、具体的な特権を付与するというやり方によってのみ、ふたたび資本主義的な営利に余地を与える。全体を通じて、最古のマニュファクチュアを生み出す基礎にあったのは、この特権であった。たしかに、資本主義的な営利はこうした特権によって支えを獲得する。この支えは、家父長制的家産制のつねに恣意的に変更可能なパーソナルな恩恵よりもはるかに安定している。それでも、比較的古くからの既得権が手付かずに残るので、付与された特権に異議が唱えられる危険はいつも存在していた。

しかし、資本主義の発展をよりいっそう阻害するのは、封建制特有の経済的基礎と帰結である。

レーエン〔封土〕として与えられた土地は、普通不可譲かつ不可分なので、固定化される。というのも、封臣が義務を果たし、騎士的な生活を送り、自分の身分相応に子どもを養育することができるかどうかは、財産が一つの塊であること〔不可譲・不可分であること」にかかっているからである。

封臣はその私有地すらも譲渡を禁じられた。あるいは例えば、身分が異なる者への譲渡が禁止されることで、譲渡が制限されるということも珍しくなかった（日本でも将軍の家人である御家人には、このような制限があった）。

そして、授与された土地は普通は封臣自身によって耕作されず、いずれにしても資本主義的に経営されていたわけではない。こうした土地の収益は〔実際に耕作する〕農民の遂行能力に依存している。このため、所有と経済活動に対する縛りは、荘園の内部で、さらに下方に移譲されていく。

日本で封建制が実施されて以来、そこでは、〔土地の〕細分化の禁止、（ラティフンディウム[2]が形成されることを阻止するための）売却禁止、そして農地を放置することの禁止が始まる。これらすべては、既存の「食」を保護することで、農民の遂行能力を維持しようとする利害関心によるものであった。

オリエントでもまさに同じ展開があったことは、よく知られている。

たしかに、こうした縛りや封建制的構造一般は、これまでもよく論じられてきたように、かならずしも貨幣経済と敵対しない。

関税、貨幣による貢租、（裁判所の権限などの）貨幣をともなう高権も、レーエンとして授与された。

農民が経済的にそうすることができる場合には、荘園領主は農民の賦役を貨幣による貢租に転換する傾向が強かった。イギリスでは早くからこのようなことが行われていた。そして、農民が経済的にそうすることが無理な場合には、荘園領主は賦役農場経営に、つまり直接的に営利経済に移行する傾向がある。

封建的荘園領主や政治的な領主〔主人〕は、可能な場合はどこでも、現物のレンテ〔年貢〕の余剰を譲渡することで貨幣にしようとする。

ラートゲンの記述によれば、日本の大名は、主として余剰米を販売する目的で、大坂にエージェンシー〔蔵屋敷〕を置いていた③。

そして、最も大規模なのは、ブルージュ〔ベルギー北西部の都市〕の販売所を通じて商業に携わったドイツ騎士団国家であった④。ドイツ騎士団国家は、共同生活する修道騎士によって合理的に運営される公共団体であり、修道騎士団の封臣は地方の地主であった。プロイセン都市、とくにダンツィヒ〔バルト海に面した、ポーランドの港湾都市グダニスクのドイツ名〕とトルン〔ポーランドのヴィスワ川沿いの都市〕に対する〔騎士団国家の〕対立は、本質的には、騎士団の共通経済と市民層との競合が原因であり、また、騎士団の独占要求に対して、穀物を売る内陸部のポーランド貴族と都市の仲介商業が商業政策の点で利害共同体であったということが原因であった。そしてトルンが離反してポーランドの側に行き、ドイツから西プロイセンが失われることになったのは、この対立のためであった。しかし、封建領主の対外的な商業の対象は、自分の土地からのレンテ〔地代〕だけでなく、もちろんその他の生産物でもあった。

封建的な荘園領主や政治的な領主〔主人〕は、営利経済の生産者や債権者になることがある。〔日本の〕大名の場合もそうであった。

封建的な荘園領主が、自分に従属する労働力を用いて、産業経営、荘園領主的な家内工業、とりわけ（例えばロシアでの）賦役工場を設立することも少なくなかった。

このように、封建制が家産制を基礎にしているということは、自然経済〔現物経済〕に縛られていることと、決して同じではない。

しかし、部分的にはまさにそれゆえにこそ、封建制の家産制的基礎が経済システムとしての資本主義の近代的な形式を発展させる障害となる。

資本主義の近代的形式は、産業製品を手に入れる大衆の購買力の発展にかかっている。農民が荘園領主や封建的裁判領主に差し出す、しばしば非常に重い貢租やパフォーマンスは、やはり農民の購買力のかなりの部分を取り上げてしまう。そうでなければ産業の市場形成に貢献したであろうものが、この購買力であった。

しかも他方で、こうして生じた荘園領主の購買力は、近代の産業資本主義が主として
それによって成り立っている大量生産品ではなく、贅沢品のニーズ、とりわけ純粋に消費的に用いられるパーソナルな奉仕者を保持するために使われてしまう。

さらに、荘園領主による産業経営は、強制労働を基礎にしている。

そして荘園領主の家計や産業経営のための強制的な奉仕は、つねに不払いの労働力を用いて、したがって人間を浪費することで機能する。強制労働、とりわけ荘園領主の家計や産業経営のための強制的な奉仕は、自由市場から労働力を奪い、資本を形成しないで、それどころか場合によっては資本を消耗させる形で、これらの労働力のかなりの部分を使ってしまう。

このような産業経営は市場で都市の産業と競争する場合がある。事情にはよるが、労働力の安さ、あるいはまさに無償性がこれを可能にする。このかぎり、労働力の安さ、あるいはまさに無償性は、賃金収入から大衆の購買力が発展することができない、という欠損と表裏一体である。

荘園領主の産業が技術的な「後進性」のために、この基礎のもとでは自由に競争できないこともある（むしろこれが通常である）。その場合にはそのかぎりで、荘園領主は政治権力の抑圧的な手段によって、都市商業の資本主義的な発展を抑制しようとする。

ところで、かなり一般的にいって、封建的階層は、市民の手中に資産が集積するのを阻止するか、少なくとも新しく生じた富を社会的に貶めるか、このどちらかになりがちである。

こうしたことが、とりわけはっきりと生じたのが、封建時代の日本であった。日本ではついには、社会秩序を安定させるために、対外的な商業の全体が明確に、狭い範囲での割当てによって制限された。

しかし、程度はともかく、似たようなことはどこにでも存在した。

他方で、荘園領主の社会的威信は、獲得した資産を資本主義的に利用するのではなく、可能なかぎり貴族に成り上がるために土地所有に投資するインセンティブを、発展しつつある新しい富裕層に与える。こうしたことすべてが、営利資本の形成を阻害する。中世、とくにドイツの中世で、高いレベルで生まれた典型的な現象がこれであった。

（1）**封［8］**を参照。
（2）ラティフンディウムは古代ローマにおける奴隷労働による大土地経営のこと。
（3）Cf. Karl Rathgen, *Japans Volkswirtschaft und Staatshaushalt*, Leipzig: Duncker & Humblot, 1891, S. 38.
（4）ドイツ騎士団は十字軍の時代に設立された三大宗教騎士団の一つ。一二世紀末に、第三次十字軍の傷病者のために設立された病院を起源とする。ドイツ騎士団は一三世紀には東方植民に従事し、広大な征服地を所有した。

［22］封建制における法秩序の安定性、資本主義への経路

このようにして、封建制は多かれ少なかれ近代資本主義の発展を阻害し、あるいは方向を逸らす。このほかにもかなり一般的なことであるが、つねに強い伝統主義の特徴を持つがゆえに、封建制はあらゆる新しい発展に対して不信を向ける権威主義的な勢力を強化する。こうしたことはあるが、他方で封建制には、型に嵌められて固定化されていない家産制国家と比較して、はるかに大きな法秩序の安定性がある。程度はもちろん実にさまざまではあるものの、この安定性は資本主義の発展にプラスになりうる要素である。

ブルジョア〔市民〕的な財産形成の阻止が日本ほど極端でないところでも、ブルジョア的な財産形成はたしかに減速する。しかし、とくに個人にとっての営利チャンスが突如として出現したり（あるいは消失したり）するのに比べて、つまり家産制国家に比べて、このスピードの低下によって失われるものは、場合によってはむしろよりゆっくりと、より安定した発展という形で、合理的な資本主義システムの出現にプラスになり、封建

的システムの隙間や継ぎ目に資本主義が浸透するのを促すこともありうる。

アッシリアやカリフ帝国、あるいはトルコの官僚や国家への納入業者〔御用商人〕、中国のマンダリン、スペインやロシアの国家に対する納入業者や債権者に比べれば、とりわけ西洋中世の北方諸国では、個人がサイコロ賭博的に資産を獲得する可能性は、かなり確実にはるかに低かった。

しかし、このような〔一攫千金の〕機会が欠如していたから、こそ、家内工業的な問屋やマニュファクチュアにおける、純粋にブルジョア的な営利の水路に、資本が流れ込んだ。そして出現しつつある新しい富裕層の侵入に対して、封建的階層が扉を閉ざすことに成功すればするほど、また官職や政治権力への新たな富裕層の関与を排除し、新たな富裕層を社会的に貶め、彼らが貴族の土地財産を取得することを妨げることが多ければ多いほど、封建的階層はそれだけ、純粋にブルジョア資本主義的に利用する軌道へと、これらの財産を追い込んだ。

［23］権力をめぐる競争と資本主義

家父長制的な家産制は、この点では〔封建制よりも〕ずっと寛容である。

たしかに、家産制君主は、自分が関与できない、独立した経済的・社会的な権力ポジションを好まない。そしてまさにこの理由から、労働組織を基礎にした合理的な経営、つまりは産業を促進することはない。

しかし、営利の自由や取引の自由に対する身分的な障壁を、家産制君主自身も自分の権力にとって不都合な障害と認識している。このため君主は、ライトゥルギー〔公的奉仕義務〕的な結合がある場合は別であるが、「臣民」同士の関係でも、こうした身分的な障壁をさらに増強することは決してない。

こうして、プトレマイオス王国では、経済的な取引の完全な自由があり、貨幣経済が全家計の内部にまで貫徹されていた。しかしそれでも、ファラオ時代の国家社会主義の時代とまったく同じように、王の完全な家産制的主人の権力とその個人的神性が存続し、深いところまで実践的な作用を及ぼした。

さらに、家産制が、私的資本主義に対する立場という点でどの程度まで自己独占的で、したがって資本に敵対的であるか、あるいはより直接的に資本に特権を与える特徴を帯びるのかという点については、さまざまな状況の集合に依存する。

最も重要なのは二つで、どちらも政治的な性格を持つ。

まずは、家産制的な支配構造が、より身分制的か、あるいはより家父長制的か、という問題がある。

前者の場合には、その他の条件が同じであれば、まさに自己独占を自由に展開することについては、君主は当然ながらより抑制的になる。

それにもかかわらず、近代の西洋には家産制君主の自己独占がとてもたくさんあった。そして例えば中国に存在したものよりも、少なくとも近代では、はるかに強力な自己独占が存在していた。これは正しい。しかし、同じように正しいのは次のことである。こうした自己独占のほとんどは、資本家、つまり民間資本主義者への賃貸または譲与の形でしか利用されていなかった。さらに、自己独占は、ここでは支配される側の人たちに、きわめて効力の大きな反作用〔反動〕をもたらした。これほどの強さでの反作用は、厳密な家産制下ではまずありえなかったであろう。もっとも、中国の文献も確認しているようであるが、国家独占主義はどこでも同じ悪評を受ける。[1] しかしこのときそのほとんどは消費者の憎悪であり、西洋のように(市民的な)生産者の憎悪ではない。

第二の事情は、すでに別の関連で述べたとおりである。[2] 複数の政治的団体の間に権力をめぐる競争がある。この競争ゆえにそれらの政治的団体は、移動可能で融通がきく貨幣資本に接近せざるをえなくなった。そうなればなるほど、家産制団体における私的資本の特権化がつねにそれだけ発達する。以上がその事情である。

古代では、たくさんの諸権力が力と生存をめぐって争い合っているかぎりで、政治権力によって特権を与えられた資本主義が繁栄した。対応する昔の時代には、中国でもこうした特権を与えられた資本主義が発展したようである。

このような資本主義は、西洋では「重商主義」の時代に栄えた。近代の権力国家が政治的な競争という闘争を始めた時期である。

「世界帝国」となり、もはや守るべきものが国境だけしかなくなったときに、ローマ帝国では特権を与えられた資本主義が消滅した。こうした資本主義は、中国ではほとんど存在せず、オリエントとヘレニズムの世界帝国での発展は比較的弱かった(それらの国が世界帝国になればなるほど、そうした資本主義は弱くなった)。カリフ帝国でも同様であった。

たしかに、政治的な権力をめぐる競争がありさえすれば、ほぼいつでも資本の特権化がもたらされたというわけではない。というのも、こうした現象が生じうるには、資本形成がすでに進んでいなければならないからである。

しかし逆に、大きな世界帝国の平和化〔治安化〕とそれにともなう政治資本のニーズの低下により、資本の特権化はやはり排除された。

(1) 北宋の政治家・文人の王安石(一〇二一〜一〇八六年)によって行われた一連の改革(「王安石の新法」)を指すと思われる。新法は司馬光(一〇一九〜一〇八六年)などから強い反対を受けた。Cf. Isidor Singer, *Über sociale Verhältnisse in Ostasien*, Leipzig und Wien: Franz Deuticke, 1888, S. 13 ff.

（2）Cf. MWG I/22-1, S. 106–107.「経済と社会集団」『世界の名著』五五二～五五三頁。

【24】硬貨の鋳造

自分自身で独占する最も重要な対象の一つが、硬貨の鋳造である。

主として財政的な目的のために、家産制君主は硬貨の鋳造を独占していた。地金の取引を独占して地金の価値を下げ、自らの硬貨の流通を独占することで硬貨の価値を上げる。これは西洋中世ではノーマルな手段であり、硬貨の劣化はアブノーマルな手段であった。

ところで、この状態は、すでに硬貨の一般的な使用が強力に発達していたことを示している。

古代エジプトや古代バビロニアだけでなく、フェニキアやヘレニズム以前のインド文化でも、硬貨はまったく存在しなかった。カルタゴと同様にペルシア帝国では、もっぱら政治権力の側から、硬貨による支払いに慣れた外国人の傭兵（カルタゴではヘレニズムの傭兵）や従者に報酬を与える際の、貴金属払いの手段が硬貨であった。したがって硬貨は交換取引の手段ではなかった。交換取引は、商人の間では売上を衡量することによって、小規模な取引では慣習的な貨幣形式によって、なんとかやりくりされなければならなかった。

そのため、ペルシアの貨幣鋳造は金貨に限定されていた。逆に、現在に至るまで中国の君主の貨幣鋳造は、小規模な取引のための交換手段にすぎず、商業〔交易〕には衡量的な手段が使われてきた。

最後に述べた二つの、一見すると相反する現象だけでもすでに、硬貨の状態それ自体を貨幣経済の発展度合いの徴候とすることに対する警告とならざるをえない（とくに中国ではそうである。ここには「紙幣」が存在した）。

むしろ、同じ状況に対して二つの現れ方が存在する。〔一方は〕家産制的行政が拡張していたこと、〔他方は〕その結果として商人たちに国家硬貨という生産物を押し付けることができないという無力さである。

とはいえ、政治団体によって硬貨鋳造が合理化され、硬貨の使用が増大することが、取引の技術的発展のための卓越した手段であったことに、もちろん疑いはない。一方で、紀元前六世紀からヴェネツィアやジェノヴァが覇権を握るまでの千年と四分の三の期間に、ヘレニズムの商業技術的優位性があり、他方で、サラセン人〔中世ヨーロッパにおけるイスラーム教徒の呼称〕の商業の技術的優越性があった。こうした技術的優越性が成立するときに、その優越性が基礎にしていたのは間違いなく、彼らがこの発明〔硬貨の鋳造〕を最初に受け入れたという事実であった。

また、アレクサンドロスの征服後、インドにまで至るオリエントで、集約的に貨幣経済が発展した。この発展は、少なくとも技術的には、これ〔硬貨の鋳造を受け入れること〕によってもたらされた。

もっともそうなると、経済の運命も、それ以前よりも密接に、硬貨を鋳造する権力の財政状態の急変と直結するようになった。軍隊への「〔金銭による〕贈与」がしだいに増大して、三世紀のローマ財政は破局を迎え、その結果として通貨制度も混乱に陥った。この破局は古代末期の経済が自然経済〔現物経済〕に後退した〔決定的な〕原因では決してない。それでも少なくともそれを促進する一助になった。

もちろん、全体としては、政治団体がどの程度まで、そしてどのような仕方で貨幣の規制を行うかは、公的権力自身が経済発展の条件であったというよりも、公的権力に対する経済の側からの所定の要求によって、はるかに多く条件づけられていた。経済からの要求は、商人の支払いの仕組みへの習熟した慣習から生じてくる。

古代でも中世でも、都市はどこでも合理的な硬貨鋳造の欲求の担い手であった。硬貨鋳造の合理化に現れるのは、西洋の意味での都市の発展の度合い、とりわけ自由な産業と定住した小商業の発展の度合いであって、大商業の発展と重要性の度合いではない。

[25] 支配構造と信条

しかし、こうした技術的な取引手段の創出よりも持続的なのは、支配構造が諸国民の全体的なハビトゥス〔心的傾向〕に及ぼす影響であった。この影響は、支配構造が生み出す「信条」のあり方を通じて及ぼされた。

この点でとりわけ大きく異なっていたのは、一方における封建制と、他方における家父長制的家産制である。

両者は著しく異なった政治的・社会的イデオロギーを生み出し、それによって実に異質な生き方を生み出した。

[26] 封建制における生き方、名誉、遊び、オスカー・ワイルド

封建制、とくに自由な封臣制、なかでもレーエン〔封土〕制の形での封建制が訴えるのは、行為の構成的動機としての「名誉」であり、自由に差し出されて保持されるパーソナルな「忠誠」である。

「恭順」とパーソナルな「忠誠」は、家産制的ないしライトゥルギー〔公的奉仕義務〕的な封建制の多くの平民的な形式でも、その基礎になっている。平民的な形式というのは、奴隷軍、小作人や被護民の召集軍、クレーロス〔割当地〕保有者、農民や国境警備として定住した兵士〔屯田兵〕である。とくに被護民と小作人の召集軍でそうであった。

しかし、これらには不可欠の構成要素である身分的な「名誉」が欠けている。

他方で、「都市封建制的」な軍隊組織では、身分的名誉がモチーフとして非常に重要な意味を持っている。スパルタ人の身分的品位感情は、なによりも騎士的な戦士の名誉と戦士のエチケットを基礎にしている。戦いで「尻込み」したりエチケットに違反したりした者の「潔白を証明するための決闘」〔雪冤決闘〕も存在していた。これについては、もちろん弱められた意味ではあるが、古代ヘレニズムの重装歩兵軍全般でも同様であった。

しかし、ここではパーソナルな忠誠が欠如していた。

十字軍の時代には、オリエントのプレベンデ〔俸禄〕的封建制も、騎士的な身分感情を持っていた。しかし全体として、その固有性は支配の家父長制的な性格によって規定されていた。

すでに論じたように(1)、「名誉」と「忠誠心」の組み合わせは、西洋型のレーエン封建制と日本型の従士封建制にしか存在していなかった。

この二つの封建制にはヘレニズムの都市封建制と共通するものがある。特別な身分的教育、より詳しくいえば、身分的「名誉」に基づく特有の信条についての教育という基礎がそれである。

しかし、この二つの封建制はヘレニズムの封建制とは異なる。この二つの封建制は「封臣の忠誠」を人生観(Lebensanschauung)の中心に据えた。この人生観は、救世主に対しても、愛する人に対しても、実にさまざまな社会的関係をこの観点で把握した。したがって、二つの封建制にあって封建的なゲゼルシャフト化〔目的合理的な秩序や命令に準拠した関係の形成〕を生み出したのは、最も重要な生活関係に非常にパーソナルな絆が浸透しているという状態であった。同時に、こうしたパーソナルな絆の固有性は、騎士的な品位感情がまさにこのパーソナルなものの崇拝〔カルト〕に宿るという結果をもたらした。パーソナルなものの崇拝は、ザッハリヒ〔事務的〕で、ビジネス的な関係のまさに対極にある。このため、ザッハリヒで、ビジネス的な関係は、封建的倫理にとっては、特別に品位がなく、卑しいとみなされざるをえなかったし、事実つねにそうみなされた。

しかし、ビジネスの観点において合理的なものに対する敵対は、他にもさまざまな根源から来ている。

さしあたりこの敵対は、封建的なシステム特有の軍事的性格に由来している。このような性格を持つ封建的システムは、もちろんその後になって支配構造に移された。レーエン制に特有の軍隊は騎士の軍隊である。つまり、決定的な役割を果たすのは、大衆的な軍隊での規律ではなく、個人の英雄的闘争である。

軍事教育の目的は、大衆的な軍隊のように組織された全体のパフォーマンスに適合するように大衆を訓練することではなく、個人の武芸を個々に完成させることにあった。これゆえに教育と生き方に継続して場所を確保する、ある要素が存在する。その要素というのは遊び[2](Spiel)である。人生に役立つ資質を習い覚える形式として、人間や動物の原初的な力の経済(Kräfteökonomie)に属するが、生活の合理化によってますます排除される要素がこれである。

このような〔封建制的な〕社会的条件のもとでの遊びは、有機的な生活での「暇つぶし」(Zeitvertreib)ではない。遊びは有機体の精神物理的な諸力を生き生きと、しなやかに保つための自然な形式である。意図的でなく、また壊れてしまっていない(ungebrochen)動物的衝動性を、遊びは持っている。この点で遊びは「精神的なもの」と「物質的なもの」との分裂、「魂的なもの」と「肉体的なもの」との分裂といった、いっさいの分裂を超越した「運動」の形式である。どれほど因襲的な形式によって昇華されていようとも、遊びとはこのようなものである。

歴史的な発展の過程で、遊びは自由な素朴さのなかに特別に芸術的な完成をみつけた。スパルタに始まる、完全または半封建的なヘレニズムの戦士社会を地盤としてのことである。西洋のレーエン制的な騎士や日本の家臣の場合は、厳格な距離感と品位感情をともなう貴族制的な身分の慣習が、この自由に厳しい制限を課していた。この制限は、重装歩兵の市民層における民主主義(相対的にではあるが)よりも厳しかった。

ところで、こうした騎士的な階層の生活でも、「遊び」は不可避的に最高度に真面目で、重要な役割を果たす。つまり遊びは経済合理的なあらゆる行為の対極である。経済合理的な行為の道を阻んだのがこれであった。

しかし、ここから生じた、芸術的な生き方との親和性は、封建領主層の「貴族制的」な信条という源泉からも直接的に供給された。

「見せびらかし」(Ostentation)、外見的な華やかさ、堂々とした壮麗さへの欲求、そして生き方に合った物品を揃えようとする欲求は、すでに論じたように、(3) 大衆暗示を通じて主人の地位を主張するための卓越した権力手段であり、主として身分的な威信への欲求から生じている。なお、ここで生き方に合った物品というときの物品は「有用性」にその存在理由を持つわけではない。その物品は、〔オスカー・〕ワイルド的にいえば、「美しい」(schön)という意味で無用(unnütz)である。[4]

「贅沢」というのは、消費を目的合理的に方向づけることに対する否定である。この意味での「贅沢」は、封建領主層にとっては「余計なもの」ではなく、彼らが社会的に自己主張するための手段の一つである。

そして最後に、機能的に自分の存在をとらえること、「使命」、つまり目的意識を持って遂行されるべき「理念」のための手段として自分の存在をとらえることは、すでに論じてきたように、[5] プラスの意味での特権を保持している身分層からは相当にかけ離れている。

彼らに特有の伝説〔レジェンド〕によれば、価値があるのは彼らの「存在」〔「であること」〕である。

騎士的な信仰戦士だけは、この点で異なる方向性を持っていた。信仰の騎士層が生活を支配しているところではどこでも、自由な芸術的な遊びにはやはり限定された余地しか残されていなかった。なお、信仰の騎士層の支配が最も強かったのはイスラームである。

しかしいずれにしても、封建制は、市民的・ビジネス的なザッハリヒカイト〔事柄に即していること〕に対して、内面において拒否をともなった軽蔑とともに向き合い、これを汚い強欲、とくに自分に敵対する生活の力(Lebensmacht)として認識する。

封建制の生き方は、合理的な経済的信条とは反対のものを生み出し、ビジネス上の問題への無関心な態度の源泉になる。この無関心な態度は、市民に対立するだけでなく、別の仕方ではあるが「農民の狡猾さ」にも対立する。そしてこの態度はすべての封建制的領主層にとってつねに特有のものであったし、現在でもそうである。

封建社会におけるこのようなゲマインシャフト感情は、教育の共通性を基礎にしている。教育が教え込むのは、騎士的な慣習、身分的な誇り、それを基準にして方向づけられた「名誉」感情である。そしてこうした教育は、此岸的な〔この世を超越するものを想定しない〕方向性〔を持つこと〕によって、カリスマ的・魔術的な預言者や英雄の禁欲に対立し、戦士的な英雄の信条を目指すことによって、文芸的「教養」に対立し、遊戯的・芸術的な〔人間〕形成〔を重視すること〕によって、合理的な専門訓練に対立する。

（1）**封［3］［4］**を参照。
（2）Spiel（英語の play）は「遊び」「遊戯」「戯れ」などと訳される。「ろくに仕事をしないで遊んでいる」など、日本語では否定的な意味で用いられることも少なくないが、カント『判断力批判』（一七九〇年）、シラー『人間の美的教育について』（一七九五年）、ホイジンガ『ホモ・ルーデンス』(一九三八年)など、Spiel に注目した研究には多くの蓄積がある。

(3) **封[21]**を参照。

(4) オスカー・ワイルド(Oscar Wilde, 1854-1900)はアイルランド生まれで、世紀末唯美主義の詩人・小説家・劇作家。この箇所でウェーバーが参照しているのは、『ドリアン・グレイの肖像』(一八九一年)の序文である。この序文は All art is quite useless; Alle Kunst ist völlig nutzlos「すべての芸術はおよそ無用なものである」(富士川義之訳、岩波文庫、二〇一九年、九頁)という有名な一文で終わっている。この作品のドイツ語訳はいくつか存在するが、ウェーバーが読んだのは *Das Bildnis des Dorian Gray. Ein Roman*, übersetzt. von Hedwig Lachmann, Leipzig: Inselverlag, 1907 であり、彼の蔵書はバイエルン科学アカデミーに所蔵されている。この蔵書にはウェーバーが引いたと思われる下線も遺されている。なお、ウェーバーは一九〇八年三月三日付のマリアンネ宛の手紙でもワイルドに言及している(cf. MWG II/5, S. 438-439)。

(5) Cf. MWG I/22-2, S. 252.『宗教社会学』一三九頁。なお、この参照先は、初版でも編者のマリアンネによっても指示されている。

[27] 家父長制的な家産制の社会政策、経済への敵意と嫉妬

家父長制的な家産制は、これらのほぼすべての点で〔封建制とは〕異なる作用を生き方

に及ぼす。

封建制は、どんな形式の封建制であっても、少数者の支配、武装した者たちの支配である。

家父長制的な家産制は、一人の個人による大衆支配である。

家父長制的な家産制はつねに例外なく、支配の機関として「官僚」を必要とする。これに対して封建制はニーズ自体をミニマム〔最小〕化する。

外国人による家産制的な軍隊に依拠しないかぎり、家父長制的家産制は臣民の善意を頼りにする度合いが非常に高い。これに対して封建制は、とても広い範囲にわたって臣民の善意なしにやっていくことができる。

家父長制は、自分にとって危険な特権的身分の野望に対しては、大衆を動員して対抗させる。そしてそれによって漁夫の利を得る。大衆はどこでも、家父長制にとっては所与の支持者である。

どこにおいても大衆の伝説によって聖化される理想は英雄ではなく、「善き」君主であった。

したがって、家父長制的な家産制は、自分自身と臣民に対して、臣民の「福祉」のケアをする人(Pfleger)として自己レジティメーション〔正当化〕しなければならない。

「福祉国家」は家産制の伝説であり、忠誠を誓った自由な同志関係ではなく、父と子の権威主義的関係に由来する。〔国民から「父」のように敬愛される〕「国父」が家産制国家の理想である。

したがって、家産制は特定の「社会政策」の担い手となることがあるし、大衆の好意を確保する十分なインセンティブがある場合にはどこでも、特定の「社会政策」の担い手となってきた。

例えば、スチュアート朝統治下の近代のイギリスでそうであった。このときイギリスは、ピューリタン的な市民層と半封建的な名望家層との闘争状態にあった。〔ウィリアム・〕ロード(1)のキリスト教的社会政策は、部分的には教会の観点で、部分的には家産制の観点で動機づけられていた。

自らの経済的存続のために不可欠な範囲でしか、封建制は隷属民の身の上を気にかけない。封建制は行政機能をミニマム化する。これとまさに正反対なのが、家父長制における行政利益の最大化である。

というのも、家産制君主が新たな行政機能を自分のものにするとき、この行政機能はどんなものであっても、一方では、家産制君主の権力ポジションと理念的な地位の向上を意味し、他方では、君主の官僚たちに新たなプフリュンデ〔俸禄〕を創出するからである。

この一方で、家産制的な君主は、財産の分配、とくに土地財産の分配を型に嵌めて固定化することにはまったく関心を持たない。

経済的な拘束を君主が企てるのは、君主が自分のニーズをライトゥルギー〔公的奉仕義務〕によって充足する場合だけであることが多い。しかもその場合にも、拘束は連帯責任という形式である。この形式は、責任ゲマインシャフトの内部では、財産の細分化に自由な余地を残している。

ましてや、貨幣経済的なニーズの充足の場合には、土地財産の自由な移転に際して、土地を分割所有し、最も集約的に利用することは、家産制君主の利益と完全に一致する。家産制君主は、合理的な営利によって財産が新たに形成されることを少しも嫌がらず、むしろある前提のもとでは営利を支持する。主人の自由な恩恵や恣意から独立した権威を獲得する権力が、それによって生まれることがない、というのがその前提である。なにもないところから、つまり奴隷や下級の奉公人から、寵臣という不安定ながら全能の地位へとしぶとく出世していくことがある。こうした現象は家産制では典型的である。

家産制君主が自分の権力利害のために戦わなければならないのは、主人のご贔屓に依存しない、封建貴族の身分的な独立性と、市民層の経済的独立性である。

家産制君主の論理をつきつめていくと、「臣民」が自己の尊厳や品位感情を持つことは、それがいかなるものでも純粋にそれ自体で、権威に敵対する不審なものということにならざるをえない。国父に対する内面的な献身は、やはりどこでも、これに対応する方向に作用してきた。

イギリスでは、名望家支配によって現実の支配のミニマム化がなされ、主人の権力は名望家階層の自発的な協力に依存していた。フランスとロマンス語系諸国では、革命が成功した。ロシアでは、先入観のない社会革命的信条があった。権威に対する内面的な依存が成立したり、継続したりするのを阻止し、粉砕したのは、こうした事情であった。他所から来た観察者には、権威への内面的依存は尊厳の欠如に思われた。〔これに対して〕ドイツでは、権威への内面的な依存は、抑えがたい家産制的君主支配の断ち切りがたい遺産であり続けた。

政治的に観察するならば、ドイツ人は実際に、言葉の最も内面的な意味で、独特の「臣民」であったし、今もそうである。したがってルター主義がドイツ人にはふさわしい宗教意識であった。(2)

家父長制的家産制に存在するのは、特殊な教育システムだけである。官僚として奉仕することを目的とした「教育」（Bildung）という形でのそれである。そして、家父長制的家産制の支配下では、この「教育」だけが、最も一貫した形で身分的な階層化の基礎を与える。

こうした階層化は、私たちがよく知っている中国の教養層の類型をとることがある。あるいはそうでなければ、近東オリエントや中世のように、教育が聖職者の手に握られたままのこともあった。聖職者は、封建制では存在しない計算業務や書記業務〔の知識〕を身につけており、家産制的な官僚行政にとって有用な技芸の担い手であった。教育はこの場合には特別に文芸的な性格を持つ。あるいはこうした教育は、中世の大学のように、世俗的で、専門法学的な教育という類型をとることもある。この場合も同様に教育は文芸的な種類のものであるが、合理化が進むにつれて、近代官僚制の専門人や「ベルーフ」〔専門職〕の理想へと向かっていく。

しかし、こうした〔家産制の〕教育にはいつも欠けている特質がある。遊びと芸術家的な性格との選択的親和性、英雄的禁欲と英雄崇拝、英雄の名誉、そして「ビジネス」と「経営」という「ザッハリヒカイト」〔事柄に即していること〕に対する英雄ゆえの敵意といった特質である。封建制は、これらの特質を教育して保持する。

実際に、官職の「経営」(Betrieb)は事柄に即した〔ザッハリヒな〕「ビジネス」である。家産制的官僚は自分の「存在」からではなく、「機能」から名誉を受け取り、自分の「業績」からアドバンテージや昇進を期待する。騎士の怠惰、遊び、事務的なことについての無頓着は、家産制的官僚の行動の枠組みでは、だらしなさや無能さにしかみえない。

こうした原理的な点で、家産制的官僚にふさわしい身分倫理は、ブルジョア的なビジネス道徳の軌道を進んでいく。

書記や官僚が自分たちの息子に与えた訓戒にあるように、すでに古代エジプトの官僚哲学はやはり徹底して功利主義的・ブルジョア的性格を帯びている。

家産制的な官僚制はしだいに合理化し、専門分化して近代「官僚制」に向かっていった。この点を除けば、原理的にはその後、なにかが変わったということではない。

官僚の功利主義は「営利」志向を忌み嫌う。この点で官僚の功利主義は、「ブルジョア」特有の道徳とは昔から本質的に異なっている。決まった給料、あるいは決まった役得で任命され、官僚の理想からして清廉であるような官僚の場合は、このことは自明である。市場に適合することでカネを儲ける源泉とはなりえないというところに、官僚の仕事は品位を見いだささるをえない。

もっとも、このかぎりでは、家産制的行政の「精神」は、静穏、伝統的な「生業」の維持、臣民の満足に関心を寄せる。そして与えられた生活条件を変革する資本主義の発展には、よそよそしく、疑念をもって向き合う。すでに論じたように、(3)この精神が最も強く現れるのは、儒教的な官僚倫理の場合である。しかしほどほどのレベルでは、この精神はいたるところにある。とくに台頭しつつある独立した経済的な勢力への嫉妬が加われば、なおさらである。

このかぎりで、ほかでもないイギリスで、近代に特有の資本主義が最初に発展したのは偶然ではない。イギリスでは支配構造によって官僚支配のミニマム化が実現された。ちなみに、古代資本主義も同じように同様の条件下で、すでにそのピークに達していた。

ここで述べた〔台頭する経済的な勢力への〕嫉妬は、合理的・経済的な利潤に対する伝統的な立場と結びついた。この立場は官僚制の身分的な状況に由来する。近代国家の社会政策が引き継ぐことができ、まさに官僚制国家で社会政策のために道を舗装する動機となったのは、やはりこの嫉妬であった。他方で、この動機は社会政策の限界と固有性も条件づけた。

（1）**家[62]**を参照。

（2）ルター主義に対するウェーバーの批判的な視点については、ドイツのプロテスタント神学者・教会法学者のアドルフ・ハルナック（Adolf von Harnack, 1851-1930）に対する、一九〇六年二月五日付の手紙を参照(cf. MWG II/5, S. 32–33)。

（3） **家[55]**を参照。

用　語

＊本書では、ルビや〔　〕を使うことで、漢字による表記とカタカナによる表記をしばしば併記している。この【用語】では、基本的にカタカナのほうを項目にして説明を加える。

アクラマツィオーン(Akklamation)　歓呼賛同。一般会員が集まる集会で、だれが役職を担うのか、あるいはどのような政策を採用するのかについての提案がなされ、それに対して拍手や喝采によって賛同が表明されること、あるいはそうした手続きによる決定の仕方がアクラマツィオーンである。もちろん提案に不満があれば、集会に参加した一般会員は野次をとばすなど、反対の意思表明をすることができ、この結果、提案が否決されることもありうる。古ゲルマンの民会ではこの決定方法が用いられていた。ある意味においては、とても民主的であるともいえるが、人びとの政治参加が賛否をめぐる喝采に切り詰められているともいえる。民主主義を(再)定義するときに、この概念に注目したのがカール・シュミットだった。近年の「観客」民主主義やポピュリズムとの関連でも、アクラマツィオーンの概念はあらためて考察される必要がある。

アンシュタルト（Anstalt）　本人の意志や合意とは関係なく、ある一定の要件に準拠して強制的に加入させられる秩序を指す。「公的営造物」と訳されることもある。本書では主として「教会」（Kirche）を指して、このタームが用いられている。なお、アンシュタルトの反対概念は、結社ないしアソシエーション（Verein）である。この場合の入会・退会は、参加者の自発的な意志による。【用語】「ゼクテ」も参照。

イェニチェリ（Janitscharen）　オスマン帝国の軍隊の精鋭部隊。スルタンの強力な親衛隊として、ヨーロッパ各地で恐れられた。イェニチェリ（jeni cheri）は「新しい兵士」を意味した。キリスト教徒などから少年徴集（デヴシルメ）で集められた。イェニチェリの地位はしだいに既得権化した。一四世紀に誕生し、一八二六年に解散した。**家【16】**を参照。

生き方（Lebensführung）　生活・人生（Leben）を導く・操縦する・案内する（führen）というのが、この語の直訳的な意味である。führen は個人の生活・人生だけでなく、政治共同体にも使われる。führen する人である Führer は、リーダー（人びとを導く人）という意味になる。Lebensführung は、日本のウェーバー研究では「生活態度」と訳されることが多かった。そして基本的にこれは適切な訳語である。ただ、「勉強する生活態度が身についていない」など、一般に日本語で使われる「生活態度」は外面的な意味が強いという難点もある。修道院での Lebensführung は、規律化された（外面的な）生活態度でもあるが、それと同時に、あるいはそれ以上に内面的な生活・人生の導きである。Lebensführung が

「精神」ないし「信条」(Gesinnung)と密接に関わる概念であることを考えて、本書では「生活態度」ではなく「生き方」と訳している。

一元支配的(monokratisch)　ウェーバーが官僚制(的な支配)の様態を記述するときに用いる表現である(**官[4]**)。権力の多元性が縮減され、一つの単一の頂点に収斂するプラミッド型の組織ができあがるとき、支配は一元支配的になる。monokratischには「単一支配的」という訳語が使われることが多かったし、私もこれまでそのように訳してきたが、本書では「一元支配的」とした。ウェーバーは「西洋文化」を「統一文化」(Einheitskultur)ではないことによって特徴づけている(**教[37]**)。別の言い方をすれば、一元支配へと向かう官僚制化の進展は、彼が理解する「西洋」の否定を意味する。日本の官僚制論では、辻晴明(一九一三〜一九九一年)以来、割拠性やセクショナリズム、あるいは「縦割り」が強調されることが多かった。このような「日本的」官僚制の言説は、ウェーバー的な意味での一元支配的な官僚制モデルとは大きく異なる。両者の関係については、今村都南雄『官庁セクショナリズム』東京大学出版会、二〇〇六年を参照。

ヴァイストゥーム(Weistum)　中世ドイツでは、妥当する法を確認するために、慣習に通じた人たちの判定を仰いだ。このような手続きによって確定された法をヴァイストゥーム(判告)と呼ぶ。

オリエント(Orient)　日本語で「西洋」の対となる概念はもちろん「東洋」である。しかし西洋／東洋という二元論で考えるとき、私たちは通常では日本や中国を「東洋」に含めて考える。しかし、ウェーバーが本書で Orient というとき、これに該当するのは主として中近東である。この点で、彼のオリエントは、エドワード・サイードが『オリエンタリズム』で扱っている対象とほぼ同じである。ウェーバーは「中国やオリエントでも」（**家【41】**）という表現を用いている。このときの中国はオリエントと並立する、別のユニットであるという理解であろう。このような事情から、またあえてぎこちなさを残す意味でも、本書では西洋／オリエントと表記している。

カエサル主義（Cäsarismus）　この名称はもちろん、共和政末期のローマの将軍・政治家カエサル（Gaius Julius Caesar, 100 BC–44 BC）に由来している。しかし、この概念が使われるようになったのは一九世紀になってからであり、主としてナポレオン一世、ナポレオン三世の統治を記述するためであった。したがってカエサル主義は、ボナパルティズムと意味が重なる（**官【46】**、**組【15】**）。国民から直接的にレジティメーション（正当化）された、人民投票（プレビシット）的な政治リーダーを指して、ウェーバーはこの用語を用いている。強調点は、たんに選挙で当選したというだけではなく、政治リーダーがアクラマツィオーン（歓呼賛同）を受けて独裁的な権力を掌握するという点にある。カエサル主義は「国民の意志」に基づいているという意味では「民主的」であるが、議会や討論のプロセスを破壊するという意味では「非民主的」である。**官【15】**および【用語】「プレビシット」も参照。

家産制(Patrimonialismus)　家産制は、君主(主人)が国家の領土、財産、構成員を自分の私的な「家産」として所有するような支配体制である(**家[11]**)。この概念は、カール・ルートヴィヒ・フォン・ハラー(Karl Ludwig von Haller, 1768–1854)に由来する。この体制では伝統と主人の恣意が並存している、とウェーバーは指摘する。家産制は基本的には伝統を基礎にした支配ではあるが、ウェーバーは近代の絶対主義国家を「家産制のルネサンス」として理解している(**封[10]**)。また、近年では、「歴史の終焉」テーゼで知られるフランシス・フクヤマ(Francis Fukuyama, 1952–)が、現代の中国の体制に対して家産制概念を使い、またリベラル・デモクラシー体制の家産制化について論じている(フランシス・フクヤマ『政治の起源』上・下、会田弘継訳、講談社、二〇一三年、『政治の衰退』上・下、会田弘継訳、講談社、二〇一八年)。

型に嵌めて固定化する(stereotypieren)　ウォルター・リップマンが『世論』(一九二二年)でキーワードとして用いたことで知られる「ステレオタイプ」は、メディアによる情報圧縮によって形成されたイメージや固定観念を意味する。ただ、もともとステレオタイプという言葉は印刷のための鉛版(ステロ版)に由来している。ウェーバーはリップマン以来のメディア論的な意味ではなく、印刷用語の意味でこの言葉を用いている。家父長制的な主人は自分の恣意的な権力が縛られることを嫌う。これに対して彼のフォロワーはさまざまな形で主人の権力を枠付け、制限しようとする。このような場合などに、「型に嵌めて固定化する」という表現が用いられる（家[27][29][44]）。ウェーバーは封建制における「権力分立」をこのような視角から論じている（封[8]）。「型に嵌めて固定化する」という言葉の印象はよいものではないかもしれない。しかし、恣意的な権力に制限をかけるとともに、もともと不安定な私たちの人生に一定の持続性を確保するためには、なんらかの形で「型に嵌めて固定化する」ことが必要である。固定化の打破しか語ることがない権力批判は、この意味では十分ではない。

カーディ裁判（Kadi-Justiz）　カーディはイスラーム世界の「裁判官」のこと。実質的な正義に基づき、形式的なルールを軽視する裁判類型を指して、ウェーバーは「カーディ裁判」という用語を用いている（官[35]）。ただし、ウェーバーはイスラームに限定して、この用語を用いているわけではない。彼はイギリスの地元の名望家である治安判事による裁判に対しても、この表現を使っている（家[61]）。

カリスマ（Charisma）　非日常的・情緒的な特別な資質・能力、ないしそれを持つ人。ウェーバー自身の説明は**力**[1]に書かれている。カリスマのレジティマシーは、フォロワーがそれを承認するかどうかにすべてがかかっている。本書ではカリスマの日常化・物象化についても詳しく論じられている。政治家の「世襲」などもこれに含まれる。こうなると、カリスマはもともとの意味とは正反対に、既成秩序や既得権を正当化するものとして機能する（維[9]）。ウェーバーが最初にカリスマという用語を用いたのは、国法学者のゲオルク・イェリネク(Georg Jellinek, 1851-1911)の娘のドーラ・イェリネクへの手紙(一九一〇年六月九日付)である(cf. MWG II/6, S. 559-563)。ここでは詩人のシュテファン・ゲオルゲとそのサークルを指して、この語が用いられている。ゲオルゲについては**カ【2】**も参照。

官職(Amt)　国の公務員組織や教会などにおける公式の役職、あるいはその職務内容やそれが行われる場所(役所・公官庁など)を指す。**【用語】**「官僚」も参照。

官僚(Beamte)　官職(Amt)に就いている人。日本語で官僚というときは、公務員試験などによって選別され、官庁で勤務している人を指し、このような意味での官僚は選挙に当選して公職を担っている(職業)政治家とは明確に区別される。これに対してウェーバーは、選挙に当選して当該の役職に就いている人もBeamteに含めているので注意が必要である。例えば、**官【15】**、**純【32】【34】**では「選挙で選ばれたBeamte」のような表現が出てくる。このような場合は「役職者」と訳している。また、イギリスの治安判事など、地域の行政の仕事を無給で担っている人に対しても、ウェーバーはBeamteを用いている(**家【61】**)。このときのBeamteは、今日であれば、「ボランティア」に近い。

救済宗教(Erlösungsreligion)　キリスト教や仏教など、彼岸的な「救済」を求める宗教を指す(cf. MWG I/22-2, S. 301-305.『宗教社会学』一八九～一九三頁)。現世的な価値と完成を求める儒教は、この定義からすると救済宗教ではない。救済宗教は、経済、政治、芸術などの現世の論理と鋭く対立するという点をウェーバーは強調する。本書でも、彼がこの用語を用いるときには、宗教と世俗の対立という文脈であることが多い（**教**【**4**】【**8**】【**13**】【**21**】）。彼はコスモス（意味のある現世の論理）を超越した愛の倫理という意味の「愛の無コスモス論」（Liebesakosmismus）という用語で、救済宗教を特徴づけてもいる（cf. MWG I/19, S. 490.『宗教社会学論選』一一六頁）。

教権制（Hierokratie）　hiero- は「神聖な」あるいは「聖職の」を意味する接頭辞であり、Hierokratie は「神聖な支配」ないし「聖職者の支配」という意味である。ウェーバーの説明によると、世俗の支配者が聖職者によってレジティマシーを与えられるか、世俗の支配者自身が聖職者であると同時に国王であるかするとき、その支配は教権制である。ウェーバー自身の定義は**教**【**3**】を参照。

恭順（Pietät）　恭順（ピエテート）は一般的には「宗教的な敬虔」という意味で用いられることが多いが、ウェーバーは主として家父長制的な支配の基礎になる感情を指してこの言葉を使っている（**家**【**1**】【**4**】）。日本の前近代性を論じる文脈で、かつてはよくこのタームが用いられた。大塚久雄・川島武宜・土居健郎『「甘え」と社会科学』弘文堂選書、一九七六年などを参照。

クレーロス（klēros）　古代ギリシアのポリスで、戦闘能力のある市民に割当てられた、世襲の土地を指す。もともとは「くじ」を意味する。本書では軍事的な義務を負う「クレーロス保有兵」という表現がくり返し用いられている。ただし**力**【**2**】では、土地とは関係なく、カリスマの「部分」という意味でこの語が用いられている。

決疑論(Kasuistik)　カズイスティーク。法学にしても、倫理学にしても、医学にしても、原則がそのまま個別のケースで通用するわけではない。このため、一般的な原則を個々の事例(ラテン語の casus)に適用して分析し、判断する必要が出てくる。決疑論とはこのような手法を用いた考察である。ウェーバーがしばしば「極端なケース」ないし「ボーダーラインぎりぎりの事例」(Grenzfall)に注目するのは、彼の研究が支配についての決疑論だからである。決疑論をとりわけ発展させたのはイエズス会であった(**教[19]**)。また、ウェーバーが支配についてのテクストを執筆していたのとほぼ同時期に、森鷗外が医者の親子を描いた短編「カズイスチカ」(一九一一年)を発表している。カズイスチカはカズイスティークのラテン語である。決疑論という訳語が定着しているので、本書でもそれを用いるが、医学では「症例報告」などと訳されることもある。

ゲノッセンシャフト(Genossenschaft)　ゲノッセ(Genosse)は対等な立場の構成員を指す。ゲノッセン(Genossen)はこの複数形。「仲間」、ないし「同志」と訳されることが多い。とりわけドイツの左派政党で、この表現が好んで用いられてきた(その場合は「党員」ないし「同志」と訳される)。ゲノッセンシャフトはそのようなメンバーから構成される組合、ないし協同体のこと。歴史法学のギールケ(Otto Friedrich von Gierke, 1841–1921)は、服従関係である支配(Herrschaft)に対立する概念としてゲノッセンシャフトを用いた。

ゲマインシャフト行為／ゲゼルシャフト行為（Gemeinschaftshandeln/Gesellschaftshandeln）
ゲマインシャフトとゲゼルシャフトと聞くと、フェルディナント・テニエスの『ゲマインシャフトとゲゼルシャフト』（改訂第二版、一九一二年）を想起する人が多いだろう。周知のように、テニエスはこの二つを対抗する概念として用いている。しかし、第一次世界大戦前の、支配をめぐるテクストを書いた時点で、ウェーバーはゲマインシャフト行為をテニエスよりも広い、より一般的な意味で用いている。『理解社会学のカテゴリー』（一九一三年）では「人間の行為が当人の主観において他の人間の行動へと意味の上で関係づけられている場合」の行為を指す、と定義されている（MWG I/12, S. 406.『理解社会学のカテゴリー』四三頁）。こうしたゲマインシャフト行為のなかで、とくに目的合理的に設定されたOrdnung（秩序、定律、命令）に準拠するものを、彼はゲゼルシャフト行為と呼んでいる（**支[12]**）。もちろん官僚制はゲゼルシャフト行為を基礎にしている（**官[49]**）。この時点でのウェーバーのテクストでは、ゲゼルシャフト行為はゲマインシャフト行為の特殊なケースとして位置づけられており、テニエスの用語法のように両概念は対立していない。なお、第一次世界大戦後に書かれた「社会学的基礎概念」（『社会学の根本概念』）では、ゲマインシャフト行為とゲゼルシャフト行為の定義が変更され、両概念は対抗的に用いられるようになるので、注意が必要である。

ゲマインデ（Gemeinde）　地方行政のユニットである（基礎）自治体を指すとともに、宗教における「教区」、あるいは宗派の「信徒」ないし「信徒団」という意味でも用いられる。大塚久雄(一九〇七～一九九六年)はゲマインデを「共同体」と訳しているが(『共同体の基礎理論』岩波文庫、二〇二一年、原著は一九五五年)、ゲマインシャフトと区別する意味でも、本書では基本的にゲマインデとする。

権力(Macht, Gewalt)　本書でウェーバーは権力(Macht)を定義して、「自分の意志を他者の行動に押し付ける可能性(Möglichkeit)」(**支[2]**)と述べている。比較的よく引用される「社会学的基礎概念」での定義は「ある社会的関係の内部で抵抗を排してまで自己の意志を貫徹するすべての可能性(Chance)」(MWG I/23, S. 210.『社会学の根本概念』八六頁)である。いずれにしてもここには一定の不確かさ、偶然性、抵抗の可能性が含まれている。本書の中心テーマである「支配」は、このような意味での権力の特殊なケースとして論じられている(**支[2]**)。なお、Macht が複数形(Mächte)で出てくるときには、「諸力」「勢力」と訳している。また、ウェーバーは Macht とともに Gewalt もよく用いている。この語は通常では「暴力」と訳されることが多いし、本書でもそれでよいところでは基本的にそのように訳している。しかし、Gewaltenteilung は、政治学の用語として定着しているので「権力分立」と訳しており、また Befehlsgewalt も「命令暴力」とはせずに「命令権力」と訳している。「M権力」と「G権力」という表記を用いて区別することも考えたが、あまりに読みにくくなるので断念した。両概念の差異に関心を持っている方がいれば、本書の訳文を鵜呑みにしないようにしていただきたい。

合議制(Kollegialität)　複数の構成員の協議によって決定がなされる(行政)機関。通常の行政機関では独任制の長が置かれる。これは最終的な決定が、内部での意見の違いや対立によって妨げられないためである。独任制の長を有する階層構造を表現するのに、ウェーバーは一元支配的(monokratisch)という表現を用いている(【用語】「一元支配的」を参照)。**支[11]**にあるように、「合議制的」(kollegial)という表現はこの「一元支配的」の反対概念として用いられている。なお、合議制はそもそもKollege(同僚、同業者、英語のcolleague)ないしKollegium(同僚の団体)に由来している。このため、Kollegialitätという言葉は「同僚としての友好な関係」「仲間意識」という意味でも使われる。そしてゲノッセ(【用語】「ゲノッセンシャフト」を参照)がそうであるように、合議制も原則として、対等な関係性を前提としている。このような性格上、合議制は少数の、相互にそれなりに承認し合っている名望家(【用語】「名望家」を参照)による支配と接続しやすい。

皇帝教皇主義(Cäsaropapismus)　世俗の皇帝の権威が宗教的な権威である教皇を支配下に置き、世俗の事柄はもちろんのこと、教会や聖職者の事柄も皇帝の管轄下に置くような体制および考え方。Cäsarはもちろんローマの将軍・政治家のカエサルのことであり、絶大な世俗の権力を意味する。皇帝教皇主義は「教権制」の反対概念である。【用語】「教権制」も参照。

コーカス(Caucus)　コーカスは、アメリカ・インディアンの「相談相手」を意味する言葉 Cau-Cau-a-Su に由来するが、由来については諸説がある。政党政治の文脈でこの言葉が用いられるときには、各区で有権者に開かれたパブリック・ミーティングを組織し、下から候補者を押し上げていくシステムを指す。イギリスでは、一八六七年の第二回選挙法改正で、選挙資格が拡大し、労働者も選挙権を手にした。こうした有権者の拡大を背景として、コーカスが注目されることになった。ボトムアップによる「民主的」な決定方式によって、集票機能が強化され、同時に地元の名望家による閉鎖的な支配が打破された。ただ、この過程は政党の党組織の強化と官僚制化でもある、というのがウェーバーの理解である。**官【45】**も参照。

ザッハリヒ(sachlich)　ドイツ語の Sache は英語の thing に当たり、「事」「もの」「事象」「本題」「大義」などの意味を持つ。この形容詞形の sachlich は「客観的」「事務的」「即物的」「没主観的」など、さまざまに訳されてきた。いずれにしても、個人的な、あるいはパーソナルな(persönlich)気分や感情、あるいは人間関係などによって歪められることのない一定の基準(「事柄」)に準拠する態度を指す。本書では基本的に「事柄に即して」と訳し、「ザッハリヒ」を〔　〕に入れて添えるなどしている。この語 sachlich の名詞形はザッハリヒカイト(Sachlichkeit)である。また、この語に派生する動詞 versachlichen の名詞形 Versachlichung は「物象化」と訳している。

サトラップ(Satrap)　アケメネス朝ペルシアの属州に置かれた行政長官職。王の代理として徴税権などを握り、州の行政において絶大な権力を有していた。このため世襲化が進むとともに、中央からの離反の傾向も強まった。主人がいる権力の中心から離れたところで、中央の権力が及ばないローカルな主人(州総督)の権力が増大するという現象は、古代オリエントだけの問題ではない。支配領域が拡大すれば、そのぶんだけ遠心力が生じてくる。サトラップを引き合いに出して、ウェーバーが検討しようとしているのは、そうした問題圏である。

支配(Herrschaft)　**支【3】**、**純【1】**で定義が試みられている。主人の「命令」(Befehl)が支配される側の人たちに聞き入れられ、服従が調達される可能性という意味で、ウェーバーは「支配」を用いている。第一次世界大戦前に書かれたと思われる**支【3】**とは異なり、晩年に書かれたと思われる**純【1】**では、「可能性」ではなく「チャンス」(Chance)という表現が使われている。以下の【用語】「主人」も参照。

従士制(Gefolgschaft)　ヨーロッパの封建制の基礎にある主従関係、あるいはその源泉となったゲルマン的な主従関係を指す。【用語】「フォロワー」も参照。

主人(Herr)　Herr(ヘル)は男性ないし紳士を意味し、ウェーバーさん(Herr Weber)など、男性の敬称としても用いられる。それと同時に、この言葉は主人、ないし支配者という意味を持つ。ドイツ語の「支配する」という意味の動詞 herrschen は、もちろん Herr の関連語である。Herrin（女性の主人）という、この言葉の女性形も存在する。しかし、ドイツ語の「支配」という言葉は、かなり意図的にそれからの離反を試みないかぎりは、「男性の主人による支配」というジェンダー・バイアスを強く帯びている。主人の定義は、他のだれかから命令を受けることなく、自分で自分の命令権力を行使できる人である（**支[12]**）。いくぶん悪意のある表現を使えば、Herr はやりたい放題できる人を指す。トップダウン型の組織のトップは Herr ということになる。日本語の一般的な用法からするといくぶん不自然なところがあるのは否定できないが、本書では全体を通じて Herr は「主人」と訳している。なお、荘園領主（Grundherr）など、すでに訳語が確定しているものについては、もちろんこのかぎりではない。

臣民（Untertan）　直訳すれば誰かに従属している人のこと。英語の subject に対応する。一般には君主国における人民を指す。臣民は、家産制における主人の奴隷や隷従民とは異なるが、その境界はしばしば微妙である（**家[22]**）。ルター主義の影響を受けたドイツ人のメンタリティーを指して、ウェーバーはこの言葉を用いている（**封[27]**）。ハインリヒ・マン（Heinrich Mann, 1871–1950）の『臣民』（*Der Untertan*, 1914）はヴィルヘルム帝政期の権威主義的な人間類型を扱った小説である。

スルタン制（Sultanismus）　スルタンはアラビア語で権威を意味し、イスラームの世俗の支配者の称号である。スルタン制は、歴史家のテオドール・モムゼン（Theodor Mommsen,

1817–1903)によって、ヘレニズム・ローマの国家思想に反映されたオリエント的な権力行使という意味で用いられている(『ローマの歴史Ⅲ』長谷川博隆訳、名古屋大学出版会、二〇〇六年、二三六〜二三七、二五三頁)。恣意的で、抑制のきかない家産制的支配の極端な類型として、ウェーバーはこの用語を使っている(**家【21】**、**封【15】**、**純【9】**)。もちろん、純粋なスルタン制が成立し存続することは稀である。しかし、だれからも命令を受けることなく、自らが命令を下す「主人」(Herr)による支配は、それが完成されるにつれて、かぎりなくスルタン制に接近していく。なお、現代の比較政治学でも、『民主体制の崩壊』(*The Breakdown of Democratic Regimes*, 1978. 横田正顕訳、岩波文庫、二〇二〇年)で知られるホアン・リンス(Juan José Linz, 1926–2013)が、明示的にマックス・ウェーバーを参照しながら、非民主的な政治体制の類型の一つとしてSultanistic Regimeを論じている。Cf. Houchang E. Chehabi and Juan J. Linz (eds.), *Sultanistic regimes*, Baltimore: Johns Hopkins Univ. Press, 1998.

ゼクテ(Sekte) 英語のsectにあたる。特定の参加者が自発的に結成したユニットを指す。宗教的なゼクテの場合は「教派」と訳されることが多い。大塚久雄は「信団」と訳している。これに対して、基本的にそのコミュニティの全員が自動的・強制的に加入するのが教会(Kirche, church)である(**【用語】**「アンシュタルト」を参照)。ゼクテは宗教的なユニットだけでなく、ボウリング・クラブ、労働組合、いろいろなNPO・NGOにも用いられる。ウェーバーはゼクテと教会（キルヒェ）という対となる概念をエルンスト・トレルチ（Ernst Troeltsch, 1865–1923）の研究 *Die Soziallehren der christlichen Kirchen und Gruppen*, 1912（『古代キリスト教の社会教説』高野晃兆・帆苅猛訳、教文館、一九九九年、『中世キリスト教の社会教説』高野晃兆訳、教文館、二〇一四年）から引き継いでいる。

選択的親和性（Wahlverwandtschaft）　ヨハン・ヴォルフガング・フォン・ゲーテ（Johann Wolfgang von Goethe, 1749–1832）の一八〇九年の作品の表題でもある。邦訳では『親和力』と訳されている。より一般的には、論理的には結びつかない複数の異質な要素が、ある状況でお互いに引きつけ合うような関係性を指す。ウェーバーはこの言葉を、禁欲的プロテスタンティズムと近代資本主義の関係を説明する際に用いている（cf. MWG I/18, S. 256.『プロテスタンティズムの倫理と資本主義の精神』一三六頁）。本書では、封建制的な教育と芸術家的な性格（**封[27]**）、平和志向という点で結びつく市民と宗教（**教[3]**）、祭司層と都市の小市民層（**教[25]**）、ゼクテと民主主義（**教[51]**）などの関係を記述する際に、この言葉が用いられている。

大宰相（Großwesire; Großvezir）　ワズィールは行政の最高責任者を意味するアラビア語で、宰相を意味する。大宰相はこのワズィールの筆頭で、イスラーム国家における政府の最高位である。英語では Grand vizier と表現される。ウェーバーはカリスマ的な支配者のレジティマシーに傷がつかないように責任を肩代わりする点に、この役職の意義をみている

（維【11】）。

体僕領主（Leibherr）　体僕は、肉体ないし胴体を意味するドイツ語の Leib の訳である。荘園領主が土地の租税徴収権によって人を支配するとすれば、体僕領主は隷従民の人身、つまり Leib を直接的に支配する。ただし実際には領主は非自由民の人身を完全に支配できるわけではないので、体僕領主制といっても、人頭税の徴収などの形をとることも多かった。

治安判事（Friedensrichter）　治安判事（英語では justice of the peace）は、地方行政や裁判に携わる、基本的に無給の名誉職。イギリスの政治文化には、公的な官僚制に否定的で、「小さな政府」を志向する傾向がある。ウェーバーは、こうした政治文化の形成に、治安判事の存在が大きな影響を及ぼしたとみている。もちろん、ボランティアでの行政活動が可能になる前提は、その担い手に経済的・時間的な余裕があることである。【用語】「手が離せない」および**家【60】**を参照。

手が離せない（nicht abkömmlich; unabkömmlich）　政治学の専門用語というわけではないが、ウェーバーの隠れたキーワードである。人がなんらかの仕方で政治に参加するためには、経済的・時間的な余裕が必要である。講演「仕事としての政治」でも、長時間労働を強いられている労働者だけでなく、企業経営者も時間的に拘束されることが多いために「手が離せない」、つまり政治参加の時間的な余裕がないと指摘されている（cf. MWG I/17,

S. 171.「仕事としての政治」一一二頁／『職業としての政治』二六頁）。本書では**支**〔**8**〕、**官**〔**41**〕、**家**〔**14**〕〔**19**〕〔**61**〕、**封**〔**1**〕〔**5**〕で、この表現が使われている。

フェーデ（Fehde）　中世ヨーロッパでは、侵害された権利を、裁判手続きを経ることなく、実力で回復する権利が認められていた。この権利に基づく合法的な私戦・私闘をフェーデという。これはゲルマン古代の「血の復讐」に由来する。講演「仕事としての政治」で述べられているように、「レジティマシーを有する物理的な暴力行使の独占を要求する」ことが近代国家のメルクマール（目印）であるとすれば（cf. MWG I/17, S. 158-159.「仕事としての政治」九三頁／『職業としての政治』九〜一〇頁）、近代国家はまさにフェーデを否定することで成立する。

フォロワー（Gefolgschaft）　「従う」「あとを付いていく」という意味の動詞 folgen（英語の follow）の名詞形。封建制の文脈では「従士」ないし「従士制」と訳している（【用語】「従士制」を参照）。ただし、本書では多くの箇所で、リーダーに自発的に賛同し、このリーダーに率いられる人ないし集団という、より一般的な意味でも用いられており、その場合は「フォロワー」と訳している。もちろんこのようなカタカナ表記に問題がないわけではないが、「追随者」「従者」など、今日の日本語としてあまりに不自然な言葉を使うと、それが自分のことだとはどうしても思えなくなるという大きなマイナスが出てきてしまう。「フォロワー」はそれよりはまだマイナスが少ないと判断した。リーダーを承認し、（場合によっては葛藤を抱えつつ）支持し、行動を共にする人や行為を指す日本語の語彙は決して多くはない。関連する言葉を豊かにしていく努力が必要かもしれない。

物象化（Versachlichung）　一般に、物象化は人と人の関係が物と物の関係として認識されることを指す。資本主義批判の文脈でこの用語が用いられるときには、それは基本的にはネガティブな意味である。しかし、ゲオルク・ジンメルは『貨幣の哲学』などで、近代社会の解放的な側面を論じる文脈で、この語をポジティブな意味で用いている。ウェーバーによるこの用語の使い方も両義的である。本書ではとりわけ、非合理的で、非日常的で、再現不可能なカリスマが、合理化され、日常化され、継承可能になっていく様態を記述するのに、このタームが用いられている。【用語】「ザッハリヒ」も参照。

プフリュンデ（Pfründe）　もともとはカトリックにおける「教会禄」、つまり教会で一定の地位にあることで、支給される「俸禄」、あるいはそのような「禄」が与えられる地位のこと。「プフリュンデは、プフリュンデの保有者の現実的または擬制的な勤務に対する終身的で非世襲的な報酬であり、官職所得の態様をとる」（**封［3］**）とウェーバーは定義している。ここで「擬制的」というのは、実際には仕事をしていなくても、役職に応じて支給されるという意味である。このような性質の報酬はもちろん教会にだけ存在するわけではない。ウェーバーは政党についても、この用語を用いている（**組［20］**）。政党が政党助成金を財源として、政党職員や政策スタッフに対して、あるいは新人候補や落選中の候補者に対して支給する「生活の資」も「プフリュンデ」と呼んでよいだろう。それればかりか、一定の身分保障がなされ、時給換算で報酬をもらっているわけではない人の給料には、程度の差はかなりあるが、プフリュンデ的な性格がある。ウェーバー自身による説明は**官**【**23**】にある。

フュルスト(Fürst)　フュルストは英語の first と同語源であり、ラテン語の princeps に由来する。「第一人者」「支配者」を意味する。マキアヴェッリの『君主論』のドイツ語訳のタイトルは *Der Fürst* である。王権は基本的に武侯から始まる、とウェーバーは論じている(**カ**【**6**】)。フュルストは本書の「主人」(Herr)と置換可能なことも多い。中世封建社会の文脈では「諸侯」と訳すが、「家産制君主」(Patrimonialfürst)などでは「君主」と訳している。

プリンキパトゥス(Prinzipat)　「第一人者」を意味するラテン語 princeps に由来する。共和政末期の内乱を収拾したあと、アウグストゥスは自らの地位を「プリンケプス」と呼んだ。ここから「プリンキパトゥス」という国制が始まる。日本語では「元首政」と訳されることが多い。本書でも基本的に「元首政」と訳し、〔　〕でプリンキパトゥスを添えている。ウェーバーによると、この時代の後期、ディオクレティアヌスの時代から官僚制が発展した(**官**【**20**】)。**組**【**11**】も参照。

プルートクラシー(Plutokratie)　プルートスはギリシア神話における富と収穫の神。プルートクラシーは経済的に恵まれた者による支配、つまりカネ持ち支配を意味する。いつの時代にも富裕層は基本的に少数派なので、カネ持ちによる寡頭制と言い換えることもできる。プルートクラシーは「金権政治」と訳されることもある。しかし、カネ持ち支配は汚職や賄賂に限定されない。例えば、カネに余裕がある一部の人しか高等教育を受けられないというのも、プルートクラシーの一つの現象形態である(cf. MWG I/17, S. 72.「仕事としての学問」一六頁/『職業としての学問』一〇頁)。

プレビシット(フランス語 plébiscite、ドイツ語では Plebiszit) プレブス(ローマの平民)の議決を意味するラテン語の plebiscitum に由来する。本書では基本的に「人民投票」と訳している。近年、いわゆるポピュリズムをめぐる議論が盛んになるなかで、プレビシット(人民投票)にあらためて注目が集まっている。フランスのナポレオンについての記述などでは「国民投票」という日本語が使われることも多いが、これもプレビシットである。「プレブスの決議」という意味であれば、個別の争点の是非をめぐる住民投票(レファレンダム)も広義のプレビシットに入る。ただし、ウェーバーはプレビシットをカリスマと結びつけて理解しており、彼がこの用語を用いるのは、主として「一人の(支配者の地位を)要求する者の権力要求の承認が問題であるような場合」(**組【17】**)である。ヒトラー(Adolf Hitler, 1889-1945)によるオーストリア併合の是非をめぐる国民投票などは、政治リーダーが主体となって上から人民に問いかけ、その政治的争点への賛成が、その政治リーダーの権力そのものの承認と強化に直結するという点で、プレビシット的な性格がきわめて強いということになる。**組[15]**も参照。

プレベンデ(Präbende)　プフリュンデと同じく「教会禄」のこと。後期ラテン語の praebenda(差し出されるべきもの)に由来する。ウェーバーはカリスマの日常化という文脈でもこの語を用いていており、「古いコミュニズム的な、共通のストックからの供給に代わって現れた」「割り当てられた現物支給」と定義している(**組[4]**)。プレベンデとプフリュンデは同義と考えてよい。なお、ウェーバーはプフリュンデの形容詞形は用いておらず、形容詞のときはかならずプレベンデ的(präbendal)としている。

ベルーフ(Beruf)　ベルーフは、なにかの「ために」(für)生きるという使命の意味と、なにか「で」(von)生活の糧を得るという職業の意味との両面を持つ(cf. MWG I/17, S. 169–170.「仕事としての政治」一一〇～一一一頁／『職業としての政治』一一四～一一五頁)。すべてのベルーフにはこの両方の要素がなんらかの形で含まれるが、圧倒的に前者にアクセントが置かれる場合と、逆に後者にポイントが置かれる場合では、同じ言葉でも意味がかなり異なる。これに加えて、ウェーバーは「プロフェッショナルな専門的な仕事」という意味でも、この言葉を用いている(**官[11]**、**家[55]**、**封[27]**)。本書では文脈に応じて「ベルーフ」「職業」「使命」「仕事」などを使い、適宜(　)に入れて説明を補っている。『プロテスタンティズムの倫理と資本主義の精神』で、ウェーバーが Beruf の概念に注目したことはよく知られている。本書でも、ピューリタニズムについて論じている箇所(**教[47]**)に出てくる「ベルーフ」は、彼のプロテスタンティズム研究を前提にして理解されるべきである。しかし、彼はこの言葉をいつもプロテスタンティズムと直接的に結びつけて用いているわけではない。例えば**官[11]**には、「官職は「ベルーフ」である」(Das Amt ist „Beruf")という一節が出てくる。これなどは、かならずしもプロテスタンティズム的な意味に引き寄せて理解する必要はないと思われる。

ヘレニズム(Hellenismus)　ヘレニズムはギリシア人の自称であるヘレネス(Hellenes)に由来する。プロイセンの歴史家ドロイゼン(Johann Gustav Droysen, 1808-1884)以来の通常の理解では、ヘレニズム時代は、アレキサンドロス大王の東方遠征からプトレマイオス朝エジプトの滅亡までの約三〇〇年間を指す。しかしウェーバーは、古代ギリシアも含めた、広い意味でこの語を用いている。なお、彼は『古代農業事情』(第三版、一九〇九年)でも、ギリシアとローマの間の章でヘレニズムについて論じている(cf. MWG I/6, S. 545-597. 『古代社会経済史――古代農業事情』二七六～三四一頁)。

ボナパルティズム(Bonapartismus)　↓「カエサル主義」の項目を参照。

ミニステリアーレ(Ministeriale)　封建領主の家に属する非自由民で、職務の重要性ゆえに権力を獲得し、一定の地位と特権を持って特別な身分を形成した者を指す。Dienstmannもほぼ同じ意味で使われている。ドイツ帝国では、軍や行政の幹部に対して、この語が用いられた。日本語では、家士（かし／けにん）と訳されることが多い。本書では基本的に家人（ミニステリアーレ）とする。

名望家（Honoratioren）　いわゆる地元の名士。土地や財産を所有していて、そこからの収入があるので、職業労働に忙殺されることがなく、地域のためのボランティア活動などに時間を使い、それによってその地域で社会的な威信を獲得している人たち。彼らの威信は特定の「生き方」を基礎にしているという点を、ウェーバーは強調する（**支【8】**、**家【4】**）。このため、このような「生き方」を共有しない新興の有力者は名望家としては認められない。名望家は中央集権的な官僚制に対立して、地方自治の担い手として重要な役割を果たしてきた。しかしこれを別の角度から記述すると、彼らはローカルなレベルでの排他的な少数者支配とプルートクラシー（カネ持ち支配）の担い手ということになる。**【用語】**「手が離せない」および**支【8】**も参照。

予備（事前）選挙（Vorwahl）　候補者を絞る作業は、歴史上の多くの場合で、少数の有資格者によって行われてきた。ウェーバーもこの点を強調している（**組【15】【27】**）。こうした意味で予備（事前）選挙は名望家支配と親和的である。幅広い党員の参加によって党公認の大統領候補を決めるアメリカのプライマリーは、この点ではむしろ例外的である。

ライトゥルギー（Leiturgie）　人民の仕事を意味する古典ギリシア語の leitourgia に由来し、もともとは都市国家の裕福な市民によって担われた公共的な業務を意味した。エジプトなどにおける対国家奉仕義務を指して、この用語が使われるときは、ほぼ「賦役」という意味になる。しかしウェーバーは同時に、イギリスの治安判事（【用語】「治安判事」を参照）などが、名誉職として無給で担ってきた業務にもこのタームを用いている。この文脈ではもちろん、「賦役」という訳語は適切ではない。本書は基本的にライトゥルギー（公的奉仕義務）と表記する。

諒解（Einverständnis）　この概念は『理解社会学のカテゴリー』では重要な位置を占めていたが、晩年の「社会学的基礎概念」（『社会学の根本概念』）では出てこなくなる。本書のテクストは、第一次世界大戦前に書かれた旧稿に属すので、「諒解」概念が使われている。ただし、出てくるのは**家**【22】と**封**【8】【10】だけである。ウェーバーの説明を引用しておく。彼によれば、諒解によって理解されるのは「他の人々の行動について予想を立ててそれに準拠して行為すれば、その予想の通りになってゆく可能性が次の理由から経験的に「妥当」している」という事態である。「その理由とは、当の他の人々がかの予想を、協定が存在しないにもかかわらず、自分の行動にとって意味上「妥当なもの」として実際に扱うであろうという蓋然性が客観的に存在している、ということである」（MWG I/12, S. 422.『理解社会学のカテゴリー』八六頁）。

レーエン（Lehen）　ausleihen（貸し出す）ないしverleihen（貸与する・授与する）を意味する古高ドイツ語のlihanに由来する。レーエンは封建社会で封建領主が封臣に与えるもので、土地を指すことがほとんどであるが、かならずしも土地に限定されていたわけではない。ラテン語の文献で beneficium（恩給）という表現が用いられるとき、これはレーエンと同義である。ウェーバー自身による説明は**封［2］**でなされている。本書では基本的に「レーエン」と訳したうえで、適宜〔　〕に入れて「封土」を付け加えている。

レジティマシー（Legitimität）　ウェーバーは、主人の命令が支配される人たちの服従を手に入れる可能性ないしチャンスとして支配を理解する。このとき、支配される側の人たちの服従を調達するための論理がレジティマシー（正当性／正統性）である。レジティマシーの概念については、**支［13］**で立ち入って論じられている。ここでウェーバーは恵まれている者の「自己正当化」（Selbstrechtfertigung）という観点から、レジティマシーを説明している。この場合には、正当化（rechtfertigen; justify）とレジティメーション（legitimieren; legitimize）の区別はほとんどない。世良晃志郎をはじめ、ウェーバーの著作の翻訳者たちの多くが Legitimität の訳語として「正当性」を選んできた理由の一つはここにある。しかし、法学・政治学では一般的に、ドイツ語の Legitimität（英語の legitimacy）は「正統性」と訳されてきた。「正しさ」が争われていても、一定のレジティマシーは成り立つし、そうでなければ多くの政治秩序は容易に崩壊してしまう。このため「正当性」（正しさ）とは区別された次元で「正統性」という用語が設定されてきた。しかし「正統性」という訳語を用いると、「異端」の対概念である「正統」（オーソドキシー）との区別ができなくなる。

正統と異端がウェーバーの宗教社会学のキーワードであることを考えると、レジティマシーとオーソドキシーの混乱は避けたい。以上のことを考えたうえで、本書では基本的に「レジティマシー」と表記する。

レンテ(Rente)　年金、貯金の利子、地代など、一定の労働の対価としてではなく、定期的に入ってくる収入のこと。今日のドイツでレンテといえば、基本的に年金のことであり、Rentenpolitik は年金政策を指す。英語のレント(rent)も、もちろん同系列の言葉である(ただし、英語で年金を指す場合には pension が用いられる)。今日、政府などに働きかけて、超過利潤(rent)を得ようとする活動を指して、「レント・シーキング」という表現が用いられている。もちろん、本書でウェーバーが用いる Rente には、このような現代的な意味合いは乏しい。それでも、レンテは「支配」の様態と密接に結びついた経済的な利権であるという視点は、本書を読むうえでとても重要である。

訳者あとがきI

一　支配というテーマ

「「人間に対する人間の支配」を廃棄しようとする思想はどれも空想である」。一九〇八年八月四日に、政党組織についての古典的研究『政党の社会学』の著者ロベルト・ミヘルスに宛てた書簡で、マックス・ウェーバーはこのように述べている(cf. MWG II/5, S. 616)。

　このときミヘルスは、民主主義を掲げるドイツ社会民主党(SPD)の組織がいかに非民主的であるかを告発していた。ウェーバーはミヘルスの問題提起を高く評価した。しかし、支配を廃棄した完全な民主主義を想定し、それを基準にして社会民主党の現状を裁くことに、ウェーバーは疑問を投げかけた。その後、第一次世界大戦が勃発するまでの期間に、『社会経済学要綱』(Grundriss der Sozialökonomik)の第三部『経済と社会』の一部として、彼は「支配について」の草稿を書く。ここに翻訳したのはそのテクスト群である(なお、「支配のミニマム化」については**支[6]**で考察されている)。

現代の政治学で、支配(ドイツ語 Herrschaft; 英語 domination)という言葉が用いられることはほとんどない。ユルゲン・ハーバーマスが支配から自由(herrschaftsfrei; domination-free)な討議をキーワードとして用いたことはよく知られている。規範理論として「支配のない状態」について考察することの意義はますます大きくなっている。これに対してウェーバーは、支配はなくならないとしたうえで、あくまで支配をテーマにしてものを考えようとした。彼が考察しようとしたのは、それでも生まれてしまう支配とそのレジティメーション(正当化)の論理である。このような彼の仕事に対する評価は分かれるだろう。百年前に書かれた、すでに時代遅れの政治理論・社会理論であり、学史上の重要著作ではあるが、もはやアクチュアルな意味はない、というのが一般的な評価かもしれない。

しかし、支配という用語が使われなくなっている一方で、今日ほど支配について考えなければならない時代はないように思う。分断と分極化の状況は支配を強化する。支配が問題になるということは、その支配のレジティマシー(正当性／正統性)をめぐる考察が求められるということでもある。本書で扱われているのはまさにこうした問題圏である。

二　テクストについて

マックス・ウェーバーの没後に刊行された『経済と社会』には、支配についての二つのテクストが収録されている。一つは、一九一〇年から一四年の時期、第一次世界大戦が勃発するまでに書かれたテクスト（旧稿）であり、もう一つは第一次世界大戦後、一九一七年から彼が亡くなる一九二〇年にかけて執筆されたテクスト（新稿）である。新稿は『経済と社会』初版の第一部、旧稿が第三部（第四版以降は第二部）に収録され、世良晃志郎による創文社版の翻訳では、新稿が『支配の諸類型』、旧稿が『支配の社会学』I・IIというタイトルで刊行されている（現在では、どちらも講談社の創文社オンデマンド叢書で入手できる）。本書は、マックス・ウェーバー全集 MWG I/22-4 の学習版を底本として、この「旧稿」を翻訳したものである。

戦前のテクスト（旧稿）と戦後のテクスト（新稿）、つまり旧来『支配の社会学』と呼ばれてきたものと、『支配の諸類型』と呼ばれてきたものには、もちろん共通する部分も多い。しかし違いもある。

新稿が重要概念の定義集の性格が強いのに対して、旧稿、つまり本書に収録されているテクストは、さまざまな歴史的事例を含む「比較歴史社会学」の研究と呼ぶことができる。もちろん新稿のほうが「短くまとまっている」という言い方はできる。しかし、『経済と社会』の第一部に収録されている「社会学的基礎概念」（清水幾太郎訳『社会学の根本概念』岩波文庫）をお読みになったことがある人は（あるいはあの薄い本を途中で投げ出したことがある人ならば）わかるように、ページ数の少ない重要概念の定義集を読むのは、実はものすごく難しい。社会理論の専門家にとっては興味深いテクストでも、このように定義されるに至った理論的な背景についての最低限の知識がないと、理解のためのハードルはとてつもなく高い。

これに対して旧稿では、ヨーロッパの歴史的な事例だけでなく、エジプト、中国、イスラームの事例が数多く参照されている。もちろんこうなると、その参照の仕方が、今日の学問的な水準からして、はたしてどれほど適切なのかという問題が出てくる。実際、読者はこれらを注意深く読む必要がある。また、経済と支配構造という観点から、時代や場所を行き来しながら展開される比較研究は大胆で野心的とはいえるが、困惑する読者の方も少なくないだろう。しかし古代エジプトのイクナートンから一九一二年のアメリカ大統領選挙まで、ウェーバーが参照する歴史的な事例を手がかりにして、支配についての彼の理論をたどることができるという利点が、この旧稿にはある。

本書のタイトルについても、説明をしておきたい。冒頭の「凡例」でも述べたように、マックス・ウェーバー全集では『支配の社会学』という馴染みのある名称は採用されなかった。そして本書でもこのタイトルを使わないことにした。これがウェーバー自身によってではなく、『経済と社会』の編者ヨハネス・ヴィンケルマンによって付けられたものであるというのが、その大きな理由である。全集版のタイトルを直訳すると、『経済と社会――支配』となる。しかしこれでは、日本語の本のタイトルとしてあまりにわかりにくい。シンプルに『支配』だけにすることも考えたが、ここでは『支配について』Ⅰ・Ⅱとすることにした。

このようなタイトルの選択にともなって、どうしても確認し強調しておかなければならないことがある。『支配について』というテクストが、『社会経済学要綱』という大きなシリーズの、ウェーバーが執筆を担当した『経済と社会』の一部であるというのがそれである。ウェーバーはたしかにここで支配について論じている。しかし、それはあくまで『経済と社会』という枠組みでの支配についての考察である。一九一四年七月配本の『社会経済学要綱』の第一巻に付された全巻の予定割当表(Einteilung des Gesamtwerkes)、いわゆる「一九一四年構成表」に出てくる表現を使えば、「経済と社会的秩序・諸力」(Die Wirtschaft und die gesellschaftlichen Ordnungen und Mächte) についての研究の一部がこの『支配について』である(cf. MWG I/24, S. 168)。

一九一三年一二月三〇日付の、出版者パウル・ジーベックへの書簡で、ウェーバーは次のように書いている。

> 私は主要なゲマインシャフト形式を経済と関係づける、完結した理論と叙述を考案しました。家族と家ゲマインシャフトから、「企業」〔経営〕、氏族、エスニック・ゲマインシャフト、宗教〔…〕そして最後に一つの包括的な社会学的国家・支配論(eine umfassende soziologische Staats- und Herrschaftslehre) に至るものです (cf. MWG II/8, S. 449-450. 強調は野口による)。

すでに述べたように、旧稿の執筆は一九一四年の第一次世界大戦の勃発で中断された。この手紙は、その前年、一九一三年の年末に書かれており、旧稿の最終的な構想をかなり正確に定式化していると推測できる。旧稿の支配をめぐるテクストは、「経済と関係づけ」られた「一つの包括的な社会学的国家・支配論」に対応すると考えてよいであろう。ウェーバーがここで試みようとしているのは、あくまで『経済と社会』という枠組みのなかで、とりわけ経済との関連で、支配について考察することである。

このような視点から、あらためて各段落のキーワードをみていただきたい。官僚制の章は、官僚制それ自体についての記述だけではなく、むしろ官僚制がどのような社会的・経済的な前提のもとで発展するのかが論じられている。この章は平準化と民主化の相関をめぐる、そして官僚制と民主主義の緊張関係をめぐる政治学的考察でもある（**官[45]**）。家産制の章では軍隊のあり方とともに、プフリュンデ（俸禄）が支配に対して持つ重要な意味に焦点が当てられている。「小さな政府」をめぐる考察もこれと関連して展開されている（**家[55][63]**）。そして封建制の章でも、忠誠のコンフリクトなどの政治的なトピックだけではなく（**封[7]**）、国家によって生き延びる資本主義や、経済に関連して生み出されてくる嫉妬などの情念が論じられている（**封[20][26][27]**）。

第Ⅱ分冊のカリスマをめぐる三つの章では、非経済的な性格のカリスマがフォロワーの経済的な期待という圧力を受けて、しだいに「日常化」していく傾向とその帰結が描かれている。最後に国家と教権制の章でも、扱われているのは国家と宗教の関係である以上に、国家と宗教団体をめぐる経済問題である。ここではとくに修道院やプロテスタンティズムのゼクテ（教派）の経済活動に注目が向けられている。ウェーバーは資本主義の進展を支配と関連づけて論じている。

宗教のゲマインシャフトを長期にわたって維持するためには、経済的な要素が決定的な意味を持つ。資本主義的な営利に対する諸々の情念は宗教的なモチーフでもあり、政治的な動員の論理にもなりうる。政治と宗教という伝統的な対抗図式はもちろん重要であるが、どちらも経済的な要素によって規定されていることにはもっと注意が向けられるべきである。本書で用いられるプルートクラシー(カネ持ち支配)という言葉は、金権政治という狭い意味でのみ存在するわけではない。

経済が支配構造に影響を及ぼし、支配構造が経済に影響を及ぼす。この連関にウェーバーは注目し、そうすることで支配の問題を論じている。いまさら確認するまでもないが、彼は『プロテスタンティズムの倫理と資本主義の精神』の著者である。資本主義についての彼の視点は、本書でも引き継がれ、支配との関連で展開されている。

三　官僚制・家産制・封建制

本書『支配について』は「支配」「官僚制」「家産制」「封建制」「カリスマ」「カリスマの組み替え」「カリスマの維持(および規律)」「国家と教権制」と二つの付録から構成されている。『支配について』Iには、最初の「支配」に引き続いて、「官僚制」「家産制」「封建制」の三つの章を収録している。

本書の元になっているテクストはもちろんウェーバーによって書かれたものではあるが、彼自身によって脱稿されてはいない。彼の没後に妻のマリアンネによって、刊行された作品である。しかし、前後参照指示から考えても、内容から考えても、「官僚制」「家産制」「封建制」という章の配置には合理性がある。最初に官僚制的な支配について論じ、そのうえで官僚制的な意味での合理性を持っていなかった支配構造を論じるという形で議論が展開されている(官[62])。

少し個人的なことを書かせていただきたい。一九九〇年代の初めに、私は世良晃志郎訳の『支配の社会学』で、このテクストを読んだ。このとき「官僚制」「家産制」「封建制」という配列に疑問を持った。もちろん当時からしてすでに、「近代」や「近代化」という図式はそれほど自明ではなくなっていた。そしてウェーバーのテクストの読み方も大きな見直しを迫られていた。しかしそれでも、家父長制の拡大バージョンである家産制から、封建制に移行し、そこから近代的な官僚制のシステムが発展してくるという図式で考えるのが自然であるという印象を、その頃の私は抱いていた。もしかしたら、本書の読者にも似たような疑問を持つ方がいるかもしれない。

ウェーバーが論じる「合理化」や「合理性」は、一般に思われているほどシンプルではない。過去の、非合理な支配から合理的な官僚制的モデルに行き着くという単線的な理解は、ウェーバーのテクストの読み方としては正しくない。彼はくり返し古代エジプトと中国に言及しながら、官僚制について論じている。

当時、学部学生だった私は、わからないなりに官僚制の章を懸命に読んだ。ウェーバーの官僚制論では日本の官僚制の現実は理解できない、ということは、これまでもしばしば指摘されてきた。しかし、一つの支配の類型として一貫して官僚制をとらえてみることがなければ、日本の現実における官僚組織の特徴も歪みも把握できない。本書の官僚制の章のテクストは、官僚制についての、包括的で、視野の広い研究として、今日でもなおも一読の価値がある。

これに対して家産制、封建制の章は、正直にいって、当時の私には歯が立たなかった。どうせ最終的に官僚制的な支配(「鉄の檻」)に行きつくのであれば、それ以前の時代の支配構造なんて、それほど重要ではないという先入見が謙虚にテクストに向き合うことを難しくした。これらの章をうまく読むことができなかった一因はおそらくここにあった。

当時、家産制をそれ自体として検討しようとするモチベーションを私はほとんど持っていなかった。ところが、今日これらのテクストを読むコンテクストは大きく変わってきているようにみえる。

家産制は大昔に存在した支配構造で、博物館の特定の時代の部屋に展示されているなにかではない。土地、人民、および物品を主人が自分の所有物として扱い、自分の個人的なお気に入りの部下を通じて支配するという家産制的な支配について考察することは、今日とても重要になっている。一部の政治家による政治の「私物化」(privatization)が問われるとき、そこで問題にされていることは家産制的な現象にかなり似ている。また、家産制的な支配は国家に限定されない。経営の決定の迅速化と効率化という名目で推進されてきたトップ・ダウン型の組織形態は、企業だけでなく大学などにも及んでいる。「官僚制の弊害」を除去するという名目で正当化されてきた、このような組織では、リーダーの恣意がまかり通りやすい。このようなリーダーは家産制的な「主人」(Herr)の特徴を持つことになる。

家産制に対して、封建制では封臣が「主人」に対して一定の自律性を有している。家産制で主人に仕える者は、主人から俸禄(プフリュンデ)をもらって生計を立てる。このため主人への従属の度合いは高い。これに対して封土(レーエン)を介した支配関係である封建制では、主人への忠誠が基礎になっている。このことは、封臣が主従関係から離脱する、つまり関係を解消する可能性をより多く持っているということでもある(**封**【**3**】)。ここでは当然のことながら、権力は分散化し、脱中心化する。

私たちの日常的な言葉の使い方では、「封建的」というと、個人の自由を認めない、閉鎖的な上下関係が連想されることが多い。もちろん封建制を構成する「身分」も非民主的な概念である。このように理解された封建制は、克服されるべき過去の悪しき遺産という意味になる。しかし、ウェーバーは本書で、封建制をある種の権力分立ととらえ、ここから生まれる契約の思想について論じている(封[8])。また、「名誉」の観念についてなど(封[26])、彼は封建制における「生き方」に対して一定の評価とシンパシーを示しているようにもみえる。

ウェーバーはここでも直線的な発展図式を否定している(封[11])。彼にとって封建制は、過渡的な、したがってすでに終焉を迎えた歴史の一段階ではない。

今日、インターネット上で特権的なプラットフォームを提供している事業者を指して、「デジタル封建制」や「テクノロジー封建主義」などの表現が用いられることがある。あるいは、分権化、民営化、独立行政法人化、アウトソーシングなどによって生まれた、さまざまなアクターによるガバナンスは、最先端というよりはむしろここでウェーバーが描く封建制の世界に近いともいえる。

もちろんウェーバーの議論をそれほど性急に私たちの時代の問題に接続させる必要はないだろう。彼の議論を引き合いに出すことで現代の問題に迫るのには、やはりかなりの無理がある。このテクストは百年以上前に書かれたものであり、現代社会について現代の人が書いた研究ではない。しかしそれでも、リベラル・デモクラシーがさまざまな挑戦を受けている現在、リベラル・デモクラシーを前提にした議論では手が届かない、支配を支える利害関心と動機づけの力学に私たちは向き合わなければならなくなっている。ウェーバーの『支配について』の読み方は読者に開かれているが、本書を読む一つの意義はこのあたりにあると思われる。

支配《しはい》について I 官僚制《かんりょうせい》・家産制《かさんせい》・封建制《ほうけんせい》 〔全2冊〕
マックス・ウェーバー著

2023年12月15日 第1刷発行
2024年3月5日 第3刷発行

訳 者 野口雅弘《のぐちまさひろ》

発行者 坂本政謙

発行所 株式会社 岩波書店
〒101-8002 東京都千代田区一ツ橋 2-5-5

案内 03-5210-4000 営業部 03-5210-4111
文庫編集部 03-5210-4051
https://www.iwanami.co.jp/

印刷・三陽社 カバー・精興社 製本・中永製本

ISBN 978-4-00-342101-7 Printed in Japan

読書子に寄す

——岩波文庫発刊に際して——

岩波茂雄

　真理は万人によって求められることを自ら欲し、芸術は万人によって愛されることを自ら望む。かつては民を愚昧ならしめるために学芸が最も狭き堂宇に閉鎖されたことがあった。今や知識と美とを特権階級の独占より奪い返すことはつねに進取的なる民衆の切実なる要求である。岩波文庫はこの要求に応じそれに励まされて生まれた。それは生命ある不朽の書を少数者の書斎と研究室とより解放して街頭にくまなく立たしめ民衆に伍せしめるであろう。近時大量生産予約出版の流行を見る。その広告宣伝の狂態はしばらくおくも、後代にのこすと誇称する全集がその編集に万全の用意をなしたるか。千古の典籍の翻訳企図に敬虔の態度を欠かざりしか。さらに分売を許さず読者を繋縛して数十冊を強うるがごとき、はたしてその揚言する学芸解放のゆえんなりや。吾人は天下の名士の声に和してこれを推挙するに躊躇するものである。このときにあたって、岩波書店は自己の責務のいよいよ重大なるを思い、従来の方針の徹底を期するため、すでに十数年以前より志して来た計画を慎重審議この際断然実行することにした。吾人は範をかのレクラム文庫にとり、古今東西にわたって文芸・哲学・社会科学・自然科学等種類のいかんを問わず、いやしくも万人の必読すべき真に古典的価値ある書をきわめて簡易なる形式において逐次刊行し、あらゆる人間に須要なる生活向上の資料、生活批判の原理を提供せんと欲する。この文庫は予約出版の方法を排したるがゆえに、読者は自己の欲する時に自己の欲する書物を各個に自由に選択することができる。携帯に便にして価格の低きを最主とするがゆえに、外観を顧みざるも内容に至っては厳選最も力を尽くし、従来の岩波出版物の特色をますます発揮せしめようとする。この計画たるや世間の一時の投機的なるものと異なり、永遠の事業として吾人は微力を傾倒し、あらゆる犠牲を忍んで今後永久に継続発展せしめ、もって文庫の使命を遺憾なく果たさしめることを期する。芸術を愛し知識を求むる士の自ら進んでこの挙に参加し、希望と忠言とを寄せられることは吾人の熱望するところである。その性質上経済的には最も困難多きこの事業にあえて当たらんとする吾人の志を諒として、その達成のため世の読書子とのうるわしき共同を期待する。

昭和二年七月

《法律・政治》〔白〕

- 人権宣言集 — 高木八尺・末延三次・宮沢俊義 編
- 新版 世界憲法集 第二版 — 高橋和之 編
- 君主論 — マキアヴェッリ／河島英昭 訳
- フィレンツェ史 全二冊 — マキァヴェッリ／齊藤寛海 訳
- リヴァイアサン 全四冊 — ホッブズ／水田洋 訳
- 法の精神 全三冊 — モンテスキュー／野田良之・稲本洋之助・上原行雄・田中治男・三辺博之・横田地弘 訳
- 教育に関する考察 — ロック／服部知文 訳
- 完訳 統治二論 — ジョン・ロック／加藤節 訳
- 寛容についての手紙 — ジョン・ロック／加藤節・李静和 訳
- キリスト教の合理性 — ジョン・ロック／加藤節 訳
- ルソー 社会契約論 — 桑原武夫・前川貞次郎 訳
- アメリカのデモクラシー 全四冊 — トクヴィル／松本礼二 訳
- リンカーン演説集 — 高木八尺・斎藤光 訳
- 権利のための闘争 — イェーリング／村上淳一 訳
- 近代人の自由と古代人の自由・征服の精神と簒奪 他一篇 — コンスタン／堤林剣・堤林恵 訳
- 民主主義の本質と価値 他一篇 — ハンス・ケルゼン／長尾龍一・植田俊太郎 訳
- 外交談判法 — カリエール／坂野正高 訳
- 危機の二十年 ―理想と現実 — E・H・カー／原彬久 訳
- ザ・フェデラリスト — A・ハミルトン、J・ジェイ、J・マディソン／斎藤眞・中野勝郎 訳
- アメリカの黒人演説集 ―キング・マルコムX・モリスン 他 — 荒このみ 編訳
- モーゲンソー 国際政治 ―権力と平和 全三冊 — 原彬久 監訳
- ポリアーキー — ロバート・A・ダール／高畠通敏・前田脩 訳
- 現代議会主義の精神史的状況 他一篇 — カール・シュミット／樋口陽一 訳
- 政治的なものの概念 — カール・シュミット／権左武志 訳
- 第二次世界大戦外交史 全二冊 — 芦田均
- 憲法講話 — 美濃部達吉
- 日本国憲法 — 長谷部恭男 解説
- 民主体制の崩壊 ―危機・崩壊・再均衡 — ファン・リンス／横田正顕 訳
- 憲法 — 鵜飼信成

《経済・社会》〔白〕

- 政治算術 — ペティ／大内兵衛・松川七郎 訳
- 国富論 全四冊 — アダム・スミス／水田洋 監訳、杉山忠平 訳
- 法学講義 — アダム・スミス／水田洋 訳
- コモン・センス 他三篇 — トーマス・ペイン／小松春雄 訳
- 経済学における諸定義 — マルサス／玉野井芳郎 訳
- オウエン自叙伝 — ロバアト・オウエン／五島茂 訳
- 戦争論 全三冊 — クラウゼヴィッツ／篠田英雄 訳
- 自由論 — J・S・ミル／塩尻公明・木村健康 訳
- 大学教育について — J・S・ミル／竹内一誠 訳
- 功利主義 — J・S・ミル／関口正司 訳
- イギリス国制論 全二冊 — バジョット／遠山隆淑 訳
- ユダヤ人問題によせて ヘーゲル法哲学批判序説 — マルクス／城塚登 訳
- 経済学・哲学草稿 — マルクス／城塚登・田中吉六 訳
- 新編輯版 ドイツ・イデオロギー — マルクス、エンゲルス／廣松渉 編訳、小林昌人 補訳
- マルクス エンゲルス 共産党宣言 — 大内兵衛・向坂逸郎 訳
- 賃労働と資本 — マルクス／長谷部文雄 訳
- 賃銀・価格および利潤 — マルクス／長谷部文雄 訳
- マルクス 経済学批判 — 武田隆夫・遠藤湘吉・大内力・加藤俊彦 訳
- マルクス 資本論 全九冊 — エンゲルス 編／向坂逸郎 訳
- トロツキー わが生涯 全二冊 — 森田成也・志田昇 訳

- 空想より科学へ —社会主義の発展— エンゲルス 大内兵衛訳
- 帝国主義論 全二冊 ホブスン 矢内原忠雄訳
- 帝国主義 レーニン 宇高基輔訳
- 国家と革命 レーニン 宇高基輔訳
- ローザ・ルクセンブルク 獄中からの手紙 秋元寿恵夫訳
- 雇用、利子および貨幣の一般理論 全二冊 ケインズ 間宮陽介訳
- シュムペーター 経済発展の理論 全二冊 塩野谷祐一 中山伊知郎 東畑精一訳
- シュムペーター 経済学史 —学説ならびに方法の諸段階— 中山伊知郎 東畑精一訳
- 租税国家の危機 シュムペーター 木村元一 小谷義次訳
- 日本資本主義分析 山田盛太郎
- 恐慌論 宇野弘蔵
- 経済原論 宇野弘蔵
- 資本主義と市民社会 他十四篇 大塚久雄 齋藤英里編
- 共同体の基礎理論 他六篇 大塚久雄 小野塚知二編
- ユートピアだより ウィリアム・モリス 川端康雄訳
- 社会科学と社会政策にかかわる認識の「客観性」 マックス・ヴェーバー 富永祐治 立野保男訳 折原浩補訳
- プロテスタンティズムの倫理と資本主義の精神 マックス・ヴェーバー 大塚久雄訳

- 職業としての学問 マックス・ヴェーバー 尾高邦雄訳
- 社会学の根本概念 マックス・ヴェーバー 清水幾太郎訳
- 職業としての政治 マックス・ヴェーバー 脇圭平訳
- 古代ユダヤ教 全三冊 マックス・ヴェーバー 内田芳明訳
- 宗教と資本主義の興隆 歴史的研究 全二冊 トーニー 出口勇蔵・越智武臣訳
- 世論 全二冊 リップマン 掛川トミ子訳
- 鯰絵 —民俗的想像力の世界— C・アウエハント 小松和彦・中沢新一・飯島吉晴・古家信平訳
- 贈与論 他二篇 マルセル・モース 森山工訳
- 国民論 他二篇 マルセル・モース 森山工編訳
- ヨーロッパの昔話 その形と本質 マックス・リュティ 小澤俊夫訳
- 独裁と民主政治の社会的起源 —近代世界形成過程における領主と農民— 全二冊 バリントン・ムーア 宮崎隆次 森山茂徳 高橋直樹訳
- 大衆の反逆 オルテガ・イ・ガセット 佐々木孝訳

《自然科学》〔青〕

- ヒポクラテス医学論集 國方栄二編訳
- 科学と仮説 ポアンカレ 河野伊三郎訳
- ロウソクの科学 ファラデー 竹内敬人訳
- 種の起原 全二冊 ダーウィン 八杉龍一訳

- 自然発生説の検討 パストゥール 山口清三郎訳
- 完訳 ファーブル昆虫記 全十冊 山田吉彦 林達夫訳
- 科学談義 T・H・ハックスリ 小泉丹訳
- メンデル 雑種植物の研究 岩槻邦男 須原準平訳
- アインシュタイン 相対性理論 内山龍雄訳・解説
- 相対論の意味 アインシュタイン 矢野健太郎訳
- アインシュタイン 一般相対性理論 小玉英雄編訳・解説
- 自然美と其驚異 ジョン・ラバック 板倉勝忠訳
- ダーウィニズム論集 八杉龍一編訳
- ニールス・ボーア論文集1 因果性と相補性 山本義隆編訳
- ニールス・ボーア論文集2 量子力学の誕生 山本義隆編訳
- ハッブル 銀河の世界 戎崎俊一訳
- パロマーの巨人望遠鏡 全二冊 D・O・ウッドベリー 関正雄 湯澤博 成相恭二訳
- 生物から見た世界 ユクスキュル クリサート 日高敏隆 羽田節子訳
- ゲーデル 不完全性定理 八杉満利子 林晋訳
- 日本の酒 坂口謹一郎
- 生命とは何か —物理的にみた生細胞— シュレーディンガー 岡小天 鎮目恭夫訳

ウィーナー サイバネティックス ―動物と機械における制御と通信　池原止戈夫 彌永昌吉 室賀三郎 戸田巌 訳

熱輻射論講義　マックス・プランク 西尾成子 訳

コレラの感染様式について　ジョン・スノウ 山本太郎 訳

20世紀科学論文集 現代宇宙論の誕生　須藤靖 編

高峰譲吉文集 いかにして発明国民となるべきか　鈴木淳 編

相対性理論の起原 他四篇　廣重徹 西尾成子 編

《哲学・教育・宗教》〔青〕

- ソクラテスの弁明・クリトン　プラトン　久保勉訳
- ゴルギアス　プラトン　加来彰俊訳
- 饗宴　プラトン　久保勉訳
- テアイテトス　プラトン　田中美知太郎訳
- パイドロス　プラトン　藤沢令夫訳
- メノン　プラトン　藤沢令夫訳
- 国家　全二冊　プラトン　藤沢令夫訳
- プロタゴラス　—ソフィストたち　プラトン　藤沢令夫訳
- パイドン　—魂の不死について　プラトン　岩田靖夫訳
- アナバシス　—敵中横断六〇〇〇キロ　クセノポン　松平千秋訳
- アリストテレス　ニコマコス倫理学　全二冊　高田三郎訳
- アリストテレス　形而上学　全二冊　出隆訳
- アリストテレス　弁論術　戸塚七郎訳
- アリストテレース詩学・ホラーティウス詩論　松本仁助・岡道男訳
- 物の本質について　ルクレーティウス　樋口勝彦訳
- エピクロス　—教説と手紙　出隆・岩崎允胤訳

- 生の短さについて　他二篇　セネカ　大西英文訳
- 怒りについて　他二篇　セネカ　兼利琢也訳
- エピクテトス　人生談義　全二冊　國方栄二訳
- 人さまざま　テオプラストス　森進一訳
- マルクス・アウレーリウス　自省録　神谷美恵子訳
- 老年について　キケロー　中務哲郎訳
- 弁論家について　全二冊　キケロー　大西英文訳
- キケロー書簡集　高橋宏幸編
- 平和の訴え　エラスムス　箕輪三郎訳
- 方法序説　デカルト　谷川多佳子訳
- 哲学原理　デカルト　桂寿一訳
- 情念論　デカルト　谷川多佳子訳
- パンセ　全三冊　パスカル　塩川徹也訳
- スピノザ　神学・政治論　全二冊　畠中尚志訳
- 知性改善論　スピノザ　畠中尚志訳
- スピノザ　エチカ（倫理学）　全二冊　畠中尚志訳
- スピノザ　国家論　畠中尚志訳

- スピノザ往復書簡集　畠中尚志訳
- デカルトの哲学原理　—附 形而上学的思想　スピノザ　畠中尚志訳
- スピノザ　神・人間及び人間の幸福に関する短論文　畠中尚志訳
- モナドロジー　他二篇　ライプニッツ　谷川多佳子・岡部英男訳
- 市民の国について　全二冊　ヒューム　小松茂夫訳
- 自然宗教をめぐる対話　ヒューム　犬塚元訳
- エミール　全三冊　ルソー　今野一雄訳
- 人間不平等起原論　ルソー　本田喜代治・平岡昇訳
- ルソー　社会契約論　桑原武夫・前川貞次郎訳
- 言語起源論　—旋律と音楽的模倣について　ルソー　増田真訳
- ディドロ　絵画について　佐々木健一訳
- 道徳形而上学原論　カント　篠田英雄訳
- 啓蒙とは何か　他四篇　カント　篠田英雄訳
- 純粋理性批判　全三冊　カント　篠田英雄訳
- カント　実践理性批判　波多野精一・宮本和吉・篠田英雄訳
- 判断力批判　全二冊　カント　篠田英雄訳
- 永遠平和のために　カント　宇都宮芳明訳

論理哲学論考　ウィトゲンシュタイン　野矢茂樹訳
自由と社会的抑圧　シモーヌ・ヴェイユ　冨原眞弓訳
根をもつこと　全二冊　シモーヌ・ヴェイユ　冨原眞弓訳
重力と恩寵　シモーヌ・ヴェイユ　冨原眞弓訳
全体性と無限　全二冊　レヴィナス　熊野純彦訳
啓蒙の弁証法　―哲学的断想　M・ホルクハイマー　T・W・アドルノ　徳永恂訳
ヘーゲルからニーチェへ　十九世紀思想における革命的断絶　全二冊　レーヴィット　三島憲一訳
統辞構造論　付『言語理論の論理構造』序論　チョムスキー　福井直樹　辻子美保子訳
統辞理論の諸相　方法論序説　チョムスキー　福井直樹　辻子美保子訳
快楽について　ロレンツォ・ヴァッラ　近藤恒一訳
古代懐疑主義入門　判断保留の十の方式　J・アナス　J・バーンズ　金山弥平訳
ニーチェ　みずからの時代と闘う者　ルドルフ・シュタイナー　高橋巖訳
フランス革命期の公教育論　コンドルセ他　阪上孝編訳
フレーベル自伝　長田新訳
旧約聖書　創世記　関根正雄訳
旧約聖書　出エジプト記　関根正雄訳
旧約聖書　ヨブ記　関根正雄訳

旧約聖書　詩篇　関根正雄訳
新約聖書　福音書　塚本虎二訳
文語訳　新約聖書　詩篇付
文語訳　旧約聖書　全四冊
キリストにならいて　トマス・ア・ケンピス　大沢章　呉茂一訳
聖アウグスティヌス　告白　全二冊　服部英次郎訳
アウグスティヌス　神の国　全五冊　服部英次郎　藤本雄三訳
新訳　キリスト者の自由・聖書への序言　マルティン・ルター　石原謙訳
キリスト教と世界宗教　シュヴァイツェル　鈴木俊郎訳
水と原生林のはざまで　シュヴァイツェル　野村実訳
コーラン　全三冊　井筒俊彦訳
エックハルト説教集　田島照久編訳
ムハンマドのことば　ハディース　小杉泰編訳
新約聖書外典　ナグ・ハマディ文書抄　荒井献　大貫隆　小林稔　筒井賢治　編訳
後期資本主義における正統化の問題　ハーバーマス　山田正行・金慧訳
シンボルの哲学　―理性、祭礼、芸術のシンボル試論　S・K・ランガー　塚本明子訳

ジャック・ラカン　精神分析の四基本概念　全二冊　ジャック＝アラン・ミレール編　小出浩之　新宮一成　鈴木國文　小川豊昭　訳
精神と自然　生きた世界の認識論　グレゴリー・ベイトソン　佐藤良明訳
人間の知的能力に関する試論　全二冊　トマス・リード　戸田剛文訳
開かれた社会とその敵　全四冊　カール・ポパー　小河原誠訳

《東洋思想》〔青〕

易経 全二冊 高田真治・後藤基巳訳
論語 金谷治訳注
孔子家語 藤原正校訳
孟子 全二冊 小林勝人訳注
老子 蜂屋邦夫訳注
荘子 全四冊 金谷治訳注
新訂 孫子 金谷治訳注
荀子 全二冊 金谷治訳注
韓非子 全四冊 金谷治訳注
史記列伝 全五冊 司馬遷／小川環樹・今鷹真・福島吉彦訳
春秋左氏伝 全三冊 小倉芳彦訳
塩鉄論 曾我部静雄訳註
千字文 小川環樹・木田章義注解
大学・中庸 金谷治訳注
仁学 —清末の社会変革論 譚嗣同／西順蔵・坂元ひろ子訳注
章炳麟集 —清末の民族革命思想 西順蔵・近藤邦康編訳
梁啓超文集 岡本隆司・石川禎浩・高嶋航編訳
マヌの法典 田辺繁子訳
ガンディー 獄中からの手紙 森本達雄訳
ウパデーシャ・サーハスリー —真実の自己の探求 シャンカラ／前田専学訳

《仏教》〔青〕

ブッダのことば —スッタニパータ 中村元訳
ブッダの真理のことば・感興のことば 中村元訳
般若心経・金剛般若経 中村元・紀野一義訳註
法華経 全三冊 坂本幸男・岩本裕訳注
日蓮文集 兜木正亨校注
浄土三部経 全二冊 中村元・早島鏡正・紀野一義訳註
大乗起信論 宇井伯寿・高崎直道訳注
臨済録 入矢義高訳注
碧巌録 全三冊 入矢義高・溝口雄三・末木文美士・伊藤文生訳注
無門関 西村恵信訳注
法華義疏 全二冊 聖徳太子／花山信勝校訳
往生要集 全二冊 源信／石田瑞麿訳注
教行信証 親鸞／金子大栄校訂
歎異抄 金子大栄校注
正法眼蔵 全四冊 道元／水野弥穂子校注
正法眼蔵随聞記 懐奘編／和辻哲郎校訂
道元禅師清規 大久保道舟訳注
一遍上人語録 —付 播州法語集 大橋俊雄校注
南無阿弥陀仏 —付 心偈 柳宗悦
蓮如上人御一代聞書 稲葉昌丸校訂
日本的霊性 鈴木大拙／篠田英雄校訂
新編 東洋的な見方 鈴木大拙／上田閑照編
大乗仏教概論 鈴木大拙／佐々木閑訳
浄土系思想論 鈴木大拙
神秘主義 キリスト教と仏教 鈴木大拙／坂東性純・清水守拙訳
禅の思想 鈴木大拙
ブッダ最後の旅 —大パリニッバーナ経 中村元訳
仏弟子の告白 —テーラガーター 中村元訳
尼僧の告白 —テーリーガーター 中村元訳

- ブッダ 神々との対話 ―サンユッタ・ニカーヤI　中村元訳
- ブッダ 悪魔との対話 ―サンユッタ・ニカーヤII　中村元訳
- 禅林句集　足立大進校注
- ブッダが説いたこと　ワールポラ・ラーフラ　今枝由郎訳
- ブータンの瘋狂聖 ドゥクパ・クンレー伝　ゲンドゥン・リンチェン編　今枝由郎訳
- 梵文和訳 華厳経入法界品　梶山雄一・丹治昭義・津田真一・田村智淳・桂紹隆訳注

《音楽・美術》〔青〕

- ベートーヴェンの生涯　ロマン・ロラン　片山敏彦訳
- 音楽と音楽家　シューマン　吉田秀和訳
- レオナルド・ダ・ヴィンチの手記 全二冊　杉浦明平訳
- ゴッホの手紙 全三冊　硲伊之助訳
- ロダンの言葉抄　高村光太郎訳　高田博厚・菊池一雄編
- ビゴー日本素描集　清水勲編
- ワーグマン日本素描集　清水勲編
- 河鍋暁斎戯画集　山口静一・及川茂編
- 葛飾北斎伝　飯島虚心　鈴木重三校注
- ヨーロッパのキリスト教美術 ―十二世紀から十八世紀まで 全二冊　エミール・マール　柳宗玄・荒木成子訳
- 近代日本漫画百選　清水勲編
- 蛇儀礼　ヴァールブルク　三島憲一訳
- セザンヌ　ガスケ　與謝野文子訳
- 日本洋画の曙光　平福百穂
- 映画とは何か 全二冊　アンドレ・バザン　野崎歓・大原宣久・谷本道昭訳
- 漫画 坊っちゃん　近藤浩一路
- 漫画 吾輩は猫である　近藤浩一路
- ロバート・キャパ写真集　ICPロバート・キャパ・アーカイブ編
- 北斎 富嶽三十六景　日野原健司編
- 日本漫画史 ―鳥獣戯画から岡本一平まで　細木原青起
- 世紀末ウィーン文化評論集　ヘルマン・バール　西村雅樹編訳
- ゴヤの手紙 全二冊　大高保二郎・松原典子編訳
- 丹下健三建築論集　豊川斎赫編
- 丹下健三都市論集　豊川斎赫編
- ギリシア芸術模倣論　ヴィンケルマン　田邊玲子訳
- 堀口捨己建築論集　藤岡洋保編

《歴史・地理》〔青〕

- 新訂 魏志倭人伝・後漢書倭伝・宋書倭国伝・隋書倭国伝 ―中国正史日本伝1 石原道博編訳
- 新訂 旧唐書倭国日本伝・宋史日本伝・元史日本伝 ―中国正史日本伝2 石原道博編訳
- ヘロドトス 歴史 全三冊 松平千秋訳
- トゥーキュディデース 戦史 全三冊 久保正彰訳
- ガリア戦記 カエサル 近山金次訳
- ランケ 世界史概観 ―近世史の諸時代 鈴木成高・相原信作訳
- ランケ自伝 林健太郎訳
- 歴史とは何ぞや ベルンハイム 坂口昂・小野鉄二訳
- 歴史における個人の役割 プレハーノフ 木原正雄訳
- 古代への情熱 ―シュリーマン自伝 シュリーマン 村田数之亮訳
- アーネスト・サトウ 一外交官の見た明治維新 全二冊 坂田精一訳
- ベルツの日記 全二冊 トク・ベルツ編 菅沼竜太郎訳
- 武家の女性 山川菊栄
- インディアスの破壊についての簡潔な報告 ラス・カサス 染田秀藤訳
- ラス・カサス インディアス史 全七冊 長南実訳 石原保徳編
- コロンブス 全航海の報告 林屋永吉訳
- 戊辰物語 東京日日新聞社会部編
- 大森貝塚 ―付 関連史料 E・S・モース 近藤義郎・佐原真編訳
- ナポレオン言行録 オクターヴ・オブリ編 大塚幸男訳
- 中世的世界の形成 石母田正
- 日本の古代国家 石母田正
- 平家物語 他六篇 石母田正 高橋昌明編
- クリオの顔 歴史随想集 E・H・ノーマン 大窪愿二編訳
- 日本における近代国家の成立 E・H・ノーマン 大窪愿二訳
- 旧事諮問録 ―江戸幕府役人の証言 全二冊 旧事諮問会編 進士慶幹校注
- 朝鮮・琉球航海記 ―一八一六年アマースト使節団とともに ベイジル・ホール 春名徹訳
- アリランの歌 ―ある朝鮮人革命家の生涯 ニム・ウェールズ キム・サン 松平いを子訳
- さまよえる湖 全二冊 ヘディン 福田宏年訳
- 老松堂日本行録 ―朝鮮使節の見た中世日本 宋希璟 村井章介校注
- 十八世紀パリ生活誌 ―タブロー・ド・パリ 全二冊 メルシエ 原宏編訳
- 北槎聞略 ―大黒屋光太夫ロシア漂流記 桂川甫周 亀井高孝校訂
- ヨーロッパ文化と日本文化 ルイス・フロイス 岡田章雄訳注
- ギリシア案内記 全二冊 パウサニアス 馬場恵二訳
- 西遊草 清河八郎 小山松勝一郎校注
- オデュッセウスの世界 フィンリー 下田立行訳
- 東京に暮す ―一九二八〜一九三六 キャサリン・サンソム 大久保美春訳
- ミカド ―日本の内なる力 W・E・グリフィス 亀井俊介訳
- 増補 幕末百話 篠田鉱造
- 幕末明治 女百話 全二冊 篠田鉱造
- トゥバ紀行 メンヒェン＝ヘルフェン 田中克彦訳
- 徳川時代の宗教 R・N・ベラー 池田昭訳
- ある出稼石工の回想 マルタン・ナド 喜安朗訳
- 植物巡礼 ―プラント・ハンターの回想 F・キングドン－ウォード 塚谷裕一訳
- モンゴルの歴史と文化 ハイシッヒ 田中克彦訳
- ダンピア 最新世界周航記 全二冊 平野敬一訳
- ローマ建国史 全三冊(既刊上巻) リーウィウス 鈴木一州訳
- 元治夢物語 ―幕末同時代史 馬場文英 徳田武校注
- フランス・プロテスタントの反乱 ―カミザール戦争の記録 カヴァリエ 二宮フサ訳
- ニコライの日記 ―ロシア人宣教師が生きた明治日本 全三冊 中村健之介編訳
- 徳川制度 全三冊・補遺 加藤貴校注

第二のデモクラテス　戦争の正当原因についての対話　セプールベダ　染田秀藤訳

ユグルタ戦争　カティリーナの陰謀　サルスティウス　栗田伸子訳

史的システムとしての資本主義　ウォーラーステイン　川北稔訳

岩波文庫の最新刊

カント著／熊野純彦訳

人倫の形而上学

第一部　法論の形而上学的原理

カントがおよそ三十年間その執筆を追求し続けた、最晩年の大著。第一部にあたる本書では、行為の「適法性」を主題とする。新訳による初めての文庫化。

〔青六二六-四〕　定価一四三〇円

オクタビオ・パス作／野谷文昭訳

鷲か太陽か？

「私のイメージを解き放ち、飛翔させた」シュルレアリスム体験が色濃い散文詩と夢のような味わいをもつ短篇。ノーベル賞詩人初期の代表作。一九五一年刊。

〔赤七九七-二〕　定価七九二円

クライスト作／山口裕之訳

ミヒャエル・コールハース チリの地震 他一篇

領主の横暴に対し馬商人コールハースが正義の回復のために立ち上がる。日常の崩壊とそこで露わになる人間本性を描いた三作品。重層的文体に挑んだ新訳。

〔赤四一六-八〕　定価一〇〇一円

マックス・ウェーバー著／野口雅弘訳

支配について

II カリスマ・教権制

カリスマなきあとも支配は続く。何が支配を支えるのか。支配の諸構造を経済との関連で論じたテクスト群。関連論文や訳註、用語解説を付す。（全二冊）

〔白二一〇-二〕　定価一四三〇円

……今月の重版再開……

エウリーピデース作／松平千秋訳

ヒッポリュトス

―パイドラーの恋―

定価五五〇円

〔赤一〇六-一〕

W・S・モーム著／西川正身訳

読書案内

―世界文学―

定価七一五円

〔赤二五四-三〕